嘘発見器の発明者たち

真実に取り憑かれた人々の物語

アミット・カトワラ
五十嵐加奈子 訳

TREMORS IN THE BLOOD

Murder, Obsession and the Birth of the Lie Detector

Amit Katwala

青土社

嘘発見器の発明者たち　目次

凡例

一、本書は、Amit Katwala, *Tremors in the Blood: Murder, Obsession and the Birth of Lie Detector*, Mudlark, 2022の全訳である。
一、原著者による補足は［ ］で、訳者による補足は〔 〕でそれぞれ示した。
一、本文中で参照されている文献については、原題のあとにその訳を（ ）で示した。邦訳のあるものはそのタイトルを採用した。邦訳の書誌情報に関しては、巻末の「出典等に関する註」、「参考文献」を参照されたい。

嘘発見器の発明者たち——真実に取り憑かれた人々の物語

私にとっての揺るぎない真実、サラへ。

著者による註記

これは二つの殺人事件とそれらを結びつける装置――真実と嘘とを選別する力をもつ、ほぼ神話に近い箱の物語である。

これからお読みいただく内容はすべて実際に起きたことで、以下の物語は史料、すなわち何千もの新聞記事や雑誌記事、私信、日記、学術論文、写真、裁判資料、拘置所の記録、書籍、遺品、そしてインタビューに基づいている。

引用符で囲んだ部分はすべて文書またはインタビューからの引用で、会話はすべてその人物が語ったもの、書いたもの、または語ったとされるもの、書いたとされるものである。

正確な文言について異なる説がある場合は、明確かつ簡潔なほうを選んだ。実際の出来事に関して重大な齟齬がある場合は、本文または巻末の出典等に関する註および参考文献に記載した。

しかし、本書は歴史書ではない。嘘発見器の開発はかつてないほど今日的なテーマであり、それはポリグラフが今なお廃れることなく使われているからだけでなく、それによって科学やテクノロジーに対する私たち自身の姿勢、さらには真実との関わり方が暴き出されているからだ。

正義を追求するなかで、嘘発見器を発明した男たちは自らの手に負えない力を解き放った。激動の時代、彼らは科学に答えを求めたが、それは彼らの弱点を映し出し、偏見を増幅させたにすぎなかった。彼らはテクノロジーに心酔し、それに打ちのめされた——偽りの偶像をつくりあげ、その足元に倒れたのだ。

これは科学と心理学に関する本だが、人間を描いた本でもある。人の執念と対立、黒い衝動と荒々しい情熱の本だ。ここで語られるのは真実の物語である。

「罪の意識はつねに恐怖を道連れにする。だから盗人の血は震えているのだ」

——ダニエル・デフォー、一七三〇年

パート 1

サンセット地区

一台の黄色い車が山道を抜け、サンフランシスコ方面に向かって猛スピードで北上していた。丸いヘッドライトが放つ二本のビームが、たちこめる霧を切り裂いていく。ハンドルを握るヘンリー・ウィルケンズは、意を決してバックミラーをちらりと見た。追跡されているのは間違いなかった。

一九二二年五月三〇日（火）の夕刻。その日は戦没者追悼記念日《デコレーション・デー》、国全体が立ち止まって戦没者に思いを馳せ、彼らの墓を美しく飾《デコレート》る日だった。第一次世界大戦では、一〇万人を超えるアメリカ人が命を落とした。サンフランシスコの街はその日、厳かで陰鬱な空気に包まれていた。軍人たちは戦没者に花輪《リース》を捧げ、静寂を破るものは、湾を旋回するカモメの騒々しい鳴き声と、遠くに見えるアルカトラズ島から鳴り響く霧笛の音のみ。

けれども多くの人々にとって、（現在ではメモリアル・デーと呼ばれる）この公休日は、すでにレジャーの機会と化していた。フラッパーガールと禁酒法に象徴されるこの時代、一九〇六年の地震と火災で壊滅的な被害を受けたサンフランシスコは、ようやく元の調子を取り戻しつつあった。

毎朝、粋なスーツに帽子で身を固めた通勤客がオークランドからバークレー行きのフェリーで湾を渡り、混み合う路面電車に積み重なるように乗り込んでいく。夜になると、毛皮のコートをまとい、毛先をカールさせ凝ったボブにセットした女性たちが、なんの表示も出ていないドアに近づき秘密の合言葉をささやいた。だが、この時代が誰にとっても「狂騒の二〇年代」であったわけではなく、戦後は失業率が二倍以上に増え、アルコールが禁止されて以来、国内の犯罪率は急激に上昇していた。

この長い週末を、ヘンリーとその家族は友人たちとフェルトン・オートパークでキャンプをして過ごした。サンフランシスコから一一〇キロほど南、サンタクルーズ山脈の麓を流れるサンロレンソ川のほとりに、そのキャンプ場はあった。そして今、眼差しの強い茶色の目と薄い唇をもつ三六歳のヘンリーは黄色いプレミアを走らせ、住宅地ロシアンヒルの坂の途中にある自宅、ヴァレホ通り一五四〇番地の小さいアパートメントに向かっていた。

ホイールアーチが、暮れゆく日の光をとらえて輝いている。ソフトトップは開けてあり、風を受けて厚い布地が波打つ。ヘンリーの妻アナは、彼と並んで前のベンチシートに座っていた。真っ黒な髪に淡いブルーの瞳をもつ三四歳のアナは、優しい、はにかんだような笑みを浮かべていた。子どもたち――八歳のヘンリー・ジュニアと三歳のヘレン――は、椅子を起こした後部座席で眠っていた。振り向いたヘンリーの目に、毛布の下からはみ出た二人の金髪だけが見えた。

今回の旅行は上出来だった――夫婦のこれまでの週末旅行と比べれば、明らかに怒りの爆発が少なかった。のちにヘンリーは法廷で、フェルトンで過ごした四日間はのどかな田園生活のようだったと語っている。男たちは川で魚を釣り、馬蹄投げ《ホースシュー》ゲームに興じ、女たちは「男たちのようすを眺めながら」、座っておしゃべりや縫い物をしていた。そして彼らは泳ぎ、タバコを吸い、毛布に寝転がって日光浴をした。

ヘンリーは毎朝、アナがまだ寝ているうちに、娘を肩車し、息子と連れ立って川に水を汲みにいった。

そしてバケツを揺らし歌いながら戻ってくると、子どもたちを携帯コンロのまわりで遊ばせながらコーヒー用の湯を沸かし、卵とベーコンを焼いて朝食の準備をした。日曜には手早くエッグノッグをつくり、妻のためにテントの中まで運んだ。

この時期に撮影されたウィルケンズ一家の写真には、にこやかに微笑むヘンリーが写っている。半袖シャツに日焼けした顔、茶色の髪を後ろに撫でつけ、アナと腕をからませている。家族から「ドット〔おちびちゃん〕」や「マウジー〔子ネズミちゃん〕」と呼ばれていたヘレンは、髪にリボンをつけて父親の膝に座り、我慢の限界に達しつつある幼児特有の不穏な表情をしている。頑強そうなヘンリー・ジュニアは背後に立ちにっこり笑いながら、母親を守るようにその肩に小さな腕を置いている。

ヘンリーとアナは共に現在のドイツで生まれ、ヨーロッパの政情不安が起こした移民の波に乗り、それぞれアメリカにやってきた。特に一八五〇年代のゴールドラッシュ以降、カリフォルニアは人気の移民先となり、二〇世紀初頭には、サンフランシスコの住民の五人に一人以上がドイツ生まれ、もしくはドイツ系だった。彼らは教会を建て、フェアアイン〔協会〕として知られる労働者クラブを結成し、マーケット通りの北側で盛んに事業を興した。

しかし第一次世界大戦の勃発は、彼らの社会的地位に劇的な影響を及ぼした。サンフランシスコのドイツ系アメリカ人は国内の他の地域を襲ったヒステリックな過剰反応に苦しめられることこそなかったが、自分たちの病院や会館の名称が変えられ、コミュニティの伝統が静かに消えていくのを目の当たりにすることになった。ベルリン通りはブリュッセル通りに、ハンブルク通りはリッジウッド通りに改称された。ダックスフントはリバティ・ハウンド、ザワークラウトはリバティ・キャベツ、ドイツはしか〔風疹〕は自由《リバティ》はしかに、そしてフランクフルトソーセージはホットドッグになった。

一九二二年までに、フェアアインの三分の一が活動を停止していた。戦後も古い伝統を固守するドイツ人もいたが、多くはこの時期を、子どもたちと共にアメリカ人の本流に完全に同化する機会ととらえた、とステファニー・E・ウィリアムズは『*The Argonaut*（金鉱探索者）』誌で書いている。戦争によって、ドイツ人は祖国か新天地かの選択を余儀なくされ、大部分がアメリカを選んだのだ。

ヘンリーが初めてアメリカの地を踏んだのは一九〇五年のこと、強いドイツ語訛りが抜けるには遅すぎる年齢に達していた。彼は一八八五年七月二五日、バルト海沿岸の港町トラフェミュンデ出身のハインリッヒ・ヴィッケンとアンナ・ロンゲのあいだに誕生した。

当初、彼はコネチカット州ブリッジポートに居を定め、ロコモビル社の自動車工場で機械工として働いた。一九〇七年に一年間ドイツに戻るが、一九一〇年にはカリフォルニアに移り、ジェンキンス・マシン・ワークス、アメリカン・キャン・カンパニー、パシフィック・テレフォン&テレグラフなど、サンフランシスコ周辺の工場や自動車整備工場《ガレージ》で次々に職を得た。ガーフォード・トラック・カンパニーでは工場長にまで昇進し、多いときで一度に一四人の従業員を管理していた。

一九一七年には自分でビジネスを始められるだけの貯えができていたため、ヘンリーはシーダー通りにガレージを構え、自動車修理やタイヤ、カーアクセサリの販売を行なった。商売はたちまち成功し、もっと広い場所を探す必要に迫られた彼は、パシフィック通り一八三七番地に職場を移した。緑色のタイル張りのファサードにモザイクの床の、エレガントな建物だ。そこをスラザー社製の旋盤やバーンズ社製のボール盤、バローズ社製の加算器など最高級の機材で満たせることを、彼は誇りに思った。

一九一二年八月二七日、ヘンリーは同じく〔ドイツ北部〕シュレスヴィヒ＝ホルシュタイン州出身のアナ・ランゲと結婚した。彼女が育ったエルムスホルンはハンブルクから三〇キロほど北に位置し、その町

から出る蒸気船は何千人もの移民を乗せて、新天地を目指し大西洋を渡った。
　アナはヴィルヘルム・ランゲとゲシェ・ボルンホルトのあいだに六人きょうだいの三番目として生を受けた。厳格なルター派の家庭で育ち、娘たちはパーティーに行くことも異性と交流することも禁じられていたため、一九〇五年にアメリカに渡ったときのアナは、自らの人生にまだ知らない一〇〇万もの未来が開かれたように感じたに違いない。
　アナは十字架のついた黒い祈祷書を手に船を降りた。表紙には小さな浮き彫りの金文字で彼女の名前が記され、なかにはドイツ語で聖書の言葉が整然と印刷されていた。イザヤ書四一章一〇節「恐れるな、私があなたと共にいる。たじろぐな、私があなたの神である」〔聖書協会共同訳〕。

　一台の車が、何時間も前から後ろをついてきていた。ウィルケンズ一家はその日の昼過ぎにフェルトンのキャンプ場を出発し、この旅行を計画した友人ガス・エッカートとその妻エセルのオーバーランド・カーと車列を組み、そちらが先導する形で街への帰路についていた。

だが夜が近づくにつれ、ヘンリーは後ろの車が気になって仕方がなかった。それはハドソン社製の紺色の大型ツーリングカーで、自動車時代初期の典型的なデザインだった。ヘンリーの愛車プレミアと同様、ソフトトップに大きなホイールアーチ、長いノーズの先端には丸いヘッドライトがついている。夕方の混雑にまぎれて、その車は時々見えなくなり、曲がりくねった道では完全に姿を消した。一家がアイスクリームを食べようとサラトガの町に立ち寄ったとき、ハドソンはそのまま通り過ぎたかに見えた。ヘンリーがプレミアを止めると、その車は勢いよく走り去ったが、サンフランシスコ半島の付け根にある小さな農村を通過したとき再び現れた。そのときヘンリーは、ここはマウンテンビューだなと思った。いや、パロアルトかもしれない。

太平洋に夜の帳《とばり》が下り、霧がたちこめると、ハドソンが距離を縮めてきた。

車列はコルマにさしかかった。この町には広大な墓地があり、人口が密集するベイエリアの大都市圏の死者が埋葬されている。たまたま交通量が減ったため、エッカート夫妻は給油所に立ち寄ることにした。アナは車窓から手袋をはめた青白い腕を出し、「じゃあね」と友人たちに手を振った。

次第に肌寒くなり、アナは早く家に帰りたくてしょうがなかった。ヘンリーがアクセルを踏むと、それに応えるようにエンジンが唸りを上げ、黄色い車は時速六五キロ近くまで加速していった。彼らはデーリー・シティの坂を上り、次に坂を下ってジュニペロ・セラ・ブールバードに出てサンフランシスコに向かっていた。闇の中で、プレミアのテールランプが点滅した。

市街地の端まで到着したのは午後七時半ごろで、一九番通りの坂を上っていくと視界が開け、サンフランシスコの街全体が見渡せた。遠くでフィッシャーマンズ・ワーフの明かりが瞬き、右手には堂々たるサットロ山の輪郭が浮かび上がり、その存在感の前には、ミッション地区の街灯も金融地区に建ち並ぶ新しいレンガ造りの摩天楼もかすんで見えた。

　左手には碁盤の目状の街が毛細血管のように広がり、カーヴィルの名残りを徐々に押しのけていく。そこは貧しい人々が、放棄された路面電車や古い自動車を積み上げて溶接した即席の住居で暮らした町だ。さらにその先には海に向かって砂丘が広がり、沈む夕日を浴びた砂は金色に輝き、誰もいない海岸に波が打ち寄せていた。

　冷たい海風とカリフォルニアの温かい風がぶつかり合い、夏の霧が濃くうねるようにたちこめていた。霧は大粒のしずくとなってプレミアのフロントガラスを流れ落ちた。視界が悪く七、八メートル先までしか見通せないため、坂のてっぺんに到達すると、ヘンリーはスリップするのを警戒し、スピードを緩めた。

　そのとき突然、紺色のハドソンがすぐ後ろに迫ってきた。まぶしいライトにヘンリーの目がくらんだ。二台の車が唸りを上げながら街に向かって坂を下っていくうちに、ハドソンはプレミアを追い越そうとするかのように徐々に横付けになった。道の真ん中を走っていたヘンリーは、ハドソンに道を譲ろうと右にずれた。ところがハドソンは追い抜いていかない。

　それどころかじりじりと近づいてきて、二台の車の側面にあるランニングボードどうしの距離は三〇センチもなかった。ヘンリーが横を向くと、前の座席にいる二人の男が見えた。彼らは銃を持っていた。のちにヘンリーは、「ショットガンが見えました、先を切り詰めた《ソードオフ》ショットガンです。ショットガンでないなら、見たことのない大きなピストルでした」と語っている。

　プレミアの左側の窓から夫越しに外を見たアナの目が、車から降りようとランニングボードに足をかける男のシルエットをとらえた。車はさらに距離を縮めてきて、ヘンリーは道路の端のほうに車を寄せざるを得なかった。「強盗よ！」とアナは叫んだ。

まもなく、もうそれ以上距離をとれなくなり、プレミアはサンセット地区の一九番通りとモラガ通りの角のそばで縁石に激突した。エンジンが大きな音を立てて停止し、ライトが消えた。坂をさらに二〇メートルほど下ったところで、ハドソンもけたたましい音を立てて止まった。

数秒間、すべてが静止した。近くにあるマコーミック犬舎の犬たちが吠え、唸り声を上げる。アナは後部座席で目を覚ました子どもたちのほうを振り返った。「あの人たちに見つからないように、毛布にもぐっていなさい」。恐怖心に青い目を見開き、彼女は子どもたちに告げた。「具合が悪いから病院に行くふりをするのよ」

アナが顔を上げると、窓の外に男が立っていた。背丈は一七八センチほど、目は灰色がかったグリーン、細身のダークスーツに帽子をかぶり、青いハンカチを覆面のように顔に巻いていた、とヘンリーはのちに語っている。男は銃を向けていた。

男は後部座席を覗き込み、そのあと怯える夫婦のほうを見た。「有り金を全部出せ！」と怒鳴りつけられ、ヘンリーはポケットをまさぐり財布を手渡した。そこには一〇〇ドル札が三枚入っていたと彼は警察に語っている。現在の金額にして約五〇〇〇ドルに相当する金額だ。

ヘンリーによると、その後ダークスーツの男は背を向けかけるが、そのとき彼の目がアナの宝石の輝きをとらえ、再び車内に手を伸ばし、彼女の指から指輪をもぎ取ろうとした。この無礼な行為に短気なヘンリーはもう我慢がならず、「いったいどういうつもりだ！　まだ足りないと言うのか？」と怒鳴った。そして車のサイドポケットにしまってある銃を取り出そうと手を伸ばした。だが、彼は手間取りすぎた。

リボルバーを持つヘンリーの右手が現れたとき、強盗は自らの武器——三八口径のピストル——を構え、発射した。「やめて！」と叫び、アナが銃の前に身を投げ出して夫をかばった。弾は斜めの角度で彼女に当たり、右脇腹を貫き心臓の下に埋め込まれた。「どうしよう！　撃たれたわ」とアナは苦痛の叫びを上げた。

ハドソンはライトを消したまま慌てて発進し、急ハンドルを切ってもう一台の車をかわしながら車の流れにまぎれていった。一方、プレミアの車内では、ヘンリーが震える手で銃を置き、妻に目を向けた。

アナの世界は消えつつあった。脇腹の傷口から血がにじみ出て、目を開けているのも辛い状態だった。呼吸が弱まり、脚を動かすこともできない。「もう死にそう、死んでしまうわ。病院に連れていって」と彼女は言った。

ヘンリーはボタンを押して車を発進させると、さらに叩くように強く押して速度を上げた。彼は最寄りの病院への行き方を思い出そうとしていた。アナは弱々しく近くの家を指差し、そこで車を止めて助けを呼んでもらおうとしたが、ヘンリーはそれを黙殺した。

ヘレンは後部座席で泣き、ヘンリー・ジュニアは毛布の下から出てきて、瀕死の母親が床に滑り落ちてしまわないように支えていた。「子どもたちは母親にしがみついていた」と〈サンフランシスコ・コール〉紙は報じた。「父親が死と競い合うあいだ、二人は母親にキスをし、胸の傷口から噴き出す血を、自分たちの手と汚れた小さなハンカチで拭いていた」

そのころ、ずっと南の一九番通りで、ジェイコブ・ゴーフィンケルは警察に通報すべきかどうか迷っていた。分厚い丸眼鏡をかけ、後退しかけた黒髪を櫛で器用に頭皮に撫でつけた四七歳の弁護士は、家族と一緒に車で自宅に戻るところだった。途中、ジュニペロ・セラ・ブールバードで、疾走する二台の車が彼を追い抜いていった。その後、その二台が道路脇に停車している横を通り過ぎたとき、彼は大きな声を聞いたのだった。「霧深い晩だったので、仲間と連れ立って走っているのなら、あれほど至近距離でついていくはずがない。だから追跡に違いないと思ったのです」とゴーフィンケルは語った。

一六歳になる息子のジョンはカーマニアで、ちょうど夜の七時半過ぎに、ライトを消したまま再び猛スピードで追い越していくハドソンの特徴的な音を聞いた。その数分後、黄色いプレミアがゴーフィンケルの車に横付けし、止まってくれとヘンリーが手で合図を送ってきた。

彼は慌てふためき、茶色の髪は乱れ、手と服には血がついていた。アナを一番近い病院に連れていくのに手を貸してほしい、ヘンリーはゴーフィンケルにそう依頼――いや、懇願した。「妻が撃たれたんです！」と彼は言った。アナには時間切れが迫っていた。

弁護士のあとについて一九番通りを走り、ゴールデン・ゲート・パークの端まで来たところで、ヘンリーは「お願いです、急いでください！」と訴えた。暗澹たる車列は東に曲がり、スタニアン通り八一一番地のパーク救急病院に向かった。砂岩と漆喰でできた地味な建物で、街の中心部以外に建てられた最初の公立救急病院のひとつだった。

ようやく到着すると、ヘンリーは車から飛び出し、血まみれになった子どもたちからアナをもぎ取るように引き離した。「父親が母親を病院に運んでいくあいだ、死の車の中に残された兄妹はしっかりと抱き合っていた」と〈コール〉紙は報じている。

病院で、アナは医大を出たばかりの二五歳の研修医《レジデント》トマス・バーンズの診察を受けた。このときバーンズは、ヘンリーの態度を奇異に感じていた。おろおろと狼狽したかと思えば異様に落ち着いて見える瞬間もあり、それを交互にくり返しているように思えたのだ。ゴーフィンケルもまた奇妙な点に気づいた。妻が医師の診察を受けているあいだ、ヘンリーが彼女の左手をしきりに引っ張っているように見えたのだ。

まるで手袋を外そうとしているかのようだった。

バーンズはまもなく、アナの処置をするには自分では経験不足だと判断し、至急ポトレロ通りのミッション救急病院（現在のザッカーバーグ総合病院）への移送を手配した。

アナは病院が保有する新しい救急自動車——横に「サンフランシスコ公衆衛生局救急病院」と書かれた黒塗りのバン——に乗せられ、街を横断する約五キロの旅に出発した。ヘンリーもプレミアに乗り込み、湿った道を可能な限りスピードを上げて走り、あとを追った。

救急車はちょうど八時半前に病院に到着し、その五分後には、アナは手術台の上にいた。ロサンゼルスから出向していた二九歳の研修医フランク・シーハイと、この街で働く数少ない女性医師のひとりH・L・ウィリアムソンが、アナの命を救うために急いで駆けつけた。だが、すでに手遅れだった。

三分後にヘンリーが到着し、タイヤをきしらせながら赤レンガの建物の前で車を止め、救急処置室のドアから飛び込んできたとき、医師たちは彼に妻の死を告げなければならなかった。ヘンリーは腹を殴られたかのようによろめき、「ああ、なんで私のほうを殺してくれなかったんだ」と悲痛な声を上げた。「妻は私を助けようとしたんです。あいつらは、私からすべてを奪い去った」。そう言って、彼は床に崩れ落ちた。


翌朝もまだ濃い霧がたちこめ、屍衣《しい》のごとく街全体を覆っていた。主要な新聞各紙はアナの死を第一面で取り上げ、なかでも〈サンフランシスコ・クロニクル〉紙は「自動車強盗で女性が死亡。若き母親、命を投げうち夫を救う」とセンセーショナルに報じた。

この事件は、すでに緊張状態にあった人々の心に響いた。一九二〇年代のサンフランシスコは震災後の再建が急ピッチで進められ、やや無法地帯と化していた。地震は三〇〇〇人の命を奪い、三万もの建物を破壊し、二二万五〇〇〇人が住む家を失った。

ゴールドラッシュの時代から港湾都市に成長するまで、この街はつねに怪しげな側面を見せてきたが、一九二〇年の禁酒法の施行は、犯罪的要素をさらに強化したにすぎなかった。前の週の金曜にも、今回の事件現場からわずか数ブロック離れた場所で別の夫婦――ヒルズボロに住むアーサー・ハーブストと妻のマーサー――が同様の強盗に遭い、二万五〇〇〇ドル相当の宝石と毛皮を奪い取られた。

記者会見で、サンフランシスコ市警の署長は最善を尽くすと誓った。「迅速かつ協調的な行動が求められる」、と胸板の厚い四〇代後半のダニエル・オブライエンは語った。

彼は一九〇八年にサンフランシスコ市警に入り、一九二〇年に署長に昇進した。署長になって最初に手掛けた大事件のひとつが、女優ヴァージニア・ラッペに対する強姦殺人の罪に問われたサイレント映画のスター、〝太っちょ《ファッティ》〟ことロスコー・アーバックルの逮捕だった。当時チャーリー・チャップリンに次ぐ人気を誇っていたアーバックルは三度の審理を経て無罪判決を得たが、この事件はオブライエンを一躍有名にした。

彼はその役割を楽しみ、ちょい役でサイレント映画にも何度か出演し、息子のジョージは自力で映画俳優になり、人気を得た。定年を迎えるころのオブライエンは市の大使として富豪や著名人と交流し、当時の写真には、紺のスーツに胸のバッジ、前に「CHIEF」と刺繍されたひさし付きの帽子という警察官のフル装備で、映画スターのルドルフ・ヴァレンティノと握手する姿が写っている。

「ミセス・ウィルケンズを殺害した犯罪者たちには、人命を尊ぶ心が微塵もない」とオブライエンは記者たちに語った。「全力を挙げて、我々の社会から残忍な強盗殺人者を追放しなければならない」

しかしアナを殺した犯人を追う警察官たちは、当時はまだ大半が素人も同然の低所得、低学歴の男たちだった。彼らが合法的にそこそこ稼げる仕事に就くには、警察官になるしかなかったのだ。そのため汚職や腐敗が横行し、悪名高き「第三度《サード・ディグリー》」も行なわれていた。第三度とは、被疑者から証拠や自白を引き出すための暴力的尋問の婉曲表現であり、法が人々に正義をもたらす可能性はなきに等しかった。

警察と地区検察局は市内での犯罪行為に早急に歯止めをかけることを誓い、共同で「捜査網」を敷いた。ソードオフ・ショットガンで武装した男たちが一二台の車に乗り込み、街の外に向かう道をパトロールし、特にアナが撃たれたサンセット地区を重点的に巡回した。他の警官たちは強盗犯の痕跡が見つかることを期待して、犯罪者のたまり場として知られる下宿屋やホテルを一軒一軒訪ね歩いた。

だが、進展はほとんどなかった。銃撃事件の晩、ヘンリー・マクグラスとマイケル・グリフィンという二人の刑事が病院に到着したとき、ヘンリー・ウィルケンズはすでに正気を取り戻していたが、いまだ動揺がおさまらず、支離滅裂な乏しい証言からは捜査の糸口となりそうな情報は得られなかった。ヘンリーは彼らに、車には三人の男が乗っていて、ひとりが急に飛び出してきて現金三〇〇ドルとダイヤの指輪を二個奪い、自分が銃に手を伸ばすとアナを撃ったのだと語った。

車に詳しいはずの彼にしては奇妙なことに——気が動転していたのだから仕方がないのかもしれないが——病院でジェイコブ・ゴーフィンケルと話したあとも、ヘンリーは追跡してきた車を誤認していた。その車は黒っぽいハドソンのツーリングカーだったとゴーフィンケルは確信していたが、ヘンリーは旧式の赤いダッジだったと刑事たちに語ったのだ。

翌朝、ヴァレホ通りに面したヘンリーとアナのアパートメントの前には、近所の人々が厳粛な面持ちで三々五々集まってきたが、窓にはカーテンが引かれ、室内には誰もいなかった。子どもたちはアナのおじ、アドルフ・ランゲの家にいた。ヘレンは人形で遊び、ランゲ家で飼われているダックスフントと戯れ、すでに昨夜の涙を忘れたかのように見えた。「泣いちゃだめだよ、ドット」と兄は妹に語りかけた。「天国の神様が、ママをきっと守ってくれるからね」

ヘンリーはガレージにいて、作業場を幽霊のように動き回っていた。女性記者アーネスティーン・ブラックによると、「悲痛な表情、その足取りは弱々しく、自分が何をしているのかもほとんどわかっていない」ようすだった。「みんなで幸せに暮らしていた家にいるのが耐えられず、仕事場に来てしまいました」とヘンリーは彼女に語った。友人や同情を寄せる人々が次々に弔問に訪れたが、彼はひとりひとりと黙って握手をするだけで、言葉を交わす気力はなかった。

彼は打ちひしがれ、起きてしまった事態に責め苛まれていた。あのとき自分が別の行動をとっていたならば、という思いが頭を離れない——もっと必死になって逃げるべきだったのか、銃を出したのは間違いだったのか？　彼は声をうわずらせ、涙を流しながら記者たちにそう語り、妻を殺した犯人に必ず裁きを下すと誓った。「残りの人生をかけて、犯人を捜し出します」と彼は言った。

血塗られた人生

ミルトン・スタウトは困っていた。それは六月一日（木）、アナが殺害されて二日後のことだった。ミッション通り二七六五番地でガレージを営むスタウトは、一ドル二五セントの修理代に一〇〇ドル札を渡された。

しかし問題はその金ではない。それを渡した人物が問題なのだ。カリフォルニアの最低賃金が時給三三セントだった当時、一〇〇ドルといえばかなりの大金だ。二人組の服装や物腰に、その金を合法的に手に入れたことをうかがわせるものは何もなかった。だが彼らは、絶対に喧嘩を売りたくない相手だ。カスター家の息子たちが厄介なのを知らない者はいなかった。

ウォルター・カスターは二七歳、しゃくれた顎をもち、薄茶色の髪を広い額に斜めにかぶせ、その下の顔は傷だらけだ。左右の眉の上にひとつずつ、さらに鼻筋にもひとつ傷があり、鼻は少なくとも一度はへし折られていた。右手の甲と手首にも汚い古傷が残り、左手の中指は第一関節から先が欠けている。そして左の二の腕には、女と一輪の花のうねるような刺青が彫られていた。

ウォルターの青い目は、時に人を見下すような表情を見せることもあったが、たいていはどんよりとして、愚鈍そうに見えた。彼は七歳のときに馬に頭を蹴られ、以来、二度と元通りにはならなかった。激しい頭痛に悩まされ、頭蓋骨の底部にはつねに痛みがあった。友人たちは彼に「とんま《ディジー》」とあだ名をつけた。「頭を怪我してから、ウォルターは善悪の区別がまったくつかなくなってしまったようだけど、でも愛嬌があって、自分の好きな人を喜ばせたい気持ちがある。どこか子どもみたいな人間なのよ」と母親は語った。

ウォルターは突発的に暴力をふるい、突飛で、衝動的で、危険な決断をしがちだった。そんな彼にしょっちゅう歯止めをかけなければならないのが、二五歳の弟アーサーだった。アーサー・カスターはウォルターよりも痩せていて、大きな青い目に、髪は同じく茶色。兵卒として海兵隊で二年間を過ごし、おもにキューバで兵役についた経験があり、概して冷静な頭脳の持ち主だったが、法を犯すことにかけてはかなりの実績の持ち主だった。

カスター兄弟は、チャーリー、ロバート、ウォルター、アーサー、エルマー、そしてハロルドの総勢六人——彼らは市の警察官チャールズ・カスターと、ネブラスカ生まれの妻ミニーのあいだに生まれた。一家はけっして模範的な市民ではなく、アーサーは一四歳のとき、深夜に犯罪を重ねて逮捕された。友人と二人で宝石店の窓ガラスをレンガで割って時計とリボルバーを盗み、さらにガムとチョコレートを盗ろうとシガーショップを漁った。

しかし一家に大混乱を巻き起こしたのは、その年の暮れの父親の急死だった。一九一一年の一一月、チャールズ・カスターはフェリー・ビルディングの外で殺人事件の被疑者を逮捕しようとして腹部を撃たれた。そして彼の死によって、カスター家は絶望的な苦境におちいった。

彼らはそれまでも経済的に恵まれていたわけではなく、子どもたちを育てるのに少年少女援助協会の支

Walter Castor in two poses, from police gallery photos.

Arthur Castor

援に頼らなければならないこともあったが、今やミニー・カスターは未成年の子を四人も抱える寡婦となったのである。

長男は荷物発送係や荷馬車引きの仕事に就いたが、ほかの息子たちは飲酒に喧嘩、盗みに手を染めはじめた。ある新聞は、「一家は血塗られた人生を歩んできた」と報じている。

ホール・オブ・ジャスティス内にある市警本部では、殉職したチャールズの元同僚たちが彼の息子たちのことをささやき合い、やれやれと首を振った。「いいやつだったな、チャーリー・カスターは。息子たちはいったいどこで悪事を覚えたのか」


父親の死の二年後、一八歳になったウォルターはなんの罪もない一六歳の中国人の少年を襲って逮捕され、二〇〇ドルの罰金を科された。少年は残虐な暴行を受け、証明するために証言台に立ったときには誰だかわからないくらい顔が変わっていた。同じ年、つまり一九一三年の一二月には、警察から逃れてポーチに潜んでいるときに隣人の腹部を撃ち、故殺罪《こさつ》に問われて有罪判決を受け、サン・クエンティン州立刑務所での懲役六年を言い渡された。

彼は一九一七年四月に仮釈放されたが、一月にはデリバリートラックで歩行者に衝突し、頭の骨を折る怪我を負わせ、再び警察に身柄を拘束された（ただしこのときは本当に事故だったらしく、彼は車を止めて被害者を病院に運んでいる）。

兄が刑務所にいるあいだ、アーサーもまた遠くへ送られていた。プレストン・スクール・オブ・インダストリー――カリフォルニア州イオネの町を見下ろす、中世の城を模した悪名高き少年院だ。新入りは髪を剃られて薬品風呂に入れられ、そのあと共同寝室に案内される。そこには薄いマットレスが何列にも並べて敷かれ、蓋のないトイレがひとつあった。テニスコートや図書館もあるが、一方で残忍な拷問や独房監禁も行なわれていた。そこにいるあいだ、アーサーは一〇歳の少女への性的暴行で告発されるが、数年後に行なわれた裁判では、いっさい身に覚えがないと否定している。

兄弟が一九二二年六月一日にミルトン・スタウトのガレージに入っていった時点で、ウォルターはまた別の罪で保護観察中〔刑の宣告や執行を保留して、更生のために指導監護する制度〕だった。彼はこのとき、機械工としての稼ぎを、〈サンフランシスコ・エグザミナー〉紙が「押し込み強盗の分野における斬新な試み」と呼んだ策略によって補っていた。

彼は仲間と共謀し、サンタクララバレー〔現在のシリコンバレーにほぼ相当する〕の西側で数百羽のニワトリを盗んだとして告発された。彼らは週に一度車でやってきては、街に帰って「羽毛の生えた戦利品」を売りさばいていた。弟が彼に目を光らせ、まっとうな仕事を見つける手助けをするという約束のもと、ウォルターは釈放された。アーサーが法廷で兄のためにそう保証したのは、つい数週間前のことだった。

スタウトは自分が誰を相手にしているのかよくわかっていた。ある新聞はウォルターについて、「カスターはミッション地区で恐れられる、厄介者のごろつきとして有名だった」と書いている。

兄弟に渡すおつりを数えながら、ガレージのオーナーは前日の朝刊で読んだニュースを思い出していた。アナ・ウィルケンズが殺害され、たしか一〇〇ドル札が三枚奪い取られたはずだ。カスター兄弟が立ち去るのを静かに待ち、スタウトは警察に通報した。

サンフランシスコ市警はそれまで犯人追跡に二日間を費やしたが、捜査は行き詰まっていた。オブライエン署長はこの事件を刑事部長のダンカン・マシソンに託していた。

マシソンは五〇代後半、〔カナダの〕ノバスコシア州で生まれ、一八八三年にアメリカに移住し、サザン・パシフィック鉄道で一三年間働いたのち、一九〇〇年に警察官になった。その二年後、彼は危うく命を落としかけた。チャイナタウンで屋根を渡って逃げていく不良少年の一団を追っていたとき、開いていた天窓から落下したのだ。屋根から一〇メートルほど下の廊下で痛みに呻いている彼を、その家の住人が発見した。

彼はスコットランド人の血を引く非常に厳格で信仰心の厚い人物で、生え際の後退した金髪に、きれいに整えた口ひげを生やしていた。マシソンは社会の規範から逸脱した青少年を教育と宗教教育で「更生」できるという信念の持ち主で、徹底した清廉潔白ぶりが評判を呼び、一九二九年には市の財務官に選出された。

一四人の刑事からなるマシソンの捜査チームは市全域を捜索したが、ヘンリー・ウィルケンズからはろくな情報が得られず、手がかりがほとんどなかった。一方、C・W・ホワイトという自動車ディーラーから、市の数キロ南に位置するタンフォラン付近でダッジに側面衝突されたとの通報が入り、警察はその車の持ち主を追っていた。

彼らはまた、ヘンリーが強盗に渡した紙幣のシリアルナンバーを割り出そうとしていた。マシソンはサクラメント警察と連携し、商取引でヘンリーにその紙幣を支払ったとされる女性を探していた。その一方で、人々が安全に路上を走れることに関心を寄せる二つの組織、カリフォルニア州自動車協会とサンフランシスコ自動車ディーラー協会は、アナを殺害した犯人の逮捕と有罪判決に五〇〇〇ドルの報奨金を出すための資金を募っていた。

しかし、スタウトからの情報が最も有力な手がかりであるため、ウォルターとアーサーをホール・オブ・ジャスティスに連行して取り調べるために、マシソンはレオ・バナー、ジョージ・ウォール、ヘンリー・マクグラスの三人の刑事を派遣した。

ホール・オブ・ジャスティスは鉄骨と花崗岩でできた五階建ての建物で、アーチ窓のある砂岩と大理石のファサードをもち、カーニー通りとワシントン通りの角にあるポーツマス・スクエアに面していた。地震で破壊された旧ホール・オブ・ジャスティスの跡地に一九〇八年に建てられたこの建物には、警察署だけではなく裁判所、死体安置所、郡拘置所が入っており、エレガントな雰囲気とは裏腹に、中での営みには優雅さなど微塵もなかった。

六月一日の午後、刑事たちは、この建物にはもう何度も来たことのあるカスター兄弟を連行し、一階の市警本部内にある板張りの部屋に通した。

逮捕されたとき、ウォルターは一〇〇ドル札をもう二枚所持していたため、兄弟はその金を入手した経緯と、アナ・ウィルケンズが殺害された五月三〇日（火）の晩の動向について何時間も尋問を受けた。アーサーは、その晩は一七歳の妻メアリ、弟のエルマー、そしてメアリの父親ジョセフ・フォルティノとドライブしていたと語った。ウォルターのほうは、ニワトリを盗んだ罪で保護観察中であることを忘れたのか、アリバイ証人として鶏肉業者のL・ハーシェルの名を挙げ、問題の晩は彼の車を牽引していたと言った。

その後、ヘンリー・ウィルケンズに面通しさせるため、カスター兄弟は他の一三人の若者たちと共にある部屋に連れていかれた。兄弟がここまで運転してきたナショナル車が火曜日の晩に霧の中でヘンリーを追跡した車かどうかを確認するために、彼もホール・オブ・ジャスティスに呼び出されていた。

この車ではないと否定したが、その言葉は信憑性に欠けていた。ヘンリーの精神状態はぼろぼろだったからだ。彼は重い足取りで薄暗い面通しの部屋に入り、真っ赤に泣き腫らした目に時々ハンカチを押し当てていた。ジョン・パーマー巡査は、そのとき同僚たちに「あれじゃ何も見えないだろう、間抜けな男だ」と言ったのを覚えている。

面通しを見ようと刑事たちの大半がこの部屋に集まっているらしく、彼らは被疑者たちについて論争したり、興味深げに動き回ったりしていた。面通しが始まる直前、ひとりの刑事がドイツ語で何やら語りかけると、それをきっかけに、ヘンリーの目に涙が再びあふれ出した。

被疑者候補が部屋の外に出て壁の前にずらりと並んだとき、彼はまだ泣いていた。ウォルターとアーサーは列の最後尾についた。

ヘンリーはぎこちない動作でのろのろと列の前を移動したが、ずっとうつむいたままで、彼が見ればわかるはずの男たち——妻を殺したかもしれない者たち——を横目でちらりと一瞥しているだけに見えた。ジョージ・マクラフリン刑事は、「彼は男たちに目は向けたが、ちゃんと見たのかどうかはわからない」と語った。

列の前をほんの数歩進んだところでヘンリーは引き返し、首を横に振った。だが刑事たちは、最後までしっかり面通しをするよう求めた。ヘンリーはまだ涙ぐんでいたが、二度目は列の最後までたどり着いた。アーサーのところまで来たとき、彼は顔をしかめ、「違います、この男ではありません」と言った。実際ヘンリーは刑事たちに、どの男も妻を殺した犯人には見えない、あのとき見た男はずっと年上だったと告げたのだ。

刑事部長のダンカン・マシソンにとって、不満の残る午後となった。彼はカスター兄弟の身柄を拘束してさらに尋問したかったのだが、ヘンリーが兄弟にも彼らの車にも強盗事件との関連性を確認できなかったため、二人を放免せざるを得なかったからだ。ただし一〇〇ドル札はまだ預かっておき、翌朝の〈コール〉紙には、バナーとマクラフリンが拡大鏡を使って札の一枚を調べている写真が掲載された。

その後の数日間は、不確かな情報に基づく捜査に追われて過ぎていった。サンフランシスコ市警察史上初めて、ラジオ局を使い、強盗犯と彼らの逃走用車両の特徴が電波で伝えられた。それと同時に、カリフォルニア南部全域のガレージやガソリンスタンド、修理工場に宛てて電報も打たれた。

最も有力な情報は、事件現場から五キロ近く離れたフルトン通りとコール通りの角でドラッグストアを営むR・P・マッケーブから寄せられた。銃撃の約一時間後、ちょうどアナが手術台の上で瀕死の状態にあったころ、マッケーブと妻は曲がり角を猛スピードで暴走してきた一台のダッジが縁石に衝突するのを目撃した。乗っていた三人の男はマッケーブが懐中電灯で照らすと顔をそむけたが、ラジオで聞いた特徴と合致するようだという。

刑事たちはまた、ヘンリーが語った特徴と一致する別の車を約一五キロ南のサン・マテオ郡バーリンゲームで見つけ出したが、それを見せたところ、ヘンリーはその車かどうか確信がもてなかった。

もうひとつの手がかりは、マウント・ザイオン病院からもたらされた。アール・ヤングという名の男が、アナが亡くなった日の翌朝に頭の怪我で受診し、それから毎日治療に通っているという。警察は病院から追跡し、六月三日（土）に彼とほかの二人の男――トマス・ラスクとジョン・ゲイナー――を逮捕したが、これも探査を進展させることはなかった。ヤングはボクサーで、ラスクは病院に見舞いにやってきた友人、そしてゲイナーはラスクを病院まで乗せてきたタクシーの運転手だった。三人とも鉄壁のアリバイがあり、お咎めなしで釈放された。

新情報がどれも立ち消えになるなか、マシソンの思考はたえずカスター兄弟に戻っていった。彼らの前科はわかっているし、現に二人があの金を所持していた事実が有罪の証拠に思えたからだ。だがヘンリーは彼らとその車に見覚えはないと言い、さらに二人はもっともらしいアリバイを述べた。

しかし、マシソンの部下の刑事たちはあることを見逃していた。面通しの最後に一五人の被疑者たちがゆっくりと部屋を出ていくとき、ヘンリー・ウィルケンズはカスター兄弟を見上げ、目が合ったアーサーにウインクをしたのだ。

口論とアリバイ

一九二二年六月二日（金）、八歳のヘンリー・ウィルケンズ・ジュニアは厳かにバレンシア通りを進み、ウィウボルト葬儀場に向かっていた。〈コール〉紙のアーネスティーン・ブラック記者は、「彼はおばの手にしがみつくことも、泣き出して彼女のスカートに顔をうずめることもなかった。それどころか、男らしく嗚咽をこらえ、胸を張って堂々と中に入っていった」と書いている。

そこには蓋を開けた棺が置かれ、彼の母親が、自分で縫った青いシルクのドレスに身を包んで横たわっていた。アナの黒い睫毛が青白い肌にくっきりと映え、後ろに撫でつけられた黒髪が緩いウェーブを描いていた。母親の姿を見たとき、ヘンリー・ジュニアは小さな身体を「震わせて、むせび泣いた」。彼はつま先立ちになると片手を伸ばし、母の腕に触れた。けれども「八年間で初めて、母からの愛情に満ちた反応は返ってこなかった」。

ヘンリー・ウィルケンズは妻の遺体にたくさんの赤いバラの花を添えた。彼の息子は「冷たい、震える指で」そこから一輪取ると、そっとポケットにしまった。「口には出さなくとも、何が起きたのかをあの子はちゃんと理解しています」と、アナのおばであるミータ・ランゲは語った。「ヘレンはまだ小さいから何もわかりませんが、ヘンリー（ジュニア）は自分が母親代わりになって妹の面倒を見なければと思っているようです」

午後二時、葬列はウィウボルト葬儀場をあとにしてにぎやかなミッション地区を通り、ちょうど三日前の、運命を決した霧の中の追跡劇と逆のルートをたどって、「沈黙の街」コルマに向けて南下した。会葬者たちがサイプレス・ローン記念公園に到着すると、穏やかな西風が吹いていた。なだらかに起伏する何エーカーもの緑地に火葬場と墓地があり、トウヒの木が点在している。心の傷にならないよう子どもたちを葬儀そのものには出席させず、アナのおば夫婦と、妹のヘレン・ランゲが参列した。二二歳になる美しいヘレンは、一九二二年の二月にドイツからやってきて、つい最近もウィルケンズ一家のもとに六週間滞在していた。

ヘンリーはこの日のために新調した青いサージのスーツに黒っぽいネクタイを締め、腕に黒い喪章を巻いていた。彼の目は涙と寝不足とで真っ赤だった。葬儀のあいだも、妻の棺が火葬炉に入れられたときも、彼は必死に感情を抑えていた。新聞によれば、ヘンリーとヘレン・ランゲはいずれも葬儀の途中で卒倒したという。

K・C・ストラックマイヤー師は、今回のことで明るみに出た司法制度の無力さへの怒りを、英語とドイツ語の両方を使って説教台の上から訴えた。「犯罪者に対するこのような理不尽な感傷は、もう終わりにしなければならない。軽い刑罰や安易な裁きはもうたくさんだ。勇気ある献身的な女性が残忍かつ冷酷に射殺されたのです。正義は命をもって命を償うことを求めます」

あくる日の朝早くアナのおじの家を出たとき、ヘンリーの耳の奥にはこの言葉が響いていたのかもしれない。妻の死から四日、彼の姿は悲しみに暮れる夫――見も知らぬ銃撃者の残忍な無差別攻撃によって、幸福に満ちた家庭をずたずたに引き裂かれた被害者そのものだった。ところが葬儀の翌日の六月三日（土）になると、新聞各紙にはさらに複雑な図式が登場しはじめた。

死のちょうど三週間前の五月八日、アナ・ウィルケンズはある弁護士のもとを訪れ、別居手当を請求する訴訟を起こしていた。彼女は離婚したがっていたのだ。ヘンリーの極端な残虐性と飲酒癖、さらに不貞を訴え、暫定的な離婚扶助料として月額一五〇ドル、さらに子どもたちの養育権を求めていた。この訴訟で浮き彫りになったのは、幸福とは程遠い結婚生活だった。ヘンリーもアナも気性が荒く、特にどちらか一方または両方に酒が入っているときは、ドイツ語での激しい言葉の応酬に発展することもあった。「彼らの口論は、まさに言い争いだった」と、ある弁護士がのちに語っている。

ヘンリーはよくビジネスランチに出かけては大酒を飲み、アナはそれを、彼がよその女と浮気していると非難した。「姉夫婦はうまくいっていませんでした」と、一九二二年の三月と四月の大半を一家と共に過ごしたアナの妹ヘレンは語った。「彼がほかの女性と口をきくと、そのたびに姉はあれこれ想像して嫉妬していました」。アナは近所の人たちにもヘンリーがよその女を車に乗せて出かけていくと言いふらし、それが彼を怒らせた。「ヘンリーはお酒が入ると気が短くなって、烈火のごとく怒り出しました」とヘレンは言った。

アナが亡くなるまでの数カ月、夫婦関係は悪化の一途をたどっていた。アナは以前にも増して飲酒が増え、ヘンリーはさらに暴力的になっていった。アナが起こした訴訟では、酔って殴られたことが二度あると示され、そのうちの一度は、アナの片方の目のまわりに黒い痣ができ、ほかにも語られていない暴力が何度もあった。

一九二一年七月にウィルケンズ一家がペタルマ郊外にあるアナのおば夫婦の農場を訪れたとき、アナの顔と腕、肩にはひどい痣があり――青白い肌にできた青黒い痕は衝撃的だった。「彼はアナを殴ったことを認めて、ほかの女性とのありもしない親密な関係を責められたからだと主張しました」とアナのおばは語った。「そして彼は、深く後悔している、もう二度とくり返さないと私に誓ったのです」

一九二二年四月の復活祭《イースター》の時期、一家はナパ・ヴァレーに週末旅行に出かけたが、旅先で激しい口論になり、ヘンリーはアナの歯を一本へし折った。そのとき彼は「クラレットをしこたま飲んで」おり、ヘンリーとヘレンが一家の友人の家にヘンリー・ジュニアを迎えにいくと言いながら、息子を連れて帰らなかったことで夫婦喧嘩が勃発したのだった。

夫婦はドイツ語で怒鳴り合い、ヘンリーがアナの顔を二度殴り、彼女の口は血だらけになって目の上には黒い痣ができた。アナが亡くなったとき、この痣はようやく消えたばかりだった。

「なぜ自分の夫にこんなふうに殴られなくちゃいけないの？」とアナは泣いた。それに対するヘンリーの答えは、「俺が殴るのを見た人はいないよ」という冷ややかなものだった。

部屋に入ってきたヘレンは、怪我を負った姉の顔を見て泣き出した。ドア枠にもたれて涙を流す義理の妹をなぐさめようとヘンリーはさっと立ち上がり、アナは窓台に頭をぶつけたのだと言った。呼ばれてやってきた医者はアナを診察し、「奥さんのほうはご主人ほどの異常はなさそうです」と言った。

その夜、心穏やかでない三人がようやく友人宅にヘンリー・ジュニアを迎えにいったとき、ヘンリーは友人のガートルード・スターネスに、妻が「嘘をついていた」から殴ったのだと言い訳をした。

そのあとまた口喧嘩が起き、ある時点でヘンリーは娘を抱き上げ、友人宅を飛び出した。「彼を止めて」とヘレン・ランゲは叫んだ。「自殺するつもりよ」

スターネスは急いでヘンリーを追いかけ、道の真ん中でつかまえた。〈コール〉紙は、「その後の口論の途中、彼は道にへたりこんだ」と報じている。「だけどそうする前に」所持していたピストルを自分に見せたのだとスターネスは語った。「俺は今から自殺する、「この子を一緒に連れていく」と彼は言ったの」

のちに、ヘンリーは自分のしたことを恥じており、二度と妻に手を上げないと誓ったと主張する。しかしアナの葬儀の翌朝、記者団の取材を受けた彼は疑惑を完全否定し、訴訟は「すべて間違い」であり、「妻と私は別居していないし、妻が家を出ていったことなど一度もありません」と語った。「私たちのあいだに憎しみの感情はなく、愛情が足りなかったわけでもありません。ちょっとした行き違いはあっても、すべて修復済みでした」

明るみに出た新事実は街じゅうの新聞記者を騒然とさせたが、警察はそれまでと同じ線で捜査を続けた。マクグラス刑事は記者たちに対し、ウィルケンズ夫妻の不和についてはアナの死の翌日から知っていたが、ヘンリー・ジュニアから話を聞き、アナが殺されたいきさつに関するヘンリーの説明に納得したと語った。また、刑事部長のダンカン・マシソンは、物盗りが唯一の動機だと「確信」していると述べた。しかしホール・オブ・ジャスティス内の他の場所では、疑念が強まりつつあった。

六月四日（日）、サンフランシスコの地区検事マシュー・ブレイディは独自に調査を開始し、ヘンリー・ウィルケンズの結婚生活に関する新情報に基づき、改めて彼の尋問を行う意向を発表した。

ブレイディは四〇代半ばだが、年齢よりもずっと老けて見えた。白髪に太鼓腹、堂々たる風采の彼は、人々の受けが良かった。地区検事は選挙で選ばれるため、見た目は極めて重要だった。ケイト・ウィンクラー・ドーソンは『アメリカのシャーロック・ホームズ』で、彼を「検察官であり、政治家であり――職業的な野心を抱く聡明な法律家だった」と描写している。

彼は一九一九年に初めて地区検事の座を勝ち取り、一九二一年のファッティ・アーバックルの裁判で紙面をにぎわした。度重なる審理のあいだ、彼は無責任だとの声が上がるほど訴追のペースを上げたが、結果的にアーバックルは無罪を勝ち取った。アーバックル事件の第一報を聞いたとき、ブレイディは街を離れていたが、自ら「インタビューに応じ、声明を発表し、訴追戦略の概略を説明する」ために大急ぎで戻ってきた。

そして今回もまた、広く報道された事件に決定的な影響を及ぼすチャンスを嗅ぎ取った。「ウィルケンズ氏の妻の死に関して相矛盾する報道がなされているため、彼に出頭を求めることにしました」とブレイディは記者団に語った。「今後の展開に備え、事件のあらゆる状況を徹底的に調査する所存です。ウィルケンズに対し、妻の死のいきさつや家庭内のトラブルについて包み隠さず語るよう求め、今後どのような対応が必要かを判断いたします」

六月五日（月）、アナの死因を特定するための大陪審が開かれた。ヘンリーは追跡から銃撃、病院への必死の搬送に至る痛ましい話をくり返した。ヘンリー・ジュニアは検視官の隣の椅子に腰かけ、涙を浮かべながら、母親が強盗と格闘するあいだ毛布の下に隠れていたときのことを再び語った。そのようすを、検視官は思いやり深い表情で見守っていた。

しかし最も重要な証拠をもたらしたのは、銃撃事件の晩、アナを病院に運ぶヘンリーに手を貸した弁護士、ジェイコブ・ゴーフィンケルだった。彼は一家を追跡していた車は断じてダッジではなかったと証言したのだ。これはヘンリーが警察に語った話と食い違っていた。

翌朝、次の動きを話し合うためにマシソンは刑事たちを集め、おもにこの件が話し合われた。アナの死から一週間がたち、彼らは一連の出来事に対するヘンリーの認識に疑念を抱きはじめていた。

会議のあと、数人の刑事は追跡してきた車の種類をヘンリーが間違えている可能性がないか調べはじめた。彼らはゴーフィンケルから車の詳細な特徴を聞き出し、彼を連れてカスターが所有するナショナルのツーリングカーを見にいき、それが銃撃に使われた車かどうか確認させようとした。

ところが、カスターの自宅にナショナル車はなく、当の兄弟も不在だった。家にいた家族が、車は修理のためにゴールデン・ゲート通りのガレージに運ばれたと言った。

そのガレージに行き、ゴーフィンケルはナショナル車をよく見たが、やはりウィルケンズ一家を追跡していた車と同じだとは思えなかった。そのとき刑事のひとりがふと、ガレージのオーナーであるウォルター・ブラウンリーに、カスター兄弟がここで車を借りたことはあるかと尋ねた。「ありますよ」とブラウンリーは答えた。「ウォルター・カスターが何度か借りています。なんと、ウィルケンズの奥さんが亡くなって二五分後くらいに返しに来た車もありましたよ」

刑事たちは唖然とした。ブラウンリーは彼らに、事件の前日の五月二九日にウォルターが古いハドソンのツーリングカーを借りたと言った。その日のうちに返すはずが、実際に返しにきたのは翌日の夜の八時半――銃撃の約一時間後だったという。

ゴーフィンケルはハドソンを見て、あのとき目撃した車にほぼ間違いないと確信した。彼の妻とカーマニアの息子も同意見だったことから、ダンカン・マシソンはすぐにウォルターとアーサーと再び話をする必要に迫られた。「強盗に使われたのは間違いなくあの車だったとゴーフィンケル一家が言っている以上、それが正しいのだと思う」とマシソンは言った。兄弟をすぐに釈放したことで、彼は激しい非難を浴びていた。「だがカスター兄弟を拘束しつづける根拠は何もなかったため、彼らは釈放された。私は彼らを捜さなかったし、逮捕の決め手となる証拠もなかった」

状況は急転した。その後の数日でカスター兄弟のアリバイが崩れたのだ。銃撃事件があったときに自分は手伝いをしていたとウォルターが語った鶏肉業者が、それは問題の日の二日前のことだと検死陪審で証言した。アーサーの義父もまた、五月三〇日の晩に彼と会っていないと否定し、一方で義理の妹が、ウォルターはその日の朝早くに家を出て夜遅くまで帰ってこなかったと証言した。

警察は真実に迫りつつあるかに見えた。面通しのさい、ヘンリーはウォルターにもアーサーにも面識がないと言っていたが、六月八日（木）、ヘンリーとウォルターが一九一八年に数カ月間同じ職場で働いていた証拠が見つかった。当時ヘンリーはガーフォード・トラック・カンパニーで工場長を務めており、ウォルターは彼の部下だった。

記者たちがヘンリーの自宅と職場を訪れてこの新情報を突きつけたが、彼は「カスター兄弟のことは知りません。一度も会ったことがないし、見たことも聞いたこともない。赤の他人です。あなた方は何が言いたいんですか、彼らについて何かわかったんですか？」と白を切った。しかしウォルターとヘンリーがその職場で同時期に働いていたとする二人の証人が現れ、会社の記録を調べると、一九一八年六月の従業員名簿に二人の名前が載っていた。

マシソンは記者団に対し、わずか数日のあいだに捜査は一八〇度転換したと認めた。ヘンリー・ウィルケンズは、今や妻殺しの有力な被疑者だった。

どうやらウォルターとアーサーは街を離れ、完全に行方をくらましてしまったらしく、そのことが捜査をさらに困難にしていた。自宅には二人のいる気配はなく、カンザス通りの母親の家にも姿はなかった。弟のエルマーによると、道路作業の職を求めて、ひとりはアリゾナへ、もうひとりはカリフォルニア南部へ行ったという。

最重要被疑者が二人とも行方不明になったことから、マシソンは警察にわざと嘘をついた可能性のある〝悲嘆に暮れる夫〟のほうに取り組んでいた。警察に対する周囲からの圧力は高まる一方で、ヘンリーは頑として主張を曲げようとしない。そこでマシソンとオブライエン署長は湾の向こう岸――バークレーに目を向けた。

そこでは先見の明のある警察署長と新米警官《ルーキー》、そして一〇代のマジシャンが、真実と嘘とを選り分ける、ある装置を開発中だった。

その装置はすでに、ベイエリア全域で強盗事件や殺人事件の捜査に使われて成功を収め、サンフランシスコのもぐり酒場《スピーク・イージー》や監房内では、恐るべきものとして名声を打ち立てつつあった。あの装置ならばきっと、ウィルケンズの事件を解決に導いてくれる――二人の刑事はそう確信していた。

パート2

町《タウン・マーシャル》の保安官

一九二二年当時、バークレー市庁舎の地下はある国家的革命の拠点となっていた。バークレー警察署が入居する広々とした空間には黒いファイルキャビネットが幾列にも並び、有罪判決を受けた犯罪者の頭蓋骨の大きさや指紋のデータが保管されていた。これは再犯者を特定しやすくするためのものだ。

壁には町で起きた強盗事件の頻度と場所を詳細に記した地図やグラフが掛けられている。そして仮設された国内初の法医学研究室では、カリフォルニア大学を卒業した科学者たちが微細な繊維を調べ、血の染みや爆発物を分析していた。

そのすべての中心にあるオーク材の机に、整然と積み上げられた雑誌や本と共に鎮座しているのが、オーガスト・ヴォルマー――長身で、白髪の、眼光鋭いブルーグレーの目に丸い縁なし眼鏡をかけた四〇代半ばの男だった。のちに「近代警察の父」と呼ばれるバークレーの警察署長は、このときすでに伝説的な地位を築きつつあった。

ある伝記作家によると、彼は「まさに非の打ち所のない男」で、余暇にはバークレーの丘陵地帯でウサギ狩りをし、毎日湾で三マイル〔四・八キロ〕泳いだ。「トップアスリート並みの体格と運動能力の持ち主」

で、「オーストラリアン・クロール」と呼ばれる泳法のエキスパートだった。

「ヴォルマーはアイアングレー・マンだ。顔には鉄《アイアン》の頑強さを秘め、髪はグレー」と、一九二四年一一月号〔正しくは一一月八日号〕の『コリアーズ』誌の紹介記事には書かれている。「どことなく、その肉体のみならず精神も鍛え上げられた人物という印象が伝わってくる」。ちなみにこの号の表紙を飾るのは、サー・アーサー・コナン・ドイルによるシャーロック・ホームズシリーズの最新話だ。

ヴォルマーは狂暴な犯罪者を追いつめ、怒れる暴徒を鎮め、さらに一度ならず二度までも、溺れかけた若い女性を海に飛び込んで救出した。地元で人気の郵便配達員だった彼が世界に名だたる警察署長になるきっかけとなったのも、一台の暴走列車にまつわる英雄的な行動だった。

ガス——友人たちは彼をそう呼んだ——は、一八七六年三月七日の早朝、ジョン・ヴォルマーと妻フィリピーネの子としてニューオーリンズで誕生した。両親はヨーロッパで高まりつつあった緊張から逃れ、一八六九年の夏にドイツから移住した。

八歳だったある暑い日の午後、ヴォルマーは年上の少年に顔を殴られ、鼻血を出して帰宅した。すると父親は彼が反撃しなかったことに激怒し、あくる日の朝、息子をボクシング教室に通わせる手続きをした。週に二度のレッスンは修練と運動神経を身につけるのに役立ち、それはやがて——とりわけ、そのわずか三カ月後に父親が心臓発作で急逝したあと——ヴォルマーの人生を支えるバックボーンとなるのである。

亡くなったとき、父親のジョンはまだ四六歳だった。ある意味、この悲劇はヴォルマーと弟のエドワード、養女である姉のジョージーから両親とも奪い去った。一家が営む食料雑貨店を維持するために、母親は週に六日間、朝から晩まで働きつづけなければならなかったからだ。子どもたちは日がなニューオーリンズの街をぶらつき、埠頭に行って船の荷下ろしを眺めたり、ミシシッピ川沿いをハイキングしたり、ポンチャートレイン湖で泳いだりして過ごしていた。

しかしフィリピーネは商売と三人の子育てに苦労し、一八八六年に子どもたちを連れて生まれ故郷のバイエルンに帰った。二年後に再びルイジアナ州に戻ってきたとき、街は大きく変わっていた。犯罪は増加の一途をたどり、売春宿やアヘン窟が次々と出現し、それがギャングや暴力をもたらした。

そのため、ヴォルマーが一四歳だった一八九一年に一家は西海岸に移り住んだ。その時点で彼は二年間の教育——簿記とタイピング、速記のコース——を終えていた。そのころの彼は速記者を目指していたのだ。

サンフランシスコで、ヴォルマーは家具店で荷物やメッセージを届ける仕事を見つけ、母親は看護師として働いた。だがその年の暮れにフィリピーネは再び一家を連れて、きらめく湾の向こう、バークレーに引っ越すことを決めた。急勾配の丘と絶景の町はまだ成長過程にあり、大都市に比べて家賃が安かった。しかしこの決断が家族をばらばらに引き裂くことになる。

当初、ヴォルマーはサンフランシスコに残った。発送係の仕事を見つけて楽しく働いていたし、一緒にハイキングや狩猟、水泳をする仲間もできたからだ。彼はギターを始め、夜になると友人たちと燃え盛る火を囲んでは、ギターをかき鳴らして歌った。

オーガスト・ヴォルマー

姉のジョージーもバークレーには行かなかった。また引っ越すとフィリピーネが告げると自分の部屋に鍵をかけて閉じこもり、翌朝家族が目覚めたときには姿を消していた。街じゅうを捜索し、以前暮らしていたニューオーリンズに戻ったのかもしれないと連絡を入れてみたが、それっきり姿を見せることも便りをよこすこともなかった。

一八九四年、ヴォルマーはバークレーに移り、また母と弟と暮らしはじめた。バークレーは、一九世紀から二〇世紀への変わり目のアメリカでは典型的な、小さく素朴な町だった。市民の足はおもに一頭立ての馬車で、丘陵地へと続く曲がりくねった未舗装の道を進んでいった。年老いた男性はふさふさした顎ひげや垂れ下がった口ひげを生やし、女性は顔に白粉《おしろい》をはたき、造花を飾った大きな帽子をかぶって板張りの歩道をそぞろ歩いた。一万五〇〇〇人に満たない人口は、商業地区の倉庫や酒場と輝かしい大学のキャンパスとに分かれていた。大学はコントラコスタの丘のふもとに位置し、そこから望むゴールデンゲート海峡の眺めはすばらしかった。

ヴォルマーは笑いと家庭料理に満ちた幸せな生活を築いた。父親に倣って商売の道に進み、石炭と家畜の飼料を扱う店を開いた。そのかたわらノース・バークレー・ボランティア消防署を開設し、それまでカバーされていなかった地域にも出動できる体制を築いた。こうして店を経営しながら地域にも奉仕し、のんびりと幸せな生活を送れたはずだった。

ところが一八九八年四月二五日、アメリカはスペインに宣戦布告し、ヴォルマーの人生の流れが変わる。紛争のきっかけは、ハバナ港で起きた米軍艦メイン号の爆発だった。その火種は報復を求める新聞報道によって猛烈に煽られ、地獄の業火のごとく炎上した。

当時二二歳のヴォルマーは、一〇〇万人を超える他の男たちと同様、入隊への強い使命感を抱いていた。「けっして戦いから逃げないと父さんに約束したんだ。それに、この国は志願兵を必要としている」。心配する母親に彼はそう告げた。そして店の株の持ち分を売却すると、入隊するためにサンフランシスコ行きのフェリーに乗り込んだ。志願者のうち選ばれたのはわずか一三パーセントで、そこには彼も含まれていた。

サンフランシスコの北端に位置するプレシディオ軍事基地で一カ月間の訓練を受けたあと、ヴォルマーは第八軍団第三師団砲兵隊の一員としてオハイオ号に乗艦し、スペインの植民地で重要な前線のひとつとなっていたフィリピンに向けて出港した。

容赦ない熱さと猛烈な豪雨——熱帯の気候は悪夢のようだったが、ヴォルマーは目覚ましい働きをした。何十もの戦闘をこなし、パシグ川を巡視するラグーナ・デ・ベイという汽船に砲員として乗務した彼は、高い台に立ち、即席の脆い砲塔だけで狙撃から身を守りながら何週間にもわたって砲を操った。

川幅の狭い蛇行ポイントにさしかかると、兵士たちは下船し、船を手で押さなければならなかった。「ジャングルの茂みから飛来する弾丸を素早くかわすのがうまくやるコツだった。どの木の陰にもフィリピーノが隠れているように思えた」とヴォルマーは語った。一八九九年二月五日から五月一七日までほぼ毎日、彼は実戦に参加していた。「兵士は死に、別の兵士に取って代わられ、戦いは続いた」と彼は記している。

一八九九年の夏、ある大胆なミッションで、ヴォルマーは仲間の兵士と二人でカスコ船〔四角い船底のはしけ〕の底に潜り込み、上からその土地の植物であるニッパヤシの葉が積み上げられた。ヴォルマー自身が考案したこの作戦は、秘かに敵のテリトリーに侵入し、〔先住民の〕マカベベ族と接触するのが狙いだった。今やアメリカ人兵士とフィリピン人反政府勢力の戦争と化した戦いからはじき出されたマカベベ族は、友好的である可能性があったからだ。

怪しまれずに通過できるよう、現地の人間を雇って船を誘導させたが、もし捕まれば拷問されて殺される危険性が高いことをヴォルマーは知っていた。「生け捕りにされるなよ」と指揮官は彼らに言った。「最後の弾丸は自分のためにとっておけ」

真昼の太陽が照りつけ息が詰まるほどの暑さの中、船はゆっくりと川を上っていった。乾いた葉の下に横たわりながらヴォルマーが警戒心を解きかけたとき、頭上で不意に銃声が鳴り響いた。武装した反乱軍が船を見つけ、捜索のために岸に寄せるよう命じたのだ。これは命取りになりかねないとヴォルマーにはわかっていた――反乱軍に見つかるかもしれないし、雇った現地人が自分たちの命を守るためにアメリカ人を差し出すかもしれない。

大声がして――口論する声だ――そのあと静かになった。すると反乱軍が、ニッパヤシの葉に長いライフルを突き立て、下に何か隠れていないか調べはじめた。ヴォルマーはピストルを握りしめ、息を殺した。何時間もたったように思えたそのとき、大声で何かを命じる声が聞こえ、船が岸から押し出された。こうして彼らは難を逃れ、無事にマカベベ族との接触を果たし、ミッションを完了した。

この戦争はまた、ヴォルマーに治安維持という初めての経験を与えた。スペインからマニラを奪取してから反乱軍が蜂起するまでの一時的な小康状態の時期、アメリカ兵に与えられた任務は首都の平和維持だった。ヴォルマーは一二時間交代で市内をパトロールしたが、このとき、可能ならばできるだけ逮捕するなという指示が与えられた。マニラの刑務所は超満員状態だったからだ。ヴォルマーは騒動を起こしそうな者が集まるのを阻止し、通りに山積するゴミを片付けるグループを組織し、警察の職務の基本に初めて触れた。

一八九九年八月にアメリカに帰国したとき、ヴォルマーはどこか物足りなさを感じていた。かつて抱いていた夢が小さく思え、また商売を興そうと思いながらも、どんな事業がしたいのか決めかねていた。そこで彼はとりあえずバークレーの母親の家に戻り、郵便配達の仕事を見つけた。

病欠した配達員の代わりを務めるのがヴォルマーの役目であったため、彼は町の全域に足を運んだ。長い脚でバークレーの丘を颯爽と上り下りする彼の姿はおなじみの光景となり、人々に親しまれるようになった。かつては牛を移動させるルートだった曲がりくねった坂道を上り、レッドウッドやユーカリの木が点在する青々とした芝地のある丘の家々や、春になるといっせいにピンクの花を咲かせるウメの木を通り過ぎる。

あくまでも一時しのぎのつもりだったが、人と触れ合い外で働ける仕事は思いのほか楽しく、快適な生活を提供してくれた。彼は四年後もこの仕事を続けていたが、そんなある日、人生を一変させる出来事が起きたのである。

一九〇四年一月一六日の正午前、午前の配達を済ませるため坂を下ってバークレー駅に向かっていたヴォルマーは、通りの真ん中で何か騒動が起きているのに気づいた。見ると、建築資材を積んだ平台型貨車が一台だけ切り離されて、四ブロック先の駅に向かって坂を転がり落ちていく危険な状況だった。

その日は肌寒い土曜日で、周囲の道は、冬物のコートに身を包み、今にも降り出しそうな霧雨に備えて傘を持つ買い物客でにぎわっていた。作業員たちは貨車を減速させようと必死になって線路上にレンガを投げ込んでいたが、スピードは増していくばかりだった。

正午には旅客列車が駅に到着する。列車を待つ人々が線路脇に集まってくるのをヴォルマーは知っていた。このままでは大惨事が起きかねない。彼は郵便物の入った鞄を下に置くと、坂を駆け下りはじめた。両手両足を大きく動かし、やがて彼は暴走する貨車の横に並んだ。そして後ろからひらりと飛び乗り、木の板をつかんで体を引き上げ、荷台に乗った。しかしブレーキは一番前にあるため、加速しつづける貨車の上で、今度は山積みのレンガを乗り越えて前方に移動しなければならなかった。

もし顔を上げていたら、ヴォルマーは恐ろしい光景を目撃したに違いない。彼が今まさに猛スピードで下っていく線路と直角に交わる線路上を、エンジンからもうもうと白い蒸気を上げながら、サンフランシスコ発の正午の列車が近づいてくる。貨車を止めるのが間に合わなければ、彼は列車の横腹にまともに激突し、確実に死んでしまうだろう。

ヴォルマーは大急ぎで貨車の前方に向かった。やっとのことでブレーキ輪をつかみ、力いっぱい捻る。一瞬、逆に回してしまったかと慌てたが、貨車はキーッと音を立て、駅のすぐ手前で停止した。

この一件で、ヴォルマーはちょっとした有名人になった。すでに配達ルートで出会う町じゅうの人々に好かれていたが、今度は〈バークレー・デイリー・ガゼット〉紙に写真が載り、勇気ある行動が称賛されたのだ。同紙の編集長フレンド・リチャードソン（クエーカー教徒として知られ、のちにカリフォルニア州知事となる）も、彼に感銘を受けたひとりだった。一年後の一九〇五年一月、リチャードソンはヴォルマーに電話をかけ、ちょっと話があるから編集長室に来てほしいと言った。

新聞の編集長がいったいなんの話があるのか皆目見当がつかないまま――なにしろ彼は、正規の教育というものをろくに受けたことがないのだ――ヴォルマーは二階にあるリチャードソンのオフィスに恐る恐る入っていった。

「きみにひとつ提案があるんだが、電話では話したくなかったのでね」と編集長は言った。口ひげを生やし、生え際の後退した貫禄のある男で、ヴォルマーが入っていったとき、彼は黄色い鉛筆で何かを書きなぐっていた。「友人たちにも話したんだが、四月にある保安官《マーシャル》選挙に出てほしいんだよ。きみとしては寝耳に水だと思うが、我々はきみが適任だと思っている」

町の保安官《タウン・マーシャル》という肩書きは西部開拓時代の名残で、バークレー全体の法と秩序を守る重要な役目だった。「正直、思ってもみなかったことです」とヴォルマーは答えた。「このままずっと郵便配達員のままではいたくないと思いはじめてはいましたが、私はビジネスを始めたいのです」

「ビジネスはあとからでも始められるさ。だが、我々は今すぐきみを必要としている」とリチャードソンは言った。「町には麻薬の巣窟や賭博場があふれ、ペテン師どもがどんどん入ってきている」

ヴォルマーがフィリピンで積んだ経験と、貨車の一件で示した勇敢な行動から、彼こそが保安官にふさわしいとリチャードソンは考えたのだ。「きみは行動が早いし、物怖じしない。我々が求めるのはそういう人物だ。バークレーを一掃し、市民にとって安全な町にしてくれる人間が必要なんだよ」

ヴォルマーはまだ決心がつかなかった。最大の理由は、警察機関の一員になることを、彼の家族が「社会的に不名誉なこと」と見なしていたからだ。世紀末のこの時期、アメリカにおける暴力犯罪の発生率はヨーロッパと比べて四倍から一〇倍も高く、警察は汚職にまみれていた。警官たちは暴力的な手段を使い、金を払えば見て見ぬふりをした。一八九〇年代、レクソウ委員会がニューヨークで警察の腐敗を調査し、警察官は「課金制」の職業と化し、出世しつづけるには給料の最大五倍の賄賂が必要であることが明るみに出た。のちにヴォルマー自身も、「無礼、無知、野蛮、そして汚職の時代」であったと述べている。

不安を抱えながらも、彼は立候補しようと決めた。会った二日後、ヴォルマーの出馬を報じる〈ガゼット〉紙で、リチャードソンは「ガス・ヴォルマーは頭脳明晰かつ聡明な人物」であり、「とりわけ陸軍での経験により、犯罪者を追いつめ逮捕する職務に適した資質を培った」と書いている。

一九〇五年四月に選挙を控えたヴォルマーが再び示したドラマティックな、そして前回と驚くほど酷似した勇気ある行動によって、彼の勝算が損なわれることはなかった。一九〇五年三月二五日（土）の朝、ヴォルマーはダウンタウン・バークレーのシャタック通りにあるニューススタンドで新聞の見出しに目を通していた。すると、逃走した馬の一団が、ウェルズ・ファーゴの荷物配達用荷馬車を引いて勢いよく角を曲がってきた。

今回もまた、ヴォルマーは急いで駆けつけた。手綱をつかんだ彼はしばらく地面を引きずられていき、再び現れたときには両手に裂傷を負い、衣服はずたずたに裂けていたが、大惨事は回避された。この一件で地元のヒーローとしての地位はゆるぎないものとなり、ヴォルマーは三対一の大差で保安官選挙に圧勝した。それを支えたのは、リチャードソンの支援と政治的な人脈、そしてバークレーの上流階級との、めくるめくディナーや酒宴の日々だった。

ヴォルマーは四月一五日に宣誓し、バッジ――「Marshal of Barkeley」の文字が印刷された、七つの突起がある錫《すず》の星章――を授与された。彼はフィリピンで少しのあいだ経験した治安維持活動を大いに生かし、さっそく改革に着手した。二人の保安官補《デピュティ・マーシャル》を新たに任命し、さらなる人員の雇用と昇給を行なうための、そして制服――ロンドン警視庁の制服をモデルにした、真鍮のボタンがついた青い上着にヘルメット型の帽子――をつくるための資金を出してほしいと町の管財人に働きかけた。

その後の数カ月間、重要な選挙公約のひとつを果たすべく、ヴォルマーは保安官補たちと共に、バークレーの中国人コミュニティに人気のあるアヘン窟や違法カジノへの手入れに乗り出した。

二九歳の「若造保安官」と侮っていた人々も感銘を受けた。彼は一九〇七年に再び共和党から出馬して再選され、一九〇九年にバークレーが正式に市憲章を採択すると、選挙で選ばれた町の保安官《タウン・マーシャル》から、市の任命を受けた警察署長となった。

つまり、もう二年ごとに政治に関与する必要はなく、新たな発想を取り入れる自由も手に入れたことになる。そして斬新な発想は彼のトレードマークとなり、このあと四〇年にわたって踏襲されていくのである。

ヴォルマーはアメリカの警察署長として初めて、警官の移動用に自転車を購入した。自転車を使えば、徒歩で回るよりも三倍のエリアをカバーできると計算したのだ。

また、警官ひとりにつき一台の小型フォード・モデルTを購入し、一九一四年の暮れには初のパトカー隊を創設した（ただし、彼自身は車の運転を習得しなかった）。

さらに、警官と素早く連絡をとり迅速に対応するための信号伝達システムも導入した。町じゅうの電柱と電柱のあいだに赤いランプが吊り下げられ、二〇台の小さな電話ボックスが一定間隔で設置された。警察本部にあるマスタースイッチを入れると赤いランプが点灯し、それが警官に最寄の電話ボックスに行けという合図になる。また、ランプのモールス信号でメッセージを伝えることもできた。

だが、ヴォルマーが打ち出した最大の新機軸は、思いやりの精神だろう。酔っぱらって保護された者は、警察署でぐっすり眠って酔いをさまし、朝になると無罪放免された。また、ひと晩泊めてほしいとやってくる者には、二枚の清潔な毛布とシャワーが提供され、朝になれば「おいしいハムエッグの朝食」が振舞われた。当時彼の部下だったある警官が、「署長は人道主義者だった」と語っている。

ヴォルマーは無精子症で自分の子は望めなかったが、大の子ども好きだった。幼い訪問者のために、机の上にはつねにお菓子の入った器を置き、子どもたちは彼を「ガスおじさん」と呼んだ。古株の警官たちの中には不平を漏らす者もいたが、ヴォルマーは署内に子ども用の部屋を用意し、そこは非公式なユースクラブとして、問題を抱えた子どもたちを路上から遠ざける役目を果たした。部屋は遊び道具や動物、音楽で満たされ、ヨーデルやウクレレの音が聞こえることもめずらしくなかった。「法は彼らの味方であって敵ではない、それを子どもたちに教えてやらなくては」と、ヴォルマーは口癖のように言っていた。

彼は警官が暴力を振るうのを忌み嫌った。取り調べで日常的に行われる、非協力的な被疑者に手を上げる行為も同様だった（もっとも、ヴォルマー自身も最初のころはたまにピシャリと叩いたし、盗みを働いた三人の若者を「軽く」折檻したこともある）。ヴォルマーが圧倒的に重点を置いたのは、罪を処罰するのではなく未然に防ぐことだった。「どれだけの人を逮捕したかできみたちを評価するつもりはない」と、彼は新人警官によく言っていた。「どれだけの人に罪を犯させなかったかで評価する」

学生警官

一九〇七年、バークレーのある庭で、仕事中の牛乳配達員が若い男の遺体を発見した。遺体は「poison〔毒〕」と表示されたガラス瓶を握りしめ、のちにその中身は猛毒のシアン化カリウム〔青酸カリ〕と判明した。

明らかな自殺と結論づけられたが、故人の友人の訪問を受けたのち、警察署長ガス・ヴォルマーは生理学者ジャック・レーブ博士に助言を求めた。すると、もし本当にシアン化物で自殺したのなら、毒素で全身の筋肉が弛緩し、瓶を握りしめていることはできなかったはずだから、「自殺に見せかけるために犯人が握らせたに違いない」とレーブは言った。

ヴォルマーたちは早速、故人と口論しているのが目撃された男を被疑者として特定し、事件は大陪審に持ち込まれた。起訴の決め手となるのは、瓶が実際に被害者の手に握られていたかどうかだ。警官たちは、瓶は間違いなく手に握られていたと証言したが、牛乳配達員のほかにも何人かが、少し離れた地面に転がっていたと言った。しかし誰も写真を撮っていなかった。陪審は自殺による死と判断し、ヴォルマーに殺人容疑をかけられた男は不法逮捕で彼を訴えた。

この一件は、警察活動に対するヴォルマーの姿勢に大きな影響を与えた。彼は署長としての任務に打ち込みながらも、心のどこかにはまだ、ビジネスの世界に戻るまでの〝腰かけ〟的な気持ちがあった。けれどもこの事件を機に、学ぶべきことがいかに多いか、そしてどれだけ改善の余地があるかを彼は知ったのである。「我々はただの愚かな警官で、旧態依然としたやり方でどうにかしのごうとしていた。だから多少の知識や確かな技能が求められる何かが起きると、もう手も足も出なかった」。数年後、彼はある記者にこう語った。「そのとき私は決心した。何か策を講じ、その重大な欠陥を克服できるまでは警察の仕事を続けようと」

以来、ヴォルマーは熱心な読書家となった。友人であるレーブ博士に勧めてもらい、犯罪心理学の本をむさぼるように読み漁った。また、二週間ごとにベイエリアの他の警察署を訪問し、署長たちから手法を学んだ。サンフランシスコ市警の署長ジェーレ・ディナンは、より複雑な犯罪を捜査する刑事局の創設方法を伝授した。

ヴォルマーは証拠の収集と記録のための厳格な手順を定めた。それが有罪判決の決め手になると認識していたからだ。彼はまた、事実と証拠を分類する方法を開発するために統計学者のC・D・リーを雇い入れた。リーはオークランドにいる同業者と協力し、質屋からデータを収集して盗難自転車を追跡するシステムを構築した。

ヴォルマーはさらに、警官たちが「死体保管所《モルグ》ブック」と呼ぶもの――さまざまな腐敗状態の死体の写真のほか、ナイフ、銃、焼け落ちた家屋、大破した車の図など、今後の捜査に役立ちそうなもの――を集めて整理しはじめた。

また、新たに得た知識を共有するために、彼は毎週金曜日の午後に「あら捜《クラブ》しセッション」を開き、警官たちはその場でどんな問題でも遠慮なく提起することができた。ヴォルマーはそのセッションに、科学（時には似非《えせ》科学）の専門家から前科者、薬物中毒者まで、多彩な人々を招いて話をさせた。

こうしてヴォルマーはバークレー警察の舵を取り、あらゆる困難な状況を切り抜けた。在任わずか二年目の一九〇六年にベイエリアを襲った地震のあとには、バークレーに流入する何万人もの被災者を受け入れる手助けをした。人口は二倍以上に膨れ上がったが、いつものように毅然とした公正な態度で秩序を維持し、略奪を取り締まった。

一九〇七年一月、市内でのアルコール販売が禁止されると、ヴォルマーと部下たちは何週間もかけて、シガーショップや食料雑貨店を隠れ蓑に営業するもぐり酒場を閉業に追い込んだ。また、一九一八年にインフルエンザが大流行したときには、マスク着用のガイドラインに沿った厳しい取り締まりを実施し、公衆衛生の維持に貢献した。わずか数日のあいだに、「マスクの着用を怠った」一七五名が逮捕された。

こうした仕事への専心は、ときに私生活を犠牲にした。一九一一年、ヴォルマーは一〇代のときに知り合ったリディア・スターテヴァントという赤毛に碧眼のオペラ歌手と結婚した。しかし彼は結婚生活よりも仕事に情熱を注ぎ、夜遅くまで働き、週末も働き、家にいるときでさえ警察関連の本を読むか、そのことを考えていた。ロサンゼルスへの新婚旅行中、彼は花嫁を置き去りにして、暴徒を鎮めるのに手を貸した。一九一五年にはすでに二人は別居状態にあり、一九二〇年、スターテヴァントは「遺棄」を理由に離婚を認められた。

私生活はうまくいかなくとも、仕事面において、ヴォルマーはめきめき力を発揮していた。バークレーの犯罪率は低下し――町の人口が増加しているにもかかわらず、強盗件数は五〇ポイント減少した――彼はまもなく全国から注目を集めるようになる。

一九一七年六月、サンディエゴ市議会はヴォルマーを招いて地元警察の調査を依頼し、改善のための助言を求めた。これを皮切りに、デトロイトからハバナまで、彼は生涯を通じて同様の調査報告を何十件も行なうことになる。

サンディエゴでは、ホームレスになりすまして三日間を過ごしたこともある。汚れた帽子と上着をまとって通りを歩き、空の鉄道車両に寝泊まりし、いつもとは別の視点から警察を観察したのだ。そして彼は四日目にホテルに行った。アルフレッド・E・パーカーの『*The Berkeley Police Story*（バークレー警察物語）』には、「汚い衣服を脱いで無精ひげを剃り落とし、風呂に入ると、上品なグレーのスーツと白いシャツに着替えて赤いネクタイを締めた。そして再び鏡を覗き込み、笑った」とある。

しかし、自身の成功とは裏腹に、ヴォルマーは指示に従おうとしない部下や従う能力のない部下への不満をつのらせていった。やがて彼は、警官には週に一度のセッションでは足りない、それ以上の教育が必要だと確信する。こうして彼は、世界に先駆けて警官に正規の教育を求めた人物のひとりとなり、新人警官のための新たなプログラムを導入したのである。

このプログラムは一九〇七年の夏にスタートし、捜査手法、指紋採取、刑法、写真術、公衆衛生、精神医学、その他さまざまな教育が行なわれた。「ごく普通の警察官が、夢にも思わなかったことを学びはじめた」。〈オークランド・コール〉紙に連載されたヴォルマーの伝記で、ロバート・ショーはそう書いている。「彼らは顕微鏡を覗き、法と証拠の基本を学び、人の心の奇妙な深奥を探求しはじめたのだ」

ヴォルマーは警官たちに物事の本質を見極めるテクニックを伝授したが、それはシャーロック・ホームズの物語に書かれていたものだったのかもしれない。足跡から歩いていたのか走っていたのかを知る方法を教え、人物の身長や目の色に気づいたかどうか、警官たちの観察力を試した。また、目の前にある証拠に自分なりの解釈を重ね合わせることなく、事実だけを受け止めなければならないと力説した。

だがそれでもなお、収賄や暴力を使った取り調べなど、さまざまな理由で警官を懲戒や解雇せざるを得ない状況が日常的に続いていた。「不思議なことだが、単に警察官になる能力がない者もいるのだ」とヴォルマーはつくづく思った。「彼らには知性も、自発性も、統率力もなければ、警察が抱える問題に対処する機転もない」

ある朝、ヴォルマーがオフィスでこのジレンマについて思案していると、フランク・ウォーターベリー巡査が入ってきて、朝刊の山を机に置いていった。大学が発行する〈デイリー・カリフォルニアン〉紙に目を通したヴォルマーは、大学生を対象にした求人広告が多数あるのに気づいた。

学識と知性をもつ警察官を求めていた彼は、ふと、バークレーにあるカリフォルニア大学こそが、その人材を見つけるのに最適な場所かもしれないと考えた。彼はのちにこう語っている。「警察官の仕事は、世界で最も崇高な職業だ。だから、この職業に就く者は最高の人材でなければならない。彼らは最も高い教育を受けた者でなくてはならない。つまり大卒であるべきなのだ」

彼が出した求人広告は、すべて大文字で書かれていた。

学生警官募集。興味深い経験。新しい職業を学ぼう。
通学しながらバークレー警察の一員として働こう。
問い合わせは署長のオーガスト・ヴォルマーまで。

驚いたことに、給料の良さも手伝って、ヴォルマーのもとには一〇〇件を超える応募が殺到した。彼は軍隊で使われている知能と精神医学のスクリーニングテストを取り入れ、応募者をふるいにかけた。警察ではそれまで、通常二五歳以上の人間しか採用していなかった。そのため、初々しい学生を採用しようというヴォルマーの計画は——彼のアイデアの多くがそうだったように——当初はマスコミから嘲笑され、経験豊富な警官たちの抵抗に遭った（彼らは若干の危機感を覚えていたのかもしれない。当時は八年間〔中学二年程度〕の教育しか受けていない警官がほとんどだったからだ。もっとも、ヴォルマーはそれ以下だったが）。

しかし彼の「学生警官」たちはすぐに鋭敏さと勤勉さ、そしてベテラン刑事にも負けない屈強さを発揮した。そしてその後も引き続き、彼らは警察官として、また政治や学問の世界でも立派に役割を果たしつづけた。バークレー初の黒人警官で最初の学生警官のひとりでもあったウォルター・ゴードンは、市民と同僚の両方からのすさまじい人種差別を乗り越え、のちにアメリカ領ヴァージン諸島の知事に就任した。ウィリアム・ディーンは朝鮮戦争中に敵陣で三六日間逃げつづけ、その後捕虜となって収容所で三年間を過ごしたのち、名誉勲章を授与された。フランク・ウォーターベリー巡査は当初、ヴォルマーのこの計画に懐疑的だったが、脱獄囚で「その界隈では近年まれに見る凶悪犯」キッド・ベネットをO・W・ウィルソンという学生警官が逮捕すると、考えを改めた。

彼らがもつ法律や科学の専門知識は、バークレーを犯罪学の最先端へと押し上げた。バークレーは通信分野で先導的な役割を果たし、初めて双方向無線機を使った行政区のひとつとなった。また、犯罪多発地域のマッピングなど統計的分析をいち早く導入し、科学捜査という新たな分野においても先駆者となった。

ヴォルマーはドイツ〔正しくはオーストリア〕の犯罪学者ハンス・グロスの研究に多大な影響を受けた。グロスの著書には、「ある意味、犯罪学者の仕事の大部分は嘘との闘いだ。彼は真実を見い出し、それに反するものと闘わなければならない。彼はあらゆる段階で嘘と出会う」とある。

ヴォルマーは、単に犯罪者を捕まえるだけで終わらせたくはなかった。虚偽を終焉させ、嘘つきを暴き、虚偽の蔓延を食い止めたかった。やがて彼はある計画を思いつき、――最も優秀な学生警官にその望みを託したのである。

新米《ルーキー》警官

ジョン・ラーソンは、ダウンタウン・バークレーのマッキンリー通りに面した家の外の暗がりにうずくまり、いまいましいニワトリが鳴くのを待っていた。それは一九二一年一月の寒い早朝、三時前のことだった。警察署で最も不運なこの警官は、またしても割の悪い任務についていた。

路上で待つあいだ、こんなはずではなかったとラーソンは思ったかもしれない。満月の薄明かりが、しわの寄った黒い制服と乱れた薄茶色の髪に降り注ぐ。彼は髪を整えようと撫でつけるが、うまくいかなかった。

ラーソンは、ヴォルマー署長が新たに迎え入れた大卒警官のひとりとして一〇月から任務についていた。他の学生警官たちと同様、彼も学生新聞の求人広告を見て応募を決めた。だが彼らとは違い、給料の良さだけに惹かれたわけではない。ラーソンは犯罪学の研究を進めたかった。

もちろん、望む通りの任務がすぐに与えられるとは期待していなかったが、これまでの努力が、そして彼がこの仕事にもたらした比類ない経験がもう少し認められても良さそうなものだと思っただろう。なにしろ彼はアメリカでただひとりの博士号をもつ警官――「博士警官《ドクトラル・コップ》」なのだから。

しかし、激烈な警官人生には生理学や心理学の学位や肩書などほとんど役に立たないとすぐにわかった。ラーソンは二八歳だが、新入りの彼は年下の警官たちと同等の扱いで、みなと同様、夜な夜な八時間の巡回任務につき、バークレーの急な坂道をとぼとぼと歩き、強盗事件を捜査し、もぐり酒場を閉鎖させ、市内に依然としてはびこるアヘン問題の取り締まりに努めた。

バークレーのパトロール警官は八時間シフトの三交代制で働き、ラーソンも他の学生警官と同様、大学での勉強に合わせて、たいていは午後四時から深夜〇時までのシフトについた。

通常の勤務日は、四時一五分前の点呼から始まり、そのあと八時間のパトロールが続き、途中で一度短い食事休憩が入った。ヴォルマーは町をいくつかのセクションに分け、警官たちは署長が作成した手順に沿ってセクション全域をシフト内に何度か巡回し、そのほか信号伝達システムを通じて伝えられる通報への対応が求められた。深夜〇時になると、ラーソンは署に戻って報告書を作成しなければならなかった。この作業に割り当てられた時間は三〇分だが、作業が多すぎて残業になることも度々あった。

この晩、ラーソンはよくある騒音の苦情を受け、確認に来ていた。市庁舎の地下にある警察本部からさほど離れていないグローヴ通りに住むある女性から、隣人が飼っているニワトリの声で夜中に何度も起こされると苦情が入った。しかし飼い主が否定したため、ラーソンが調査に派遣されたのだ。彼はその日の報告書にはすでに、「ニワトリは実際に鳴いたと思われる」と書いていた。飼い主の妻も鳴き声を聞いたと認めていたからだ。

しかし、この一件を決着させるには証拠が必要だった。そこで、しかるべき時間帯にニワトリの鳴き声を聞くという、〈オークランド・トリビューン〉紙が「特別捜査」と揶揄した任務に当たるため、ラーソンが派遣されたのだ。彼には貧乏くじを引いてしまう癖があった。

夜間の寒さをしのごうとしながら、ラーソンは子ども時代を過ごした東海岸の寒い冬を思い出していた。彼は一八九二年一二月、カナダのノバスコシア州で北欧人の両親のもとに生まれた。父親のラースは採石場で石を切る仕事で細々と生計を立てていたが、ラーソンがまだ幼いころ、次々に新設される織物工場や機械工場での仕事を求めて、家族を連れてニューハンプシャー州に移り住んだ。ところが、それからまもなく両親は別居し、読書好きでやや不器用な少年と母親は経済的な危機に見舞われた。

しかしラーソンは一生懸命に勉強し、さまざまな雑用仕事をめまぐるしくこなしたおかげでボストン大学の学費を工面することができ、生物学と語学を学んだ。彼はレストランで食器を片付ける仕事をし、新聞配達をし、エレベーターボーイになり、父親と同じように採石場で石を切った。また、学期中は裕福な学生たちの家庭教師をした。まわりと比べて貧しいラーソンは、自分が同級生の中で浮いていると感じていたが、教養や態度が邪魔をして、大学以外の場所で友達を見つけることも難しかった。

自分の馬鹿正直さにも問題がある——腕時計に目をやり、早く朝になってほしいと念じながらラーソンは思った。ニワトリの声を聞いてこいと言われたなら、たいていの警官は終夜営業のダイナーに避難するか、ヴォルマー署長から支給されたパトカーでうたた寝をしただろう。だがラーソンは違った。

夏休みに〔イリノイ州〕クインシーで路面電車の運転手として働いていたとき、同僚たちは受け取る運賃を三回に一度はくすね、ためらうラーソンをからかい馬鹿にした。しかしラーソンは、どんな犠牲を払おうとも最後まで正直に生きるよう育てられた。そして実際、生涯を通じてそのために何度も犠牲を払うことになるのである。彼には正しい行ないへの強い信念があった——だからこそ犯罪学者になりたかったのだ。

一九一五年、ラーソンは指紋識別に関する修士論文を書いた。ちょうど、指紋が法廷で証拠として認められるようになったばかりだった。彼は数本の指の渦巻き線――当時一般的に求められていた一〇本すべての指のではなく――をもとに人物を突き止める方法を開発した。

だがラーソンの野心はそれにとどまらなかった。彼は数々の未解決事件に強く引きつけられた。単に犯罪者を捕まえたいだけではない。ヴォルマーと同様、ラーソンは犯罪を予測して未然に食い止めたかった。指紋は犯人の特定に役立つだけでなく、誰かが将来犯罪を起こすかどうかを決定づける可能性もある、と彼は考えた。指紋の渦巻き模様には隠れたパターンがあり、そこに気質や道徳性を知る手がかりがあると信じたのだ。

予測心理学への夢がラーソンをバークレーに導き、彼はカリフォルニア大学で博士課程に進み、甲状腺の欠陥から犯罪行為や情緒的欠如を予測する研究をした。博士論文を書くために、彼は何百匹ものラットを使い、移植によって、また脳の特定の部位に選択的に「栄養を与える」ことによって行動が変化するかどうかを検証する実験を行なった。

その晩のニワトリの任務は退屈ではあったが、警官になって以来ずっと過密スケジュールで動いていたラーソンに、しばしの休息を与えてくれた。彼は研究室で甲状腺の実験を行ない、精神医学の講座を開き、指紋研究の本を執筆し、それらをすべてこなしたうえで週に数回、パトロール警官として夜間にバークレーの通りを巡回していた。食事を抜くこともしょっちゅうで、靴には穴があいていた。底を張り替えてもらう時間などなかったからだ。

学者としてのキャリアは華々しくとも、夜の仕事のほうは別だった。歴史学者ケン・オールダーは『*The Lie Detectors: The History of an American Obsession*（嘘発見器よ永遠なれ――「正義の機械」に取り憑かれた人々）』の中で、彼は「努力家だが衝動的で、身体は頑強だが不器用で、脅迫的なほど正直だが自意識が強かった」と書いている。

右目がほとんど見えなかったせいもあり、彼は署内の誰よりも射撃が下手くそだった。また、フォード・モデルTの運転を習っていたときは、ひと晩に二度も事故を起こし、彼の報告書の大げさな言葉使いを嘲笑していた地元紙をさらに喜ばせた。

あるとき、ラーソンはバークレーの丘陵地でディナーの約束があるヴォルマーを車で送っていったが、彼の運転に危機感を覚える署長は、車のドアを開けたまま手で押さえ、いつでも飛び降りられるように準備していたという。

ラーソンは警官仲間ともあまりうまくいかず、特に旧弊な者たちとは折り合いが悪かった。堅物なうえにまったく機転の利かない彼が、そもそも新手の学生警官たちに懐疑的だったベテラン勢に気に入られるはずがなかった。

ヘンリー・ヴィラという長身でハンサムなイタリア系の巡査がいた。彼は署内のエースを自認し、面白がってラーソンを挑発し、怒らせようとした。だがヴィラはまもなく、ラーソンのおとなしい外面に隠れた鋼《はがね》の存在を知ることになる。

ヴォルマーをディナーの場所に送り届け、ラーソンが震えながら署に戻ってくると、ヴィラは巡査部長代理として一時的に署を仕切っていた。そのときラーソンは虫の居所が悪く——当時付き合っていた女性からの連絡を待っていたが、来なかった——ひとりになって指紋整理の作業に専念したかった。

静かな晩で、警官たちのほとんどはパトロールで出払っていたが、ヴィラはラーソンがレンズを覗き込んで指紋の記録を見ている記録保管室をうろうろしていた。「うるさいヴィラにしょっちゅう侮辱され、なぶられる以外、あからさまな対立はまだなかった」とラーソンは記している。

だが今回は、ヴィラが手を伸ばして髪をいじってきたとき、ラーソンは「怒りを爆発」させた。彼はいきなり立ち上がると、ヴィラをつかんで部屋から放り出した。その力の「あまりの強さに、危うくヴィラの背骨が折れそうになり、上着は裂け、時計は粉々に割れた」。

真夜中近くまで沈黙が続き、やがて内勤の巡査部長が戻ってきた。警官集合室から興奮した声が聞こえてきたかと思うと、ラーソンは外に呼び出され、ちょうどそこへ深夜シフト組が戻ってきた。見回すと友好的な顔はほとんどなかったが、それでもかまわない。ラーソンは闘いたくてうずうずしていた。

警官たちはコンクリートの床を丸く空け、ラーソンとヴィラはそれぞれの銃、警棒、手錠を手の届かないテーブルに置いた。暗黙の合図と共に、ヴィラが「雄牛のごとき唸り」を上げて突進する。ラーソンはひょいと身をかがめてそれをかわし、もうひとりの警官にヘッドロックをかけ、二人をいっぺんに床に引きずり倒した。「鼻の軟骨が折れる寸前にヴィラは悲鳴を上げ、涙を流し、勝負はついた」

こうした数々の試練に見舞われながらも、ラーソンは警察で働くことをやめず、博士号を授与されたあとは勤務時間をさらに増やした。犯罪学の研究を始める前に法執行の最前線を経験し、探求テーマである犯罪の事前予測に役立つ生《なま》の事例を集めたかったからだ。

一部の同僚の無作法な態度に、ラーソンの決意はよりいっそう固まるばかりだった。彼は同僚たちの仕事ぶりが嫌いだった。彼らは賄賂を受け取るために車を停止させ、禁止されている酒類を自分たちが飲むために没収し、事情聴取や証拠で真実に到達するのではなく痛みを伴う「第三度」の拷問を加えた。警察を刷新しようとするヴォルマーの努力もむなしく、いまだにこの手の行為が横行していた。一九二四年、バークレー警察の一員であったヘンリー・ヴィラは免職され、収賄罪で五年の実刑判決を言い渡された。ヴォルマーと同様にラーソンもまた、拳《こぶし》と警棒よりも良い道具を与えれば警官は変われると信じていた。

パトロール中や講義中、暗闇で震えながらニワトリが鳴くのを待っているときを除き、ラーソンは大学の研究室にこもり、犯罪との闘いに科学を利用する新たな方法を開発していた。寒空の下、不首尾に終わった最新の任務を悔やみながら立っていた彼は、そのわずか数週間後に突破口を見い出し、それが彼の人生を永遠に変えることになるのである。

〝あの装置〟

ガス・ヴォルマーは思案に暮れていた。それは一九二一年二月のこと、彼は警察本部で机に向かい、日に焼けてしわのできた顔をしかめ、大きくループを描く筆跡で黄色い帳面に何かを熱心に書き留めていた。午前中、彼は『*Journal of the American Institute of Criminal Law and Criminology*（アメリカ刑法・犯罪学会誌）』の最新号に目を通していた。もう半年以上も前に提出した、バークレーに警察学校を建設する計画に関する論文がやっと掲載されたのだ。しかし彼の目を引いたのは別の記事だった。

ヴォルマーの論文と精神障害者を絞首刑にする利点を述べた別の論文のあいだに、心理学者で法学者でもあるウィリアム・モールトン・マーストンの論文があった。六年前、ハーヴァード大学で心理学を学んでいたマーストンはある実験を行ない、人が嘘をついているかどうかは探知できると主張した。

この実験は、同じく心理学部の学生だった妻エリザベスのある発見からヒントを得ていた。彼女は、自分が動揺したり怒ったりしているときに血圧が跳ね上がるようだと気づいたのだ。マーストンは学部の仲間たちに、目の前のカードに書かれている本当の話と、数分前に自分でつくった嘘の話のうちどちらかを語るよう求めた。そして彼は血圧の数値だけを頼りに、誰が嘘をついているかを判別できることを発見したのだ。
マーストンも学友たちも、この手の心理的な影響を及ぼす刺激には慣れていた。彼らの講師はフーゴー・ミュンスターバーグというドイツ人の実験心理学者で、情動研究の代用として生理学的測定値を体系的に用いたパイオニアだ。ハーヴァード大学の研究室で、ミュンスターバーグは多数の学生を対象に連想ゲームを用いた実験を行ない、反応時間のほか、喜びや恐怖、愛国心を感じたときの身体反応を測定した。

心の状態が身体の動きに出るという発想は、何世紀も前からあった。古代中国では、被疑者は生米を噛ませられた。有罪であれば、不安で乾いた口に米粒がくっつくと考えられていたからだ。一七三〇年、イギリスの作家ダニエル・デフォーは、これからスリを働こうとする者は鼓動が速くなるからわかるとし、「罪の意識はつねに恐怖を道連れにする。だから盗人の血は震えているのだ」と書いている。

この発想の科学的調査が始まったのは一八五〇年代のこと。スイスの精神科医カール・ユングは検流計を使って患者の感情の変化を追跡し、汗ばんだ皮膚表面の電気伝導率の変化を記録した。ロシアでは神経心理学者のアレクサンドル・ルリヤが、取り調べ中の犯罪者の反応時間と指先をトントンと打ちつける動作を測定した。

一九世紀後半、イタリアの犯罪学者チェーザレ・ロンブローゾは、空気を詰めた手袋を使って血圧を測りながら被疑者を取り調べた。また、被疑者に前腕を水槽の水に突っ込ませ、話しているあいだに水位を測定し、その変動が大きければ大きいほど嘘をついている可能性が高いと判定する装置もあった。ロンブローゾの弟子アンジェロ・モッソは、入念にバランスをとったベッドを設計した。被疑者が嘘をつくと顔に血液がどっと流れ込み、ベッドが一方に傾くという仕組みだが、これが形になることはついぞなかった。

血圧と嘘に関するマーストンの洞察は、この研究を下敷きにしたものだった。彼はその後の数年間で、最初は軍の志願者を、次に第一次世界大戦後のドイツ人捕虜を対象に何度か小規模な実験を行ったが、どちらの場合も先輩たちを失望させる結果となった。マーストンは概して正しい答えを導き出したようだが、この早熟でハンサムな若者の態度が実験の信頼性に疑念を抱かせたのだ。

実験結果は全般的に、マーストンが成し遂げた科学的大発見よりも、むしろ彼個人との関係が深いような印象を与えた。さらに彼は、興味深い観察から得た発見を実際的な科学的ツールに変えるよう努力することには、あまり興味がなかったようだ。

最初の実験結果を発表するだけで、二年もの月日を要した。彼は四〇ページにわたり、被験者ひとりひとりの血圧の上昇や下降を事細かく説明し、虚偽の動かぬ証拠と見なしたものについて概要を述べた。「血圧の一時的な急上昇は、真実の物語に含まれる重大な嘘を露見させる」と彼は書いている。

マーストンの最新の論文を読んでいるうちに、ヴォルマーはだんだん興味が湧いてきた。ハンス・グロスの研究から、過去にも米を噛むといった嘘を見抜く試みがなされていたのは知っていたが、「それらは原始的で、素人臭く、自分には役立たないと判断していた」。しかし、嘘をつくと血圧が上昇するのなら、それを機械で記録することはできないだろうか。彼はしばし頭の中でアイデアを巡らせた。それから帳面を置いて電話機に手を伸ばすと、片手でスティックを握り、もう一方の手で受話器の丸く膨らんだ部分を耳に押し当てて巡査部長に電話をかけ、「ジョン・ラーソンが来たら、すぐに私のところによこしてくれ」と告げた。

その日の午後、ラーソンは胸に星章をつけたパトロール警官の黒い制服を着て、ダウンタウンを巡回するいつも通りの一夜を過ごすつもりで職場に向かった。

日が落ちたころ、彼は市庁舎に到着した。このきらびやかな三階建ての建物は、フランスのトゥールにある壮麗な市庁舎を模して一九〇九年に建てられたもので、目の肥えたバークレーの文化人たちの求めに応じて優雅な白い彫刻が施され、時計塔もつくられた。しかし時計をつける予算がなかったことから、今もなお、道行く人々が時刻を知ろうと見上げても、見えるのは何もない白い円だけだ。あらゆる意味で、そこは時を超越した場所だった。

ラーソンはきれいに手入れされた芝生を横切り、立派な中央階段を上っていく市役所職員をよそに建物の左手に回り込んで南棟に向かうと、目立たない通用口のドアを開けて階段を下り、地下一階にあるバークレー警察署に入っていった。

署内には汗と古い本が発するかび臭い匂いが充満していた。天井にはむき出しのパイプが這い、地面の高さにある窓からは、日の光がかすかに漏れ入る。天井からぶら下がる裸電球の下で、十数人の警官が仕事をしていた。

巡査部長に到着を告げたラーソンは、すぐに署長のところに行くよう命じられた。通常、これは良からぬサインだ。一瞬パニックになったように凍りつき、厄介なことになったぞ、と彼は思った。

その六週間ほど前、一九二〇年の年の瀬も迫ったころ、ラーソンは午後四時から深夜〇時までのシフトについていた。ヴォルマーは警官ひとりひとりのために詳細なルートマップを作成していたが、ほとんどの警官は「網の目のように入り組んだ汚い路地」を二、三度巡回すると、あとは便利な交差点に車を停めて信号を見ているばかりだった。

いつもは勤勉なラーソンも、それは同じだった。あるとき彼が信号を眺めながら「怠けて」いると宿敵ヘンリー・ヴィラが車でやってきて、驚いたことに、一緒に〈バーニーズ ダイナー〉に麦芽乳《モルテッドミルク》を飲みにいかないかと誘った。

二人は午後一一時四五分ごろに持ち場に戻り、深夜〇時には署に戻って平穏な一夜についての報告書を書いた。だが、じつはその晩は平穏な一夜ではなかった。午後一〇時三〇分ごろ、ラーソンの巡回区域にある〈サンセット金物店〉に裏窓を叩き割ってギャングが押し入り、店の商品を根こそぎ持ち去ったのだ。ラーソンはこれを完全に見逃し、以来、ヴォルマーに見限られたように感じていた。

ラーソンは機材が山積みになった机のそばを通った。ある机には指紋採取用のインクパッドが置かれ、もうひとつの机では、撮影技師たちが現像液の入ったトレイに向かい、フィルムのロールを熱心に処理していた。

次に広々としたエリアを通過する。そこは警官たちが事務作業をする場所で、木製のキャスターがついた椅子に腰かけ、広いテーブルに向かっていた。やがて彼は署長のオフィスにたどり着いた。大きな平机は整然とし、電話と読書灯、重ねた本や雑誌、そして大好きな子どもたちのためのお菓子が入った器以外は何も置かれていない。壁にはカリフォルニアの風景画が何枚か飾られていた。

ラーソンが入っていくと、ヴォルマーは顔を上げてにっこりと微笑んだ。彼は鋼のような目によく似合うグレーのスーツを好んで身につけ、しなやかで強靭な身体を維持していた。姿勢が良いため、実際よりも背が高く見えた。

指紋採取とホルモンに関する新米警官《ルーキー》の研究をつぶさに追っていたヴォルマーは、いま自分が考えている仕事には彼が適任だと考えていた。「掛けたまえ」と、低く力強い声で彼は言った。「じつは、あるアイデアについて検討していてね、きみの手を借りたいんだ。ジョン、きみは嘘を見抜く方法について研究したことがあるかい？」

この問いに、ラーソンの胸は高鳴った。嘘について研究しようと思ったことはないが、確かに興味深い問題だ。と同時に、懲戒を受けるのではないと知ってほっとした。ヴォルマーがしたい研究の説明を受けたラーソンが「かなり手強い作業になりそうですね」と言うと、ヴォルマーは「ああ、そうだろうね」と答えた。「だが、試しにやってみたいんだ」

ヴォルマーは、イタリアの犯罪学者チェーザレ・ロンブローゾの著書とマーストンの論文が載っている雑誌をラーソンに手渡した。その論文には、マーストンがボストンで行なった一連の血圧テストについて書かれていた。被験者は一九人――女性一六人、男性三人――万引き犯から密通の罪を犯した者、「言うことをきかない子ども」までさまざまだった。

最初の事例は四二歳の白人女性（それぞれ性別のあとに括弧付きで人種がきちんと記載されている）で、回復中の麻薬常用者だった。部屋から皮下注射用の道具が発見され、逮捕に至った。まずマーストンが聞いた事件のあらましが記載され、次に虚偽テスト（「被告人は、現在薬物を使用していないと主張する」）、血圧の測定値に基づくマーストンの判断（「無罪。この女性は現在、薬物を使用していない」）、さらに補足説明として、そう判断する根拠（「健康診断の結果、体重の増加や総合的な健康状態の向上等が見られ、それらは被告人が現在も薬物を使用していれば起こりえない」）が示された。

ラーソンは興味津々でページをめくった。彼はすっかり魅了されていた。この発見は、十分な物的証拠がない事件の解決に役立つかもしれない。ヴォルマーが他に先駆けて導入した新技術をもってしても法の裁きを下せなかった事件を解決に導いてくれるだろう。そうなれば、この五カ月間で目の当たりにした野蛮なやり方は終焉し、警察活動に高潔さと正義がもたらされるだろう。

だが、自分ならマーストンよりもうまくやれるとラーソンは思った。カリフォルニア大学バークレー校の生理学研究室には測定機器がたくさんあるから、それを使って虚偽をより正確に見抜くことができるだろう。その日ヴォルマーのオフィスを出たとき、ラーソンの頭の中ではすでに実験計画ができていた。さらにうれしいことに、フルタイムでそれに専念できるようヴォルマーが配置換えをしてくれた。これでラーソンは警官の給料を全額もらいながら研究室での作業に専念できる。彼にとっては夢のような任務だった。もう深夜勤務とも、新入りいじめとも、ニワトリとも無縁だ。「いいかい、ジョン」、喜ぶルーキーを見送りながらヴォルマーは言った。「最初のテストは私に受けさせてくれよ」


それから数週間にわたり、ラーソンはさっそくマーストン方式の改良に取りかかった。血圧モニターの目盛りが示す一瞬の測定値を、いずれ法廷で証拠として使えるよう、目に見える形にしなければならない。彼はマーストンの論文と、ヴォルマーが勧めてくれた他の二、三の文献を参考にした。そのうちのひとつはオーストリアの心理学者ヴィットリオ・ベヌッシのもので、彼は人の呼吸数を測定し、七五パーセントの精度で嘘を発見することに成功した。

バークレー校の生理学教授ロバート・ゲゼル博士は、経時的に血流の速さと量の変化を追跡できる改良型の血圧測定用カフ〔腕帯〕をすでに開発していた。それを嘘の発見に応用できるかもしれない、とヴォルマーは言っていた。ラーソンはゲゼルの装置を土台として用いることにした。

彼は研究室で長い時間を過ごし、友人や大学生たちを代わるがわるさまざまな装置につなぎ、各装置の測定値と嘘との相関性を見い出そうとした。嘘をつくと呼吸数が増えて脈拍が速くなるようだというマーストンの発見は確認できた。だが、さらに先に進めるには、身体が示す反応をあとで正しく評価できるよう、それを記録する方法が必要だった。

一九〇六年、イギリスの心臓専門医ジェームズ・マッケンジー博士は、手首と首の血圧を測定し、連続した二本の線に変換する機械を発明した。線は被験者の身体と連動して動くペンによって紙に記録される。ラーソンは自身の装置にこのアイデアを借用し、街のガレージで見つけた機械工をつかまえて試作品を組み立ててもらった。それは、パンをこねる木の板にさまざまな医療機器を取り付けたものだった。

その装置には上腕に巻きつける通常の血圧測定用カフがついていて、そこから伸びたチューブの先には重いゴム球があり、それがさらに大きなガラス球が入っている。被験者の血管に血液が送り出されると動脈が拡張してゴム球が膨らみ、ガラス球の中の空気の体積が変化する。すると連結したチューブを通じてその変化が繊細なゴムのタンブール〔グラフ式記録装置〕に伝わって細い記録針の動きに変換され、ゆっくり回転するドラム型の黒い煤《すす》紙に白く細い線が刻まれるという仕組みだ。

ラーソンは、そこへさらにニューモグラフを加えた。これは胸部に二本のゴムバンドを巻いて肺活量と呼吸数を測定する装置で、その値も同様に、チューブと作動器《アクチュエーター》からなるシステムを通じて紙に記録された。こうして完成したものは、過去の研究成果をすべて寄せ集めた雑然たる代物――フランケンシュタインさながらの装置だった。

のちに〈エグザミナー〉紙の記者は、その装置を「ラジオ受信機と、聴診器、歯科用ドリル、ガスコンロ、アネロイド気圧計、報時球、風速計に、さらにインガソール時計を組み合わせたようなもの」と描写した。しかしこの装置によって初めて、人の血圧と心拍が記録にとどめられたのである。

あら削りではあるが、機能は果たすはずだとラーソンは考えた。彼は公式にはこれを「カーディオ＝

ニューモ＝サイコグラフ〔心・肺・心理グラフ〕」と名づけた。その最初の試作機に劣らず仰々しい名だ。だがやがて、別の呼び名が与えられることになる。マッケンジーが自身の心臓用装置につけたのと同じく「多くの筆跡」を意味する、ギリシャ語由来の名だ。ラーソンはいつも心の中で「あの装置《ジ・アパラタス》」と呼んでいたが、他の人々はみな「ポリグラフ」と呼んだ。

　機械工が装置をいじくり回しているあいだ、ラーソンは研究室の「カササギの巣」でポリグラフ検査《テスト》の「ソフトウェア」に取り組んでいた。マーストンが被験者をテストしたときには血圧を連続的に測定する方法がなかったため、被験者が話をしているあいだに、一分間に一度の割合で測定していた。それでもいいのだが、結果の科学的検証がほぼ不可能だった。

　そこでラーソンは、手順を逆にすることにした。彼が考案した実験では、「カーディオ＝ニューモ＝サイコグラフ」が連続的に身体から測定データを取りつづけ、その間に検査者が具体的かつ直接的な質問をした。そうすれば、特定の問いへの答えと生理学的反応とを正確に対応させることができるからだ。

　ヴォルマーと話をした一カ月後には、ラーソンは装置を見せる用意ができていた。最初のテストは署長に受けてもらうと約束していたため、一九二一年三月、ラーソンは警察本部で行なうデモンストレーションを準備した。

　彼は地下の狭いオフィスに装置を設置した。まな板のような四角い木製の台があり、そこに大きな鉄の柱が立ち、二本の細い記録針がついている。その針は水平にスクロールする黒い煤紙と触れている。縦の長さが四五センチほどの紙は二本の回転ドラムによって右から左へゆっくりと動いていて、紙が回転すると、動く針で黒い粉が削られて白い線が現れる。この装置から誰も座っていない木の椅子に向かってにょろにょろと伸びるゴムのチューブは、さながら最初の獲物を求めて闇の中を探る奇妙な怪物の触手のようだった。

やがてヴォルマーが、懐疑的な警官たちの一団を後ろに従えて部屋に入ってきた。その中には元軍人のベテラン刑事ジャック・フィッシャーもいた。戦時中はシベリアで情報部に所属していたという手強い存在だ。大学生の若造がいったいどんなものを考えついたのかと、彼らは興味津々だった。

ラーソンは、彼らが自身の作品――チューブやワイヤ、ガラス球、ゴムの付属品が複雑にからまり合う塊――を品定めするのを不安な気持ちで見ていた。そして「見てくれはあまり良くないのですが」と笑い、「何ができるかお見せしましょう」と言った。

しかし何かがおかしかった。ヴォルマーはブルーグレーの目にいたずらっぽい表情を浮かべ、ニヤリと笑い出しそうな顔をしていた。彼は予定通りテストを受ける代わりに、自ら開発した装置に自分自身をくくりつけるようラーソンに命じた。

ルーキーが装置につながれると、このテストの原理を熟知するヴォルマーは質問を開始し、最初はごく簡単なことから訊いていった。ラーソンが答えると、集まっていた警官たちは、刻まれていく線を彼の肩越しに覗き込んだ。

何が来るかをラーソンは知っていた。金物店で起きた盗難事件の話をヴォルマーはまだ持ち出さないが、警官たちが何をしているかを、署長は常にお見通しだった。ヴィラが密告したのかもしれない、とラーソンは思った。

ついにその質問――「サンセット金物店で盗難があった晩、持ち場を離れていましたか？」――が発せられたとき、ラーソンは答える必要すらなかった。言葉を発するまでもなく、彼の身体が答えを明かしたからだ。生理学的反応があまりに強すぎて、装置の針は完全に紙からはみ出してしまった。驚きのあまり誰もが言葉を失った。「答えなくてもいいよ」と署長は誇らしげに言った。「自分で仕掛けた爆弾で吹き飛ばされるとは、このことだな」

ベテラン刑事のフィッシャーは青くなり、「そのいまいましい代物」につながれるくらいなら辞職すると言った。するとヴォルマーは、「きみのことは装置なしでもわかる」と笑った。

次はヴォルマーが装置に接続される番だった。ラーソンは彼の胸とウエストに呼吸計測用のケーブルを巻き、腕には血圧測定用のカフをつけて、適度なきつさになるまでゴム球を握って空気を送り込んだ。この奇妙な状況を面白がって、「あなたの嘘を見抜こうとする日が来るなんて思ってもいませんでした」とラーソンは言った。

「うまくいくといいな、ジョン」とヴォルマーが答えた。「私の嘘を暴けるか、とにかくやってみようじゃないか」

ラーソンはこのとき、その後何十年間ものあいだ習慣的にくり返されるテストの前口上を初めて述べた。「すべての質問に「はい」か「いいえ」で答えてください。コメントは不要です」

「ではコメントはあとで」とヴォルマーは微笑んだ。ラーソンはまず、基準値を定めるための簡単な質問から始めた。「今日は昼食を食べましたか?」

「泳ぐのは好きですか?　アイスクリームは好きですか?」

ヴォルマーは各問いに「はい」と答え、そのたびにポリグラフの針は安定したコースをたどり、鼓動に合わせて上下に動いた。

ラーソンは引き続き、上司に質問を投げかけた。そのうち二度——いつ寝たかを尋ねたときに一度、ローストビーフは好きかと尋ねたときにもう一度――針の動きがわずかに大きくなった。これが二度目に起きたとき、ヴォルマーはテストをストップさせた。

「うまくいっているよ、ジョン」と彼は言った。「私は二度嘘をついた。ベッドに行った時刻と、ローストビーフは好きじゃないのに「はい」と答えたときだが、二度とも針が大きく振れた」

彼は有頂天になり、時間を割ける警官には全員テストを受けさせるようラーソンに命じた。

「我々の道は間違っていなかったよ、ジョン」とヴォルマーは言った。「だが、焦らず慎重にいこう。この装置が実際の事件で役立つことを証明しなくちゃいけない」

胸の奥の秘密

一九二一年の春、バークレー校にある唯一の私設女子寮〈カレッジ・ホール〉では、ここ数カ月のあいだに犯罪が多発していた。キャンパスの北東の角、ちょうどハースト通りが丘に向かって上りはじめる起点に位置するこの寮には、九〇人の若い女性――一八歳から一九歳の良家の子女――が住んでいたが、彼女たちは自分の持ち物がなくなることに気づいていた。

最初のうちはシルクの下着や本、書留郵便など、不注意でなくしたのかもしれないと思うような、ちょっとしたものがなくなった。当初、寮母は警察を巻き込むことを躊躇し、寮生たちを全員集めて話し合いの場をもち、盗んだ者は名乗り出るようにと強く促した。しかしうまくいかなかったため独自に調査を始めたが、盗難が寮のある一角に集中して起きているらしいと気づいた以外、なんら進展はなかった。

一九二一年三月三〇日の夜、事態は山場を迎えた。その晩、ベーカーズフィールド出身の二年生エセル・マカッチャンが部屋に戻ると、イブニングドレスが何着もクローゼットから取り出され、ベッドの上に広げられていた。さらに四五ドルを挟んであった教科書が盗まれ、机の引き出しも物色されていた。マカッチャンが注意を促すと、同じように被害に遭った者がほかにもいた。ローダイ出身の一年生リタ・ベネディクトの部屋からは、一〇〇ドル相当以上の宝石と現金が消えていた。そしてサンディエゴ出身の一年生マーガレット・テイラーは、四〇〇ドルの価値があるダイヤモンドの指輪を見つけることができなかった。こうなると、もはや警察に通報するしかなかった。

「寮にいる九〇人の女性が望んでいなかったことを、いま私はしているんです」。市庁舎で、テイラーは巡査部長にそう語った。警察に助けを求めなければならないことを恥じているようすだった。「私たちは事を公にしたくありませんが、このままにしておくわけにはいきません」

ヴォルマーはこの事件をベテラン刑事のジャック・フィッシャーと、前年の一一月に加わった学生警官のひとりビル・ウィルトバーガーに担当させた。ウィルトバーガーはバークレーとオークランドの中古品店や古本屋、質屋を回り、なくなった品々を捜した。一方、フィッシャーは女子学生たちの事情聴取をした。大部分は裕福な家庭の出身で物を盗む必要などないはずだが、疑わしい者が何人もいた。

捜査は長引き、ひと目でそれとわかる制服を着た警官が何度も訪ねてくることに寮母は不安を覚えはじめた。女子教育の一環として実験的に設立された、バークレーで最初の女子寮であるカレッジ・ホールの名に傷がつくのを案じたのだ。

フィッシャーは、若い女性たちのあいだで交わされる噂や、嫉妬からくる棘のある言葉、矛盾に満ちた非難の応報にだんだん嫌気がさしてきた。一刻も早くこの事件にけりをつけたかった彼は、ジョン・ラーソンと、彼がつくっているあの奇妙な装置が役立つかもしれないと考えた。

ラーソンは同僚たちを実験台に発明品のテストを毎日行ない、大学の学生たちを使った対照実験も同時に進めていた。実験のたびに技術を磨き、被験者の嘘を見破るのがうまくなっていったが、この技術の有効性を正しく立証できる唯一の方法は、実世界でテストすることだと彼は知っていた。この装置の目的は、人を欺こうとする未知の嘘つきを実世界から根絶することなのだから。

「数回の実験的なテストを除けば、実際の事件、つまり被疑者が結果を恐れて真実を隠蔽しようとする場面での検証はできていない」とラーソンは書いている。そのため、ある日ヴォルマーに呼び出されたとき、彼は喜んだ。

「ジョン、我々は実際の事件に取り組めそうだよ」と、低音の声にあふれんばかりの興奮をにじませ、署長は告げた。彼はフィッシャーの捜査が難航していることをかいつまんで説明すると、装置を寮に持ち込んで九〇人の寮生全員をテストしてはどうかと提案した。「装置の実力を試す絶好の機会だ」

その任務に、ラーソンはわずかに警戒心を抱いた。もう少し単純な何かを期待していたからだ。けれども、カレッジ・ホールの事件が嘘発見の〝試金石〟になるとわかっていた彼は、慎重に準備に取りかかった。実験手順にかなり即興的な要素が多かったマーストンとは異なり、ラーソンは綿密に計画を立てるタイプだった。

彼は寮母から許可を得たあと、女性たちを全員集めて、嘘を見抜く装置でテストをしても構わないかどうか決を採った。全員一致で同意が得られたが、そこでテストへの参加を拒めば自分が犯人だと表明するようなものだから、彼女たちは同意せざるを得なかったのだ。

ラーソンが実験的に用いた方法は、こんにちのポリグラフ検査技師が用いるのとほぼ同じで、当たり障りのない対照質問への身体反応と、捜査対象である犯罪や被疑者と関係のある質問への反応を比較するやり方だった。

「問いはシンプルに、あまりややこしいものであってはならない」と記しているように、ラーソンの質問はどれも、個人差が最小限になるよう「はい」か「いいえ」だけで答えられるようにできていた。これは取り調べではなくテスト——法的尋問ではなく、あくまでも科学的テストでなければならなかった。

一九二一年四月一九日、嘘発見装置が刑事事件で華々しいデビューを飾る準備がついに整った。寮で暮らす一四人の若い女性が、生理学研究室に来るよう求められた。

彼女たちは外の控え室で待ち、ひとりずつ中に呼び入れられた。最初に呼ばれたのはマーガレット・テイラー、ダイヤモンドの指輪がなくなった女性だった。彼女は被疑者とは見なされておらず、それどころかフィッシャーの取り調べに協力していたのだが、彼女の申し立てが嘘であった可能性を排除しておく価値はあった。

ラーソンは二〇歳のテイラーを研究室に呼び入れた。それは彼の人生において極めて重要な瞬間となるのだが、その理由はひとつだけではなかった。椅子に腰を下ろすテイラーの輝くブルーの目が、横のテーブルに置かれた奇妙な装置をとらえた。そしてラーソンの目は、彼女の愛らしい顔と、流れるように肩に落ちる金色の巻き毛をとらえた。

フィッシャーはむっつりとした表情で後方にぬっと立ち、ヴォルマーも部屋の奥に立ち、装置が実世界でどう機能するかを見届けたくてうずうずしていた。ラーソンはテイラーのむき出しの腕に血圧測定用のカフを巻き、白い肌にきつく食い込むまで空気を入れて膨らませた。

それから彼女の胸に呼吸計測用のゴムホースを巻きつけると（彼女の呼吸に合わせて、ホースが上下するのが感じられた）、じっと動かずにいるようにと告げ、すべての装置のスイッチを入れた。ケン・オールダーによれば、「ドラムが回転しはじめ、黒い記録紙が回り、彼女の臓器のリズムに合わせて長いゴムホースが膨らんだりしぼんだりした。一方で二本の長く鋭い針が、あたかも彼女の思考のシルエットをなぞるかのように、身体から伝わるメッセージを黒い記録紙に刻んでいった」。

それは異様な状況であり、ラーソンはテイラーの緊張を感じたのだろう。『リーダーズ・ダイジェスト』によると、彼は「とても楽しい会話《チャーミング》」で場をなごませた。この、やや誇張された可能性のある逸話によると、ラーソンは用意していた対照質問をたちまち忘れ、二人はテイラーの好きな本や音楽、さらに彼女の両親のことを話したという。

仕事について尋ねられたラーソンは、自分は指紋採取や犯罪学に関心があり、犯罪を解決するのではなく未然に防ぎたいのだと語った。「彼はテイラーを知的でウィットに富み、素敵な女性だと思い……彼女のほうは、多大な貢献を果たし、大きな夢を抱いているのはすばらしいことだとラーソンを褒めた」九歳の年齢差があったが、ラーソンはテイラーを「今まで出会った中で最も魅力的な女性だ。明るくて、賢くて、いろいろなことに深い関心を抱いている」と思った。

やがてラーソンは、一種のトランス状態から目覚めたかのように、取り調べをしなければならないのだと思い出した。そして微笑みながら、「さて、そろそろ本題に入りましょうか」と告げた。

それから約六分間にわたり――それ以上長くなると、カフの締めつけが痛くなる――ラーソンは一八の質問をした。「大学は好きですか?」、「このテストに興味がありますか?」といった当たり障りのないものから始め、本来の目的である「あなたはお金を盗みましたか?」という問いまで段階を追って訊いていく。ドラムが回転し、針がマーガレット・テイラーの心の内側を黒いロール紙に延々と刻みつけていく。テストが終わると、ラーソンはいったん手を止めて記録を確認し――あとでゆっくり精査する――虚偽を示すような血圧や心拍数の変動がないか、波打つ線にざっと目を通した。

そのあとも、弱い霧雨がバークレーの道や公園を濡らすなか、ラーソンは女性たちのテストを順にこなしていった。「ほかの女子学生たちと言葉を交わせば交わすほど、彼はマーガレット・テイラーとの会話が終わってしまったのを残念に思った」。そしてヘレン・グレアムの番が来た。

彼女はカレッジ・ホールの他の寮生たちより少しだけ年上で、すでに看護師の教育を受けていた。卒業アルバムの写真で、黒髪をフラッパーボブにカットした彼女はカメラに背を向け、振り返ってレンズに作り笑いを見せている。グレアムはカンザス州のあまり裕福ではない家庭の出だが、ルームメイトがフィッシャー刑事に語ったところでは、その境遇の割に金遣いが荒く、ダイヤモンドの指輪と大きな石のついたペンダントを身につけていた。彼女はフィッシャーが目をつけた主な容疑者のひとりだった。

ラーソンが次々に質問をしていくあいだ、グレアムはまったく感情を表さなかった。だがそれも、なくなったダイヤモンドの指輪に関する質問に到達するまでのことだった。彼女がその問いに答えたあと、ラーソンはチャートをちらりと見た。

「テストは、きみが盗んだと示しているよ」と、彼は淡々と告げた。

するとグレアムは呼吸が止まったようになり、ラーソンを睨みつけた。「こんな尋問は侮辱よ。私は興奮しているし、くだらない質問ばかりされて腹を立てているわ。それで針が跳ね上がったから、私が嘘をついていると言うの？」

その目は怒りに燃え、彼女は大声で叫びはじめた。「これは第三度、そう、拷問よ。針が跳ね上がったから私が嘘つきだなんて！」

「誰もきみが嘘つきだなんて言っていない」。どうにか落ち着かせようと、ラーソンは声を低めて言った。

「あなたたちは私を泥棒に仕立て上げようとしている、そうなんでしょ？　こんなの我慢できない、まっぴらごめんよ！」

ラーソンが血圧の測定値を見ようと身を乗り出したとき、グレアムが椅子から勢いよく立ち上がり、ポリグラフの回転ドラムのほうに突進した。このとき装置はまだ、次第に荒々しくなっていく彼女の身体の動きを記録しつづけていた。ラーソンとフィッシャーは飛び上がり、彼らとその装置を毒づくグレアムに装置を破壊されないよう、力ずくで阻止しなければならなかった。彼女が自分の腕からカフを引き剥がしたときも、血圧と心拍数は上がりつづけていた。

「この馬鹿げた茶番はもう終わったの？」グレアムが吐き捨てるように訊いた。

「ええ、もう終わりましたよ」

ラーソンが答えたときには、グレアムはすでに部屋から飛び出していた。彼女は研究室の外にいる女性たちのひとりに、チャートをずたずたに引き裂いてしまいたかった、機材に縛りつけられていなかったら「フィッシャー刑事の顔を殴りつけて」いたかもしれないと語った。

研究室の中でラーソンはヴォルマーと顔を見合わせ、「寮母が怪しんでいたのはあの子じゃありませんが、きっと彼女が犯人ですね」と言った。

「間違いはないと思うが、自白がない」とヴォルマー。「あの子を監視させよう。物的証拠が何か見つかるだろう」

その夜、ラーソンは他の寮生たちからグレアムに関する情報をさらに得た。彼女はラーソンが行なった予備テストをパスしていたが、それは前の晩に夜更かしし、機械を欺けると期待してトランプをしながら、タバコを吸い、濃いコーヒーを飲んでいたからだ。

ラーソンとフィッシャーが寮生たちから聞いた話によると、グレアムは何度か熱烈な不倫関係におちいり、抗マラリア薬のキニーネを飲んで堕胎したこともあった。今回の事件とはほとんど無関係だが、当時としては疑念を呼ぶ行為だった。

ポリグラフ検査の翌日、グレアムが警察署に現れ、ラーソンと話がしたい、チャートを見せてほしいと要求した。その後、ラーソンとフィッシャーが一二時間かけて取り調べを行なったが、グレアムは終始無実を主張していた。しかし最後は「すすり泣きの発作」を起こし、夢遊病の状態で自分が物を持ち去った可能性はあると認めた。

警察が捜査をやめてくれるのなら、なくなった指輪と現金を弁償すると彼女は申し出た。それに対し、どんなことがあろうとつねに真実を追い求めるラーソンは、本当に無実ならばそのような申し出をするべきではないと諭し、一方のフィッシャーは、もし有罪ならば、返しても返さなくても起訴されるだろうと告げた。

彼らはグレアムを帰宅させたが、その週は毎日署にやってきて面会を求めた。会ってくれなければ自殺すると脅しをかけられ、ラーソンはついに折れた。「事情聴取のあいだ、この件をすぐに決着させてくれなければ自殺すると脅してきた」とラーソンは書いている。彼はまた、グレアムの「非常に不安定な性格」にも言及している。

しかし四月三〇日になってもグレアムは自白しなかった。警察の尾行はまだ続き、彼女はテイラーに代わりの指輪の提供を二度申し出ていた。

ラーソンは再び尋問を手配し、そこで彼とフィッシャーはポリグラフを補うため、昔ながらの取り調べ手法を用いた。「フィッシャー刑事はいつものように〝こわもて警官〟役を巧みに演じ、私は彼女の味方役になった」とラーソンは回想している。

この取り調べによって、グレアムの心に傷を残した人生の物語が明かされた。彼女は幼いころに性的虐待を受けており、また、カリフォルニア州に来る前に既婚の医学生と不倫関係にあったことに深い罪悪感を抱いていた。

数時間にわたる取り調べのあと、フィッシャーが不意に立ち上がり、サン・クエンティンに行くことになるぞとグレアムに脅しをかけながら勢いよく部屋を出ていった。〔悪名高き〕サン・クエンティン州立刑務所には一九三三年まで女性も収監されていた。この作戦は成功だった。

フィッシャーが部屋を出ているあいだに、ラーソンはついに自白を引き出すことに成功した。グレアムは現金と指輪のほか、衣類をいくつか盗ったことを認めたが、下着については否定した。窃盗を認める代わりに訴追免除を保証し、名前の公表を避けてほしいと彼女は求めた。

フィッシャーが戻ってくると、グレアムは自供書に署名した。いくらか手間取り、少し手助けも必要だったが、こうしてポリグラフは最初の事件を解決した。ヴォルマーは大いに喜んだ。装置がうまく機能した！　もっと手強い犯罪者相手にも使ってみようと、彼は意欲を燃やした。

「何百年ものあいだ人類を悩ませてきた嘘の問題が、今まさに解決しつつあった」。そのときのヴォルマーの思いを、ある伝記作家はこうまとめている。しかしグレアムにとっては、とてつもない打撃となった。彼女は大学を中退し、カレッジ・ホールを出て街のホテルに移り、両親の農場に戻る準備をした。

この事件に対するラーソンの思いは複雑だった。最終的にグレアムが自白したのは確かだが、一カ月ものあいだ寮の仲間たちに疎外され、警察にしつこく追い回されたあとの自白だ。その後、カンザス州に帰ったグレアムから、供述を撤回する旨の手紙がラーソンのもとに届いた。「自白するなんて馬鹿だと言われました、と書かれていた」とラーソンは回想している。彼女は「罪を犯したことさえ否定し、騙されて自白させられたとほのめかしていた」。

その年、さらなる事件に取り組むうちに――その多くは、女子学生クラブや大学生に関わるものだった

――人の体内で起きることは、見た目以上に複雑なものであることにラーソンは気づきはじめた。つまり、血圧の変動は必ずしも虚偽の動かぬ証拠ではなかった。ポリグラフ検査はそれ自体がストレスを与えるものであり、窃盗や殺人の凶器について質問されれば、有罪であろうとなかろうと情動反応が起きる可能性があった。

また、ラーソンはヘレン・グレアムのように強い罪悪感を抱える人々を取り調べることも度々あったが、その罪悪感は往々にして、彼が調べている犯罪によるものではなかった。彼は捜査の過程で「真夜中のポーカーゲームや、ちょっとした万引き、妊娠、中絶の試みなどを暴き出したが、多くは本来の事件の解決につながるものではなかった」とオールダーは書いている。グレアムは本当に有罪だったのだろうかと、ラーソンは疑問を抱きはじめた。それとも、追い込まれて自分が罪を犯したように感じてしまっただけなのか。「実際、ヘレン・グレアムが犯人扱いされたのは、おもに性生活の乱れが原因であったことを証拠は強く示唆している」とオールダーは述べている。寮生たちは、彼女のふしだらさや堕胎の噂をフィッシャーに吹き込んでいた。

自白を引き出すのに大きな役割を果たしたにもかかわらず、ラーソンはうら若き女性を気の毒に思いはじめた。ここで始まったこのパターンは、彼のキャリアを通じて何度もくり返されることになる。「憂鬱な気持ちでいらっしゃるのは非常に残念なことです。あなたの気持ちが晴れるよう、何かお力になれればいいのですが」。一九二一年五月、彼はグレアムに手紙を書いた。

実験のさい、彼はテストに影響を及ぼす外部要因を排除しようとしてきたが、場合によっては質問ではなく質問者が情動反応を引き出しているのではないかと思いはじめていた（最初の年は被験者のほとんどが若い女性だったことを思えば、それも当然かもしれない）。

彼はこの考えを検証するため、追加実験を行なうから研究室にもう一度来てほしいとマーガレット・テイラーに依頼した。これはおそらく、彼の人生で最も大胆な行動だっただろう。

「たしか私はテストに合格したとおっしゃいましたが、何か問題がありましたか？」やってきたマーガレットは尋ねた。

「何も問題はありません」とラーソンは答えた。「ただ、前回準備したリストにはない質問があるのです」

テイラーを再びポリグラフの前に掛けさせ、ラーソンは実験の前口上を述べたが、その間も彼女の金髪やきらきらと輝く完璧なブルーの目にちらちらと視線を送っていた。テストはとんとん拍子に進んだ。わざと嘘をついてみてください、見破ってみますから、とラーソンは言った。和やかで打ち解けた雰囲気だった。

テイラーを解放する前に、ラーソンにはもうひとつ訊きたいことがあった。『リーダーズ・ダイジェスト』によると、彼は「特別な質問があります。これには必ず正直に答えてほしいのです」と言ったという（ラーソンはのちに、この話は「まったくのでたらめ」だと一蹴している）。

彼の声は奇妙な質感を帯びていた。「問いはこのリストにあります。見てください」と言われ、テイラーは紙片を受け取った。ラーソンの繊細な筆跡で書かれた四つの単語を見て、彼女の目がかすかに見開かれた。顔にどっと血が上るのが自分でもわかった。

数々の実験を通じて、ラーソンは短く簡潔な問いがベストだと気づいた。彼がテイラーのために書いたその質問は、この上なくシンプルなものだった。「ドゥ・ユー・ラヴ・ミー？」

「いいえ」と彼女は即答したが、装置がなくとも、ラーソンには彼女が嘘をついているとわかった。テイラーがふと目を向けると、新米警官はじっと彼女を見つめていた。そのあとテイラーは、自身の心に窓を穿《うが》った装置の回転ドラムと黒い紙に目をやった。「〝嘘を見破る装置〟の翼が震え、はためき、激しくうねるSOSの曲線を描き出していた」と、その一六カ月後のラーソンとテイラーの結婚式の日に、〈エグザミナー〉紙はそのときのようすを改めて伝えた。

時を経て、ラーソンはこの瞬間を懐かしく思い出すようになる。彼はポリグラフがもつ可能性に驚嘆した。犯罪を解決するだけでなく、胸の奥の秘密に光を当て、隠れた願望や秘めた衝動を暴き出すこともできるのだ。しかし、テイラーとのロマンスが花開く一方で、二人を結びつけた装置と彼との関係性は急速に悪化していく。ラーソンに言わせれば、それはひとえに、ある男のせいだった。

マジシャン

それは一九二一年の暑く乾いた夏の日の遅い夕暮れ、バークレー警察署でのことだった。日勤スタッフの大半はすでに帰宅し、夜勤組はパトロールに出ていた。電灯の明かりの下で作業をする刑事たちの姿はまばらで、彼らは事件ファイルの作成や、ダイヤルとスイッチがぎっしりと並ぶマホガニーのキャビネットで、署長が導入した信号伝達システムの操作をしていた。

そのとき、静かな職場の空気を突き破るように、不意に爆笑が起きた。地下フロアの一方の端にある小さな実験室で、一七歳のレナード・キーラーが注目を浴びていた。ハシバミ色をした離れ気味の目をきらきらと輝かせて語る彼の話に、一〇代の少年少女が数人、うっとりと聞き入っていた。当時、署にはいつも若者たちが出入りしていたが――これはオーガスト・ヴォルマーのユニークな治安維持活動の一環だった――ここ数カ月、キーラーのひょろりとした身体つきと豊かなブロンドの髪は、とりわけ見慣れた光景となっていた。彼はポリグラフに取りつかれたように夢中になり、そしてこの装置は彼の人生を破壊しようとしていた。

キーラーは一九〇三年一〇月三〇日、バークレーの文化人一家に生まれた。父親のチャールズは詩人で精神主義者、あらゆる面で奇抜な人物だった。すらりと長身でハンサムな彼が黒いマントを羽織り、金の握りがついたステッキを持ち、黒髪を長いカーテンのように垂らしてバークレーの町を堂々と闊歩するさまはドラマティックな光景だった（レナードはこれを心底恥ずかしく思っていた）。

チャールズは超一流の芸術家や博物学者、建築家たちと交流し、執筆で得る収入を補うために、受け継いだ多額の財産を少しずつ切り崩していった。一九二〇年代の初め、彼は独自の宗教「宇宙宗教《コズミック・リリジョン》」を創設したが、これは「愛、真実、美」という普遍的原理によってあらゆる信条の人々を統合することを目的としたものだった。

チャールズは二三歳になった一八九三年に、芸術家仲間である風景画家ウィリアム・キースの教え子ルイーズ・メイプス・ブネルと結婚した。二人は大学を見下ろす森の斜面に建つ、エレガントなレッドウッド材の家に住んだ。有名な建築家で家族ぐるみの友人であるバーナード・メイベックが設計したもので、屋内はペルシャ絨毯や中国の提灯、そのほかチャールズが南太平洋を越えて旅した国々の工芸品で美しく飾られていた。木々に囲まれた家は、おとぎ話に出てくるコテージのようだった。一家は創造性に富んだ幸福な生活を送っていた。ルイーズは夫の詩に巧みな木版画で挿絵を入れ、アテネのローブをまとい花の冠をかぶってポーズをとる彼の肖像画を描いた。

キーラー夫妻は、二番目の子どもであるひとり息子に大きな期待をかけていた。彼には画家、もしくは発明家、すなわち「私たちが生きるこのすばらしい世代の思想への偉大なる貢献者」になってほしかった。彼らはレオナルド・ダ・ヴィンチにちなんで息子をレナードと名付けたが、本人はもっと平凡な「ナード」という愛称のほうを好んだ。

思想と本とカクテルパーティーがもたらす心地良い生活が続いていたが、一九〇六年四月一八日の早朝に湾を襲った地震が、レナード・キーラーの人生のコースを変えた。ちょうど午前五時過ぎ、大きな音で一家が目を覚ましたとき、子どもたちが眠っていた外のポーチにレンガの煙突が倒れてきた。チャールズは間一髪で息子を救い出した。

バークレーの市民生活にも積極的に貢献していたキーラー夫妻は、サンフランシスコから殺到する避難民への対応に追われる市に協力し、骨身を惜しまず働いた。けれども、その努力がたたってルイーズは健康を損ない、一年もたたないうちに亡くなってしまった。チャールズは妻の死を乗り越えることができなかった。

一九〇七年、彼は三人の子どもたちをバークレーの町の反対側に住む義母の家に預け、天井の高い立派な家から、かろうじて一家全員が住める程度の茶色い板ぶき屋根の家に引っ越した。そしてレナード・キーラーが六歳だった一九〇九年、講演と詩作のための世界一周ツアーに出発し、それから三年間帰ってこなかった。

姉のメロディーンが大学に行くと、キーラーと妹のエロイーズは近所の子どもたちと自由に遊び回り、警官と泥棒ごっこで塀を乗り越え追いかけ合い、急速に拡大しつつある街で、建設中の家々の梁や垂木によじ登った。

病弱な祖母では監視の目が行き届かず、キーラーはまもなく悪い仲間と付き合うようになった。旅から戻るたびに息子は新たな問題を抱えていたが、チャールズはどうすればいいのかわからなかった。

キーラーは仲間にお菓子を買い与えるために祖母の財布からお金を盗むところを見つかり――仲間のひとりに硬いゴムボールで顔を殴られ、視力をほぼ失ったあとのことだった――憤慨した父親は催眠術に解決策を求めた。チャールズは夜ごと眠る息子のベッドの横に腰かけ、仲間からの圧力に屈しない強さが息子に授かることを祈って何度もマントラを唱えた。「レナード、私の言葉が聞こえるね」と彼はささやいた。「おまえは勇敢だ、とても勇気がある。おまえは自立している。自分で計画を立て、自力でそれを達成するんだ」

一九一六年には、血なまぐさい第一次世界大戦のさなか、チャールズの幻想的な詩への需要が落ち込み、受け継いだ財産は底をついていた。一家はしばらくニューヨークで暮らし、その間キーラーは父親の経済状態に応じて私立の寄宿学校と州立学校のあいだを行ったり来たりしていたが、その後カリフォルニアに戻り、バークレーの丘陵地帯にある人里離れた峡谷に住んだ。

そこには大きな部屋がひとつと小さなキッチンしかなく、電気は通っておらず、暖房装置も暖炉がひとつあるだけだった。一家は外のポーチで眠った。しかしこの場所で、キーラーは本領を発揮する。その質素な住まいは、木々の生い茂る広さ一エーカーの森の中にあり、勢いよく小川が流れていた。家の裏には小屋があり、一〇代のキーラーはそこを自分の隠れ家にして、鉱石ラジオをいじくり回し、「トカゲ、ヘビ、クマネズミ、ハツカネズミ、果てはタランチュラまで」、どんどん増えていく生き物の世話をしながら多くの楽しい時間を過ごした。

彼は運動能力が高く活発で自信に満ちた若者に成長し、写真から登山まで多彩な趣味をもっていた。物静かだがカリスマ性のあるキーラーは、口数は少なくとも、いつのまにか場を支配していた。ある友人によれば、「彼は磁石のように人を引きつけた」。また、妹のエロイーズは、「兄はいつも冒険を探し求めているようだった。危険が彼の気持ちを高揚させた」と書いている。

キーラーはボーイスカウトと共にロシアン川沿いを探検し、学校のオーケストラではフルートを演奏した。陸上部にも所属し、高校の最終学年では生徒会長に選出された。さらに、毎週土曜日にはダンスのレッスンを受けていた。キーラーと長年の友人であったアメリカの振付師アグネス・デ・ミルは、彼ほどのダンス・パートナーに出会ったことはないと語った。

「身体は細く引き締まり、強靭で、田舎の人みたいに筋肉質で、まるで農民か猟師のようだった」と彼女は書いている。「ハンサムではないけれど、とてもはっきりした顔立ちで、冷笑的な笑みを浮かべ、狭いまぶたの下の鋼のようなグレーの目は鋭く、その目が横に動いて彼の主張を通し、あるいはその場のあらゆるニュアンスへの反応を探った」

キーラーは学園祭で華麗なマジックショーを開き、巧妙なカードトリックにヘビ使い、あるときは空砲を込めたピストルを披露した。彼が警察の取り調べを初めて経験したのは、友人のウォーレン・オルニーと一緒にオークランドのチャイナタウンに行き、銃を手に、とある店先に停車するのを目撃されたときだった。銃はオルニーの父親から借りたもので、彼らはその店に空砲とマジックショーのためのお香を買いにいったのだという。

しかし、キーラーの社交的な性質は、深刻な健康問題によって損なわれた。一九一八年、インフルエンザが全世界で猛威をふるい推定五〇〇〇万人の命が奪われるなか、彼は重い連鎖球菌感染症にかかり、そこから敗血症を発症して脳の被膜と心臓の弁が影響を受けた。

入院中、あの子は死ぬかもしれないと看護師たちが話しているのを、彼は聞いてしまった。父チャールズが連れてきた祈祷師は、病に伏した一〇代の若者を無理やり起き上がらせ、現に彼は再起を果たしたが、病気の影響で失神の発作を起こしがちになり、それは一生涯続くことになる。

一九二一年の初め、ジョン・ミューアの自然保護クラブと共にカリフォルニアの山々を探索していたキーラーは、腹部に鋭い痛みを感じた。彼は急性虫垂炎を発症しており、胆のうと虫垂を切除する緊急手術が行なわれた。二週間入院し回復しつつある彼に、医師は次の年度まで復学しないほうがいいと助言した。

そのため、新年度が始まるまでの八カ月間、キーラーは何かをして時間をつぶさなければならなかった。最初の病気のときに与えられた娯楽は、おおかたやり尽くしていた。前回の療養期間中、彼は野生生物の写真を撮る練習や飼っているヘビの世話などをして過ごしたが、すぐに飽きて頭がおかしくなるほど退屈し、再び問題を起こすようになったのだった。そこで、かつてキーラーの問題行動に苦労したときと同様、チャールズはある旧友に助言を求めた。

チャールズ・キーラーは、オーガスト・ヴォルマーがバークレーの郵便配達員であったころから彼を知っていた。ヴォルマーは二輪の荷車を押してキーラーの家まで急な坂道を上ってきては、時々足を止め、幼いレナードを乗せてあたりを一周してくれた。以来、有力な警察署長にまで上り詰めたヴォルマーの出世を、チャールズは興味深く見守ってきた。

彼らの道が交差したのは、いくらか副収入を得ようと、詩人がバークレー商工会議所の役職についたときだった。チャールズは自身の影響力を行使し、オークランドとの合併案を阻止しようとするヴォルマーを後押しした。もし合併すれば、ヴォルマーがバークレー警察署で築き上げてきたものの大半が崩れ去る恐れがあった。そういうわけで、署長はチャールズに恩義を感じていた。

あるときチャールズが市庁舎の地下を訪ねると、ヴォルマーは準備中の心理学的チャートを友に見せた。おそらく、それは最初のポリグラフ検査記録のひとつだったのだろう。

「レナードにあのチャートを見せてやりたかった」。息子が心理学に関心を示していたのを思い出し、チャールズは言った。「きっと興味をもつと思う」

「ここに来させれば、見せてあげるよ」とヴォルマーは言った。

数日後、レナード・キーラーは初めて警察署にやってきた。彼が幼い少年だったころからほとんど会っていなかったヴォルマーは、キーラーの「人柄と利発さ」に感銘を受けた。やがて彼はキーラーを「父親が息子に抱くような愛情をもって」見つめるようになる。

キーラーのほうも、軽い気晴らしのつもりで始めたもの――「学校に戻るまでの単なる暇つぶしのつもりだった」――にたちまち心を奪われた。それまで、彼がもつ犯罪学に関する知識はシャーロック・ホームズの物語から得たものだった。当時はまだ、ホームズの新たな冒険が『ストランド・マガジン』で定期的に発表されていた。「犯罪を防止し摘発するシステムが実際に機能するさまをこの目で見たいという好奇心がむくむくと湧いてきた」とキーラーは記している。

彼は一日の大半を警察署で過ごすようになり、ヴォルマーのオフィスの外をうろつきながら、指紋照合のシステムや、バークレーで初めて導入されつつあった他の捜査手法について学んだ。聡明さと好奇心と持ち前の魅力で、キーラーはすぐに年上の警官たちから気に入られた。当初、彼はほとんどの時間を暗室で過ごし、撮影技師が犯行現場の写真を現像するのを手伝った。シャーロック・ホームズの物語さながらの「毒薬瓶事件」〔毒入りの瓶を握りしめた死体が発見された事件〕以来、ヴォルマーは現場写真の熱心な支持者となっていた。

写真部門でのキーラーの仕事のひとつが、「犯罪者の嘘を暴くのに使われる謎の装置」から引き出されるチャートの撮影だった。ポリグラフはたちまち彼の好奇心をかき立てたが、そうならないわけがなかった。「私はこの装置は怪しいと思い、「そんなことができるはずがない」と確信していた」と彼は書いている。

ヴォルマーはまもなく、キーラーをもうひとりの年若い弟子、ジョン・ラーソンに紹介した。それは二人の人生を永遠に変えた瞬間であり、有害な関係に発展する序章でもあった。一〇代の若者らしい虚勢を張り、自分ならあの装置を簡単に欺けると思うとキーラーは豪語した。「じゃあこっちに来て、うまくいくかどうかやってみたまえ」とラーソンは言い、取調室として使っている狭いオフィスに痩せた青年を招き入れた。

キーラーは部屋に入ると、上着を脱いでシャツの右袖をまくり上げた。彼が椅子に腰かけ、装置をよく見ようと首を伸ばして覗き込むかたわらで、ラーソンは新しい煤紙のロールをドラムに巻きつけて回転させた。訊いてほしい一〇の質問を考えておくように、とラーソンはキーラーに告げた。キーラーは言われたとおりにしたが、装置に対して生意気なジャブをもう一発放たずにはいられなかった。確かに、目の前にある奇妙な仕掛けで人の心の奥底を探れるなどという考えが馬鹿馬鹿しく感じられたのも無理はない。「何を訊かれてもかまいませんよ」とキーラーは言った。「あんな機械で嘘が見抜けるはずがない」

ラーソンが質問を始めた時点で、彼はまだそう信じていた。キーラーは一〇の質問のうち九問には正直に答えたが、四問目では嘘をついた。「どこで嘘をついたか、ドクター・ラーソンにはわかるはずがないと思っていました。だって、僕は静かに座っていて、少しも興奮などしなかったんですから」とキーラーは言った。しかし彼は間違っていた。

テストが終わると、ラーソンは目の前の自信に満ちた青年を見上げてニヤリとし、短く鋭い笑い声を発した。「ハッ！　きみはわかりやすいね。四番目の質問で嘘をついた、そうだろう？」

キーラーは唖然とした。ラーソンはチャートを見ながら説明し、四問目で嘘をついたときに血圧が急激に上昇していること、彼の身体が出す微細なヒントが紙の上の線となって表れていることを指摘した。そ

後年のレナード・キーラー（左）

れを聞いているあいだに、キーラーの懐疑心は剥がれ落ちた。

「これには勝てないよ！」とラーソンは言った。「きみが易々と嘘をついても、身体全体が反乱を起こし、その結果、心臓の動きに変化が生じる。それにほら、呼吸の曲線を見てごらん。こっちも変化している」

ラーソンがポリグラフを使って強盗事件の被疑者から自白を引き出すのを見たあと、キーラーはこの装置にますます魅入られた。「一九二一年にラーソンの作品を目にした瞬間から、ナードの人生は新しい意味をもち、彼は身も心もエネルギーに満ちあふれているように見えた」とヴォルマーは書いている。

それから四カ月かけて、キーラーはポリグラフについて学べることはすべて学んだ。研究室でラーソンが行なうテストを見ているとき以外、彼はチャートを研究するかそれを撮影していた。紙に煤を塗って黒くする作業も手伝い――チャートに劣らず彼の手や顔も煤で真っ黒になった。キーラーはさらに、英語の授業でポリグラフに関する作文まで書いた。

キーラーはまもなくラーソンのアシスタントを務めるようになり、刑務所や州立病院に重たい機材を運んでテストを行なう必要があるときは、その組み立てや解体を手伝った。二人は古いフォードのツーリングカーにコイルや煤紙を巻いたドラムを積み込んでカリフォルニアじゅうを走り、ラーソンは緊張しながらハンドルを握りしめ、助手席のキーラーはデリケートな部品を膝に抱えていた。二人は一緒に、賭博師や泥棒に殺人犯、さらには精神異常者や知的障害者にも装置を装着し、果てはラーソンの犬にまでつけて大いに楽しんだ。

ヴォルマーが装置を「自由に」使って実験する許可を与えるとキーラーは大喜びし、夜ごと市庁舎でクラスの仲間に装置を見せびらかした。「兄はみんなに年齢や成績表、デートの相手など、思いつくままに嘘をつかせた」と妹のエロイーズは回想している（初めてテストされたとき、彼女は失神してしまった）。キーラーは物静かだが根っからのショーマンで、警官たちさえも仕事の手を止め、彼のマジックに見入ってしまうことがあった。

一九二一年の夏のある晩、地元の高校生がデモンストレーションを見ようと集まり、装置が設置された狭い部屋になだれ込んだ。暮れかけた日の光が高窓から射し込み、いくつもの棚には、すでに記録済みのロールが山積みになっていた。そして問題の装置は、部屋の隅に押し込まれた黒っぽい木のテーブルに置かれていた。

キーラーの妹の友人フランシス・チックが、腕に血圧測定用カフ、胸にはゴムのチューブを巻いた状態で椅子に腰かけていた。キーラーはスイッチを入れ、静かな低い声で取り調べを始めた。ラーソンのやり方の見よう見まねだが、ドラマティックな間《ま》をとって観衆を沸かせたり、針の軌跡に合わせて眉を吊り上げたりしていた。

「ハリーのことが好きですか？」と彼は訊いた。

「いいえ」

「ラルフのことが好きですか？」

「いいえ」

「カーティスのことが好きですか?」

「いいえ」

「チャーリーのことが好きですか?」

「いいえ」

最後の問いで針が突然ジャンプし、どっと笑いが起きた。「本当にわかるのね」。顔を赤らめ、フランシス・チックは認めた。「確かにチャーリーにはちょっと気があるけど、それを誰かに見抜かれるなんて夢にも思わなかったわ」


キーラーはまもなく、ラーソンの装置には多くの欠点があることに気づいた。設置するのに三〇分もかかるし、煤で黒くしたグラフ用紙を、指の跡がつかないように細心の注意を払いながら回転ドラムに巻いていくのは骨の折れる作業だった。

また、作成された記録は非常に脆く、少しでも触れようものなら線が消えてしまうため、紙のロールを慎重に装置から取り外し、フランク・ウォーターベリー巡査がテレピン油と「自家製ウイスキー《ジャッカス》」の混合物と呼んだセラックでコーティングしなければならなかった。そうすればチャートは保護されるが砕けやすくなるため、広げた状態で保管しなければならず、膨大なスペースを必要とした。

そこでヴォルマーの提案により、その後の数年間、ラーソンとキーラーはそれぞれが別々の方向に労力を注ぐようになった。ラーソンが対照実験を行ない、ポリグラフの有効性を科学的に検証しようとする一方で、キーラーはより信頼性が高く持ち運びやすいものになるよう装置の改良に着手し、それと並行して非公式な検査官としてスキルを磨いた。

しかし忍耐強く几帳面なラーソンに対し、キーラーは無鉄砲でせっかちな性格であるため、彼の態度が二人のあいだにたえず緊張を生むことになる。二人を結びつけた装置が、今度は二人を引き裂いていく。それは彼らを有名にし、その人生を崩壊させていくのだが、それはまだ先の話である。湾の向こう側で起きたある奇妙な失踪事件によって、ポリグラフは一躍世間の注目を浴びようとしていた。

パン職人と司祭

コルマというちっぽけな町では、つねに死者の数が生者の数を上回っていた。一九一四年、サンフランシスコ市当局は、市の中心部の一等地を占める、ゴールドラッシュ期につくられた墓地を掘り起こしはじめた。掘り出された元住人たちの棺を、農地を再利用してつくった新たな永眠の地に運ぶため、市はミッション通りから南へ一五キロほど走る路面電車のルートを新設した。一〇ドル払えば愛する人の亡骸《なきがら》を新しい墓地に移すことができ、一緒に「墓地ライン」に乗ることもできた。だが払わなければ――亡骸は共同墓地に放り込まれた。

コルマの住人にとって黒い運搬車両は陰鬱だが見慣れた光景であり、花屋や石工、牧師などの生計は死と切り離せないものだった。ケイト・ウィンクラー・ドーソンは、「路面電車が毎日、ゴシック小説の小道具のように霧の中から現れた」と書いている。

一九二一年八月二日、肌寒い火曜日の夜、路面電車とは別の何かが霧の中から滑るように現れた。それは明るい色をした小型のフォードで、見知らぬ人物がハンドルを握っていた。つばの広い布の帽子で隠れて顔はほとんど見えず、その男はさらに、当時ですら時代遅れの黒い運転用ゴーグルをかけていた。

車はコルマのサン・ペドロ通りに入り、聖天使カトリック教会の向い側で止まった。霧が渦巻くなか、運転席の男は道を渡って木造の教会のほうに向かった。教会には大きなコンクリートの建物が併設され、そこにはパトリック・ヘスリン神父と家政婦のマリー・ウェンデルが住んでいた。その居宅の玄関に向かって歩きながら、男は厚いコートの襟を立てて顔を隠した。そして彼はベルを鳴らした。

五八歳になるヘスリン神父は、コルマに来てまだ一〇日。一五〇キロほど東にあるターロックの教会から、この新しい教区に移ったばかりだった。ターロックでは「親切だが尊大な」代弁者として地域に貢献していた。背が高く美男子で、薄くなりかけた黒髪、言葉には生まれ故郷アイルランドのロングフォード県に由来する訛りがあった。ドアのベルが聞こえたとき、神父は書斎にいた。少し間をおいて、今度は激しくドンドンとドアが叩かれ、家政婦が鍵を開けてドアを開ける音が聞こえた。

見知らぬ男は背が高く痩せていて、広く出っ張った額をしていた。家政婦のウェンデルがのちに語ったところでは、強い訛りがあり、そわそわしたようすで、中に入るのを頑なに拒んだ。「急いでいるんだ」と男は言い、ウェンデルはヘスリンを呼びにいった。「瀕死の友人に秘跡を行なってほしいと、男の人が来ています」。そう告げる彼女の声は張りつめていた。

ヘスリンが二階から下りてくると、黒いゴーグルをつけた男は、近所の人が結核で死にかけていて、臨終の儀式を行なってくれる司祭が必要なのだと説明した。伝染病である結核は、二〇世紀初頭のアメリカにおいて死因のトップだったが、感染の危険性があるにもかかわらず、ヘスリンは行くと答えた。「できるだけ早く戻る」と彼はウェンデルに告げた。

そして上着をまとい、隣の教会から秘跡用のパンとワインが入った革のケースを取ってくると、見知らぬ男はフォードを方向転換し、ハイウェイのほうに向けた。神父が乗り込み、車が南に向かって走り去り、夜霧の中に消えていくのを、ウェンデルはカーテンの隙間から見ていた。ヘスリンの生きている姿が目撃されたのは、それが最後だった。

翌朝、教会の鐘は鳴らなかった――夜明けに鐘を鳴らすのは、ヘスリンの役目だった。家政婦は心配で真夜中過ぎまで起きて待っていたが、朝になって彼の寝室が空っぽで、ベッドに寝た気配もないのに気づくと、サンフランシスコ大司教エドワード・ハナのオフィスに電話をかけ、ヘスリンが「小柄で色の黒い、外国人と思われる男と一緒に出かけた」ことを事務員に報告した。

当初ハナはさほど心配しなかったが、その日遅く、事務員が彼のオフィスに身代金を要求する手紙を持って入ってきた。それは速達で届き、中に書いてあるまとまりのない不統一な文章は、まるで二人の別な人間が書いたかのようだった。タイプライターで打った部分は整然として言葉使いも正しかったが、それを台無しにするような狂気じみた手書きの部分はわかりにくく、ところどころに綴りの間違いもあった。

へたな動きはするな、（コルマの）神父　　　を密造酒の貯蔵庫に入れ、ろうそくに火をつけて置いてきた。ろうそくの足元には、一ダースの人間を殺せる毒ガスを発生させるのに必要な化学物質がすべて揃っている。

これはタイプライターで打ったもので、どの司祭を誘拐するのかわからなかったかのように、「神父」のあとには大きな空白があり、あとで名前が書き入れられていた。そして手紙の最後には、綴りの不正確な鉛筆の殴り書きで「彼を四回ぶたなければならなかった、そうしたら彼は脳への圧力で意識をなくした。

だから急いだほうがいい、これはおふざけじゃない。今晩九時だ」と書かれていた。

手紙にはヘスリンが鎖で縛られているとあり、それを書いた主は、警察が乗り出してきたら彼を見殺しにすると脅していた。「もし自分以外の誰かがこの貯蔵庫のドアを開ければ、マッチの束に引火し、ガソリンの缶がひっくり返り、彼も警官隊も頭からそれを浴びることになるだろう」とある。手紙の主は軍隊経験を自慢し、アルゴンヌ戦線では何千人もの兵士を射殺した、「人を殺すなど、自分にはなんら目新しいことではない」と書いていた。

要求は、小額紙幣で六五〇〇ドルを包んで密封し、ある場所に届けること。場所の詳細は、夜に別の手紙で指示をするとある。「金を持って車を降り、車を置いて道路の白線につけた紐をたどって端まで行け。そこに包みを置いて町に戻れ」

ところが、残りの指示を伝える手紙はいっこうに届かなかった。サンフランシスコ市警は当惑し、あらゆる角度から事件を探った。ダン・オブライエン署長は空からの捜索隊を編成し、太平洋沿いを街の南部まで、見知らぬ男の車が走ったルートをたどり、大破した車がないか探した。

コルマからペドロ・バレーを経由してハーフムーン・ベイに向かう曲がりくねった道は思いのほか危険で、切り立った峡谷に縁取られ、霧に覆われたカーブもあった。何百人ものボランティアがその一帯に散らばった。

新聞各紙はフェイクニュースを流した。〈オークランド・トリビューン〉紙は、司祭は秘密の結婚式を執り行なうためにカップルに誘拐されたのではないかと推測し、記者たちはハエのごとくコルマに押し寄せて家政婦のマリー・ウェンデルにうるさくつきまとい、共犯者だと彼女を責めたてた。

確かな証拠は身代金を要求する手紙しかないため、捜査陣は三人の文書鑑定家を雇った。そのうちのひとりは科学捜査のパイオニアで「アメリカのシャーロック・ホームズ」の異名をとるオスカー・ハインリッヒだった。彼は手紙の主の「A」、「H」、「T」、「U」の書き方から、その男はパン職人だと予測した。「これはパン職人がケーキに文字を書くときのスタイルです」と彼は言った。「次の誕生日が来たら、ケーキに書かれた砂糖衣の文字を見てごらんなさい」

警察も独自の説を立て、オブライエン署長はマフィアとのつながりを確信していた。ヘスリンは外国人のギャングに臨終の儀式を行なうために呼ばれたが、そのギャングが司祭の前で殺人を告白したために始末しなければならなくなったというものだ。丸々と太ったコルマの巡査シルヴィオ・ランディーニは、動機は金だろうと考えた。ヘスリンは戦時公債に多額の投資をしていると言われていたからだ。

ダンカン・マシソン刑事が捜査を指揮し、部下たちは司祭の痕跡を求めて人のまばらな海岸沿いをくまなく捜し、ぽつんと建つ山小屋を調べ、悪魔の草と呼ばれるギョウギシバやアーティチョーク畑の黒い土を骨折って進みながら捜索を行なった。何百軒もの地元の商店がわざわざ店を閉めて店主たちが捜索に加わり、南部のオレンジ畑でも、収穫作業をする人々が籠を置いて司祭を捜した。サンフランシスコ教区はヘスリン神父を発見した者に――生死を問わず――五〇〇〇ドルの報奨金を出すと申し出た。

ヘスリンがフリーモント付近を猛スピードで南下する車に乗っていた、ロサンゼルスに向かう道で司祭服のまま二人の男ともみ合っていたなど、誤った目撃情報がカリフォルニア全土から寄せられた。

しかし実際に進展があったのは八月一〇日（水）、ヘスリンの失踪から八日後のことだった。朝になって目覚めた大司教が二通目の手紙を発見したのだ。手紙は夜のあいだにフルトン通りにある彼の邸宅のドアの下から差し込まれていた。そこには「運命が私にこうさせた。病気と貧苦のせいでこうするしかなかった。私は金を手に入れなくてはならない」と書かれていた。司祭は無事に生きていると手紙の主は請け合ったが、身代金の要求額は一万五〇〇〇ドルに引き上げられていた。

その日の午後、〈エグザミナー〉紙の若き敏腕記者ジョージ・リンは、三通目の手紙が届いたという噂を確かめようと大司教の邸に向かった（実際には届いていなかった）。彼が到着したとき、邸に続く石段を上ってくる風変わりな男がいた。クリーム色の服に麦わら帽子というういでたちは、サンフランシスコよりもむしろフロリダに似つかわしいものだった。

フィリピン人の使用人に通されてリンがハナ大司教の邸に入ると、男もあとについて入ってきた。「この人のことは知りません」と記者は即座に言った。「一緒に入ってきただけで、私は無関係です」

「私も大司教に会いにきたんだ」と見知らぬ男は突っぱねるように返した。「行方不明の司祭の居場所を、おそらく知っているんでね」


男はウィリアム・ハイタワーという名だった。背が高く、頭は禿げかかり、白髪交じりのまばらな前髪のせいで四三歳という年齢よりも老けて見えた。彼はテキサス州ウェーコ近郊で生まれ育ち、若い時分はその地の綿花プランテーションで働いていたといい、甲高い声と南部特有の間延びした発音で語り出した。

それは次のような話だった。数日前、ハイタワーはドリー・メイソンという若い女とばったり会った。ソルトレイクシティに住んでいた時分からの知り合いだった。そのとき彼女は、前の晩に会ったある男の話をした。その男は酒の密売をしている外国人で、酔った勢いで自分はカトリック教会が嫌いだと公言し、彼女にリボルバーを見せた。そして「あんたがこの銃を恐れるのももっともだ、こいつは人の命を奪ったんだからな」と言ったという。

事件は紙面をにぎわせ、外国人恐怖症の嵐を巻き起こしていた。街の住民はみな、司祭が行方不明になり、連れ去ったのは外国人だと知っていたからだ。メイソンは男に――この男はギリシャ人かもしれないと彼女は思った――殺された人はどこに埋められているのかと尋ねた。すると男は「彼はひとりぼっちじゃない。ある男にずっと見張らせている。そいつはそこでホットケーキを焼いているんだ」と答えたという。

ハイタワーは（彼はリンに、自分は失業中のパン職人だと語った）、メイソンの話を聞いてあるものを思い出したと言った。それはサラーダ・ビーチにほど近いペドロ・バレー通り沿いにある看板――アルバーズ・ブラザーズ製粉会社の小麦粉の広告だった。そこにはホットケーキを焼いている男が描かれていた。「死体を見張っているのが本物の人間とは限らない、看板の絵かもしれないぞ」とハイタワーは考えたのだ。

翌日、ハイタワーは道路と崖のあいだに立つ看板を見つけた。街から南へ三〇キロほど行ったその場所は、捜索隊がくまなく捜したエリア内にあった。浜から五〇メートル近く離れた崖から下を覗いてみると、何かが目に留まった。崖のふちから三メートルほど下の砂の斜面に黒いスカーフが風で押さえつけられ、ぱたぱたと揺れていた。

彼が下ってみると、道からはほとんど見えないところに、崖の一部が剥がれ落ちて斜面に食い込み平らなベンチのようになった部分があった。そこに、砂とギョウギシバに囲まれる形でリボルバーと使用済みのカートリッジ、そして血まみれの布切れがあるのをハイタワーは発見した。

「もしかすると、あの失踪した司祭かもしれない。そんな気がしたんだ」。後日、彼は警察にそう語った。「地面も柔らかいし、調べてみる価値はある思うんだが、どうかな?」

ハナ大司教は一週間かけて、ほとんど役に立たない手がかりを精査していた。彼はまた、ハイタワーの途方もない話にも感心しなかった。「明日の朝一〇時ごろにまた来てくれれば、捜査官を二、三人、きみに同行させよう」と彼はハイタワーに告げた。一方で記者のジョージ・リンは、たとえ行方不明の司祭とは無関係だったとしても、これは面白いネタになると確信していた。帰りぎわ、彼は一台のタクシーを止めると、〈エグザミナー〉紙のオフィスまで一緒に来て、ローカル記事編集長のビル・ハインズにさっきの話をしてほしいとハイタワーに頼んだ。

ハインズは、ハイタワーが語った場所に捜索隊を出す許可を与え、何を発見したとしても、〈エグザミナー〉紙のスクープが世に出るまでは他の新聞社には秘密にするという厳しい条件をつけて警察の同行を認めた。

その晩、一行はオブライエン署長のパトカーに乗り込むと、シャベルを取りに彼の自宅に立ち寄り、次にコルマでランディーニ巡査を拾った。禁酒法の施行以来、ランディーニは計画された一斉検挙を事前に警告することで、地元では一躍ヒーローになっていた。彼は前のベンチシートに割り込むように乗り込んだ。

オブライエンは霧の中を運転し、時々車を止めてはフロントガラスを拭き、その間ハイタワーはハインズ、リン、そして〈エグザミナー〉紙の花形記者アーネスト・ホプキンズと新聞カメラマンを数々の話で楽しませた。そのひとつが、かつてテキサスで警察官の帽子を撃ち抜いた話だったが、その場の面々を考えれば、これが好評だったわけがない。

一行がサラーダ・ビーチを見下ろす崖に到着したころには、夜の一一時を回っていた。パトカーのライトが巨大な看板を照らし出す。それはハイタワーが語ったとおり、アルバー・ブラザーズの小麦粉の広告だった。道の反対側には、いわゆる「ミステリー・キャッスル」の黒いシルエットが見えた。中世の大邸宅を模したこの建物は、一九二〇年に経営者がサン・クエンティン州立刑務所に収容されるまで、違法な堕胎クリニックとして機能していた。

ハイタワーが先導し、一行は浜に続く岩だらけの小道を下っていった。慌てて出発したためランタンを持参するのを忘れてしまい、ちらちらと揺れるマッチの火と「ほのかな海の燐光《りんこう》」だけを頼りに進んでいくさまは、ドラマティックな光景だった。

眼下から、岸に当たってくだける波の音が聞こえ、霧で服が湿っぽくなった。「強風が目に砂を叩きつけ、言葉は耳に届く前に吹き飛ばされた」とホプキンズは書いている。「発育不良の黒いハリエニシダがぼやけた砂に影を落とし、そのあいだを吹き抜ける風の音は殺人者の物悲しい笑い声のようだった」目指す場所に着くと、ハイタワーは露出した岩を飛び越えて視界から消えた。残りの面々も慎重な足取りであとに続いた。見ると、ハイタワーは地面に這いつくばって砂の中から黒い布切れを引き出そうとしていた。「あった、やっぱりここだった」と彼は大声で言った。

リンと警官のひとりがシャベルを手に取り柔らかい地面を掘りはじめ、さらにハイタワーも加わって、一八五〇年代の探鉱者さながらに砂をまき散らしながら勢いよく掘っていく。砂を浴びないよう、ランディーニは一歩下がった。「そこに死体が埋まっているのなら、そう乱暴にやらないほうがいい。シャベルが当たって顔が傷ついたら困るからな」と彼はハイタワーに注意した。するとハイタワーは手を止めて顔を上げ、「心配いらない」と答えた。「足のほうを掘ってるから」

その言葉が意味するところをみなが理解する前に、リンはシャベルが砂の下の硬いものに触れるのを感じた。「ここに何かある」と彼は声を上げた。ゆっくりと持ち上げてみると、それは手だった。

ヘスリン神父は顔を鈍器で叩きつぶされ、後頭部を至近距離から撃たれていた。頭蓋骨の一部は見当たらない。司祭服を身につけたままで、横には小さなキリストの写真が埋められていた。ランディーニが近くの農場から借りてきたランタンの明かりに照らされた遺体を、男たちは厳かに見つめていた。

「人の命ってのは、面白いもんだな」。ハイタワーがオブライエンにささやいた。オブライエンは彼を睨み返した。彼らを死体のありかに案内した男は、今や最重要被疑者だった。署長は「行くぞ！」とひと言発し、ハイタワーを引きずるようにして崖の上に戻り、パトカーに乗り込んだ。

悪魔の装置

〈エグザミナー〉紙は一〇年に一度のスクープをものにした。ジョージ・リンの努力の甲斐あってヘスリン神父の遺体が発見され、最重要被疑者が特定されたが、そのことをライバル各紙は知る由もなかった。〈エグザミナー〉紙のオフィスのドアはすべて施錠され、朝刊が街に出回るまで何人《なんぴと》も出入りを許されず──その結果、他紙は遅れを取り戻そうと慌てて奔走することになった。

その後の一週間、警官と新聞記者はこぞって──しばしば競い合いながら──国じゅうが注目する事件の次なる手がかりを探した。記者たちは専門家を雇い、身代金を要求する手紙とハイタワーの粗末な下宿部屋で見つかったタイプライターを照合した。一方の警察は、司祭の命を奪った弾丸と一致するリボルバーを発見した。科学捜査の専門家オスカー・ハインリッヒは、ハイタワーの部屋にあった帽子に付着していた砂とヘスリンの遺体が発見された海岸の砂が同じものだと確認した。

記者たちは遺体の発見現場でテントのペグと紐を見つけ、ハイタワーの部屋にあったキャンバス地のテントと照合した。このテントには、パン職人であるハイタワーの手書き文字で、でかでかと「TUBERCULOSIS〔結核〕」と走り書きされていた。誰かに覗き見されないための巧妙な策だった。

部屋からは血のついた黄麻の布切れ、四五口径の使用済みカートリッジ、肉切り包丁のほか、この事件について報じた新聞がいくつも発見された。ハイタワー自作の冗漫な詩もあった。また、ハイタワーが「悪魔の装置《インファーナル・マシン》」と呼んだ手製の兵器もあった。これは短いパイプを木枠に貼りつけただけの簡素な装置で、長い紐を引くと散弾が詰まった一〇個の弾丸が同時に発射され、散弾を腰の高さで広範囲にまき散らすという仕組みだった。〈クロニクル〉紙によると「アイデアそのものが悪魔的で、これまでに考案されたなかで最も破壊的な代物」であり、ハイタワーは身代金を手に入れたあと、追跡を防ぐためにこれを使うつもりだったと警察は推測した。

ヘスリンの葬儀の日、三日間にわたる厳しい取り調べを経て、ハイタワーは正式に殺人罪で起訴された。警察は彼が語るドリー・メイソンと酒の密売人の話を真に受けなかったが、それでもメイソンを捜した。ハイタワーは彼女が容疑を晴らしてくれるはずだと譲らず、「事件を解決してやったのに、こんな形で感謝を示すのはおかしい」と文句を言った。

不利な証拠が出揃っているにもかかわらず、ハイタワーは自白を拒んだ。実際、罪を悔いているようすは少しもなく、司祭を殺すなどという恐ろしいことをする人間だと思われていることに衝撃さえ示した。尋問した刑事たちはみな、彼は自分が無実だと本気で信じているようだと感じていた。

裁判は二カ月先だが、各紙ともさらなる特ダネを必死に追い求めていた。そんななか、〈サンフランシスコ・コール〉紙の野心的なローカル記事編集長ユージーン・ブロックは、事件を進展させ、なおかつ〈エグザミナー〉紙をまんまと出し抜くすばらしい方法を思いついた。彼はオーガスト・ヴォルマーに電話をかけ、ポリグラフ検査を手配した。

バークレー警察の署長はブロックの良き友人であり、この提案に興味をもち、熱心に耳を傾けた。ヴォルマーはかねがね、ジョン・ラーソンの装置に女子寮のスキャンダルだけではなく本格的な事件を解決するチャンスを与えたいと切望していた。「これであの装置と技術への関心も高まるだろう」とヴォルマーは言った。「一時間以内にジョン・ラーソンから連絡させよう」

ブロックは三日かけて計画を立てた。ハイタワーの弁護士から許可をとり（「彼が真実を語っていることが明らかになるだろう」と弁護士は豪語した）、地区検事フランクリン・スワートの許可も得た。ブロックの上司たちは乗り気ではあったが慎重で、「できるのならやってみるといい。だが、きみの責任で進めるんだぞ」と言った。

この作戦は他紙に嗅ぎつけられないよう極秘裏に実行する必要があったが、それは容易なことではなかった。ハイタワーが万が一自白を、さもなければ自殺を決意したときのために、拘置所は「朝から晩まで待機している記者たちであふれかえって」いたからだ。「何が起きてもおかしくない」状況だった。

八月一六日の晩、ジョン・ラーソンはフィリップス・エドソンという助手と共に〈コール〉紙のオフィスでブロックとベテラン記者エルフォード・エディに会った。そのあと彼らは車でレッドウッド・シティに行き、同紙の販売部長ジョン・グレイの自宅で「いつ終わるとも知れない軽い夕食《クイック・ディナー》」をとりながら、ライバル紙の記者たちがいなくなるのを待った。

午前二時、彼らはようやく車に乗り込み、ハイタワーが拘留されているレッドウッド・シティの拘置所まで短いドライブをした。月の輝く晩で、四人がブロードウェイ通りの拘置所に重い機材を苦労して運び入れるさまは異様な光景だった。

ラーソンとエドソンはポリグラフを設置した。木の台にローラーをつけて煤紙のロールをセットし、被疑者の身体に取り付ける各種チューブをつなぐ。ハイタワーは寝ていたところを起こされて二階の監房から下に連れてこられた。彼はテストを快諾していたが、今になって怖気づいたのか、免れない運命を少しでも遅らせようと、部屋の外でしばらく立ち止まり、つまらない雑談で時間稼ぎをしていた。

ようやく入ってきた彼は四人用オーバーオールに厚手の白いシャツを羽織り、室内にいる面々を鋭い目で一瞥した。ジョン・ラーソン――真面目そうでいかにも研究者然とした彼は、ダークスーツに身を包み、髪は短くカットし両サイドを剃り上げていた。助手のエドソン――ふっくらした頬の若者で、黒っぽい色の細いネクタイを締めていた。そして地区検事フランクリン・スワート――彼がこれから質問をすることになる。〈コール〉紙の記者エルフォード・エディもカメラマンと一緒に部屋にいたが、他紙は入室を拒まれ、同紙が翌日誇らしげに報じたところでは、部屋の外には一ダースを超える記者たちがいて、中に入れてくれと要求していた。

ハイタワーの視線が、犯罪者の手足や指を測る物差しや、指紋採取用のテーブルに用意されたインクと紙を通過し、部屋の中央に設置された装置で止まった。発明者を自認するこの男は、用途は違えど、ポリグラフの雑な構造に自らの「悪魔の装置」の面影を見たのかもしれない。仮面のような表情こそ変えなかったが、彼の呼吸は速まったようだ。「写真を撮られるのは二度とごめんだ」とハイタワーは言った。「新聞に載った写真を見て、前にどこかで見た顔だと思う連中が現れるからな」

テストはほぼ完璧な静寂の中で始まった。約一〇分間、室内にいる誰ひとり身動きもせず、言葉も発しなかった。聞こえるのはハイタワーの呼吸の音と、ペンのカチカチというリズミカルな音のみ。「それは、歯科医が抜きにくい歯を抜く準備をするのに似ていた」とエディは書いている。「いきなり抜歯鉗子を手に取って歯を羽交い絞めにし、抜けるまでひたすら引っ張ったりはしない。たっぷり時間をかけてあれこれいじり、歯茎の治療をして、状態が落ち着いたところでグイと引き抜くのだ」

基準となる測定値が得られ、ハイタワーの呼吸と血圧が安定しはじめると、エドソンがドラムに巻いた紙を新しいものに交換し、スワートが質問を開始した。「眩暈《めまい》がしたことはありますか？」と彼は尋ねた。「てんかんの発作や痙攣、ひきつけを起こしたことがありますか？　かっとなりやすい性格ですか？」

一語だけで答えるようにというラーソンの求めに応じ、ハイタワーはすべての問いに「いいえ」と答えた。スワートがさらに質問を続ける。「ノイローゼになったことはありますか？」、「いいえ」、「誰かに悪意を抱かれたことはありますか？」、「いいえ」。たまに言葉を付け足すこともあり、「あなたは人生で公正な扱いを受けていると思いますか？」という問いに、ハイタワーは「いいえ。一度も成功したことのない人間なら、誰だってそうは思わないさ」と答えた。ラーソンはそれを重要な反応として書き留めた。

次のセクションに進む前にエドソンは再び紙を交換し、ラーソンはカレッジ・ホールの事件から一カ月のあいだに磨きをかけた前口上を述べた。「いいですか、一問でも嘘をついたら、私たちはそれを見抜きます」。彼がそう告げると、ハイタワーは身をこわばらせたように見え、グラフは血圧と呼吸数のわずかな上昇を示した。

「あなたはヘスリン神父を殺しましたか？」とスワートが訊くとハイタワーは一瞬間をおき、表情こそ変えなかったが、チャートのラインは荒れ狂う海の波のごとく乱高下した。「いいえ！」とようやく答えるが、感情は彼の秘密をさらけだした。

スワートはさらに多数の質問を重ね、殺人に使った凶器や死体を埋めた場所について訊いた。彼はまた、ハイタワーの悪魔の装置についても尋ねた。被疑者はすべてを否定したが、たとえ表情は何も明かさなくとも、記録はまぎれもない変化を示した。

テストが終わるとハイタワーは立ち上がった。彼は結果を尋ねず、ラーソンも何も言わなかった。ハイタワーは二階の監房に戻された。「こうして我々はスクープを手に入れた」とブロックは書いている。

翌朝、ラーソンが書いた独占記事が掲載された。「ハイタワーのテスト結果を分析した結果、被疑者はすべての重要な質問に対して重大な事実を隠蔽していたことがわかった。彼が示した反応とその原因については、必ずや説明がなされるべきである」

ラーソンは慎重に言葉を選んでいた。ポリグラフ検査の結果が悪くとも、それが有罪の動かぬ証拠になるわけではないことを、彼は誰よりもよくわかっていたからだ。取り調べ中に血圧や心拍数が上昇する理由はいくらでもあった。しかし記事のほかの部分は、さほど慎重な書きぶりではなかった。

「科学がハイタワーの有罪を示唆」――第一面のラーソンの記事の上には華々しい見出しが躍り、数ページにわたり分析が続いた。チャートの一部も注釈付きで掲載され、描き出された山や谷は、記者たちの目に自白も同然のもの、すなわち身体が示す決定的な証拠として映った。

「あくまでも私の感触だが、ウィリアム・ハイタワーの血圧の記録が彼の有罪を証明しているのは間違いないだろう」。同様にチャートの分析を依頼されたヴォルマーはそう書いている。「記録された波形は決定的であり、ハイタワーが有罪であるという以外の結論を導くには、変動があまりにも大きすぎる」

その数週間後、法医学的証拠と、あの晩の見知らぬ来訪者がハイタワーであったという家政婦マリー・ウェンデルによる遅ればせながらの認識を中心に展開した裁判を経て、ヘスリン神父を殺した犯人はサン・クエンティン州立刑務所での終身刑を言い渡された（一九六五年五月二〇日に八六歳で釈放されとき、彼は「過去は過去、この先が楽しみだ。やることがいっぱいある」と語った）。

ハイタワー事件は、ジョン・ラーソンにとって大きな功績となるはずだった。しかしその後の息もつかせぬマスコミ報道が彼を悩ませた。装置の科学的検証がまだほとんど終わっていないことを彼は知っていた。また、ポリグラフを単なる目新しい仕掛けと思われたくない気持ちも強かった。科学者である彼は、科学者仲間から一目置かれることを望んでいた。この装置の開発者としてだけではなく、ひとりの人間としても尊敬を得たかった。

この問題は一〇年たっても彼を悩ませつづけた。一九三二年に刊行された著書『*Lying and its Detection*（嘘とその発見）』で、ラーソンは次のように書いている。「このべた褒め記事が格好の例だが、平凡な新聞記者は、科学者が自身の研究成果を世に発表するのにこの手の記事が大いに役立つと考えるものだ。しかし実際は大きなお世話なのだ。なぜなら、このように喧伝されたテストに対し、科学的な思考の持ち主は偏見を抱きがちだからである」。新聞報道によって、ラーソンの装置はもはや彼にはコントロールできない様相を帯びていった。カーディオ＝ニューモ＝サイコグラフは「ライ・ディテクター」――〝嘘発見器〟となったのである。

だが実のところ、彼もヴォルマーも炎を煽り立てるのに一役買っていた。内心では懸念があったにせよ、この時期の彼らが公の場で語った言葉はつねに熱のこもったものだった。ハイタワー事件で慎重な分析をしながらも、ラーソンは自身の技術を「一〇〇パーセント正確」だと断言していた。

ヴォルマーはそれにとどまらず、「誰かが有罪か無罪かは、もはや議論の余地のない問題となった」と書いている。「以前のように「無実の罪で」刑務所に入れられたと泣き叫んでも無駄だ。被疑者が有罪か無罪かは、未来の装置が疑問の余地なく証明するのだから」。これをマスコミにおだてられたせいだ、などと言えるだろうか？

「科学がハイタワーをつぶさに解き明かした方法ほどドラマティックで、私心のない無情なものはなかっただろう。それは彼の鼓動を感じ、脈を測り、呼吸を調べ、肉体の内側に隠れた兆候を探った」と〈コール〉紙の記者エディは書いた。「そしてこれほど公平なものもなかっただろう」

だが実際は、これほど真実から遠いものはなかったのかもしれない。嘘発見器はハイタワーの有罪を証明したかもしれないが、それは完全無欠でも客観的でもなく、そして何よりも、科学的ではなかった。それは社会の欠陥と、その装置をつくった男たちの心の傷をつまびらかに映し出した。そしてまもなくヘンリー・ウィルケンズの事件が、自らの発明品に対するラーソンの信頼を根底から揺るがすのである。

パート３

パシフィック・ハイツ

一九二二年六月九日（金）の朝六時、ヘンリー・ウィルケンズは眠っている子どもたちに別れのキスをすると、そっと家を抜け出し姿を消した。ヴァレホ通りのアパートメントで、彼は緊迫した一夜を過ごした。眠りは断続的で、目を覚ましては「ヒステリックに泣く」ことも度々あり、義理の妹ヘレン・ランゲは彼が自殺するのではないかと案じていた。「彼はもう帰ってこないかもしれません」とヘレンは泣きじゃくった。「一晩中、ヘンリーはひどい状態でした。具合が悪く、苛立ったようすで部屋を歩き回り、自分を傷つけるようなことをするんじゃないかと心配で、私は片時も目を離さずにいました」

悲嘆に暮れる修理工は、妻の死による悲しみまたは罪悪感に苛まれ、家にも職場にもひっきりなしに電話をかけてきては質問を浴びせる報道陣にも、アーサーとウォルターとの関係に新たな疑問を抱き、面通しでなぜ彼らを識別しなかったのかを知りたがる警察にも疲れ果てていた。

カスター兄弟がホール・オブ・ジャスティスから無罪放免されて一週間、彼らの行方はいまだ杳《よう》として知れなかった。二人を釈放したことで、刑事部長ダンカン・マシソンはマスコミに叩かれていた。「まぎれもないへまだったと警察も自覚している」と〈ハンフォード・センティネル〉紙は揶揄した。ヘンリーまで取り逃がすようなことは絶対にしないと心に決めたマシソンは、ランゲから彼を案じる電話を受けると、必ず見つけ出せと部下たちに命じた。

ヘンリーはアパートメントからパシフィック通り一八三七番地のガレージに車を取りに行き、従業員に行き先を告げずにその場を去った。そのあと友人で不動産ブローカーのウィリアム・マクネヴィンを訪ねたのは、ガレージを売却する話を取り決めるためだったのかもしれない。数週間後の六月二五日、三五〇〇ドルで売り出す広告が〈クロニクル〉紙に掲載され、そこには「このビジネスは長年にわたり繁盛していたが、身内に不幸があり所有者がサンフランシスコを離れるため、格安価格にて販売中」と書かれていた。

午前中のうちに、マクネヴィンは警察に出頭するようヘンリーを説得し、自ら署まで送っていった。ヘンリーは明らかに動揺しており、死んでやると脅しをかけた。「もう耐えられない」と彼はマシソンに言った。「落ち着かず、気が高ぶって、不安で仕方がないんです。けさも三時まで電話のベルが鳴りっぱなしだった。片時も休まるときがない。夜も眠れないし、まるで拷問だ」

世論が自分に背を向けつつあるのをヘンリーは知っていた。一部の新聞は、前年の六月にシカゴで起き全国に知れ渡った二重殺人を引き合いに出し、ヘンリーを「第二のカール・ワンダラー」と呼んだ。ワンダラーは妻が「みすぼらしい身なりの見知らぬ男」に殺されたと見せかけ、実際は二人を殺害した罪で死刑を宣告された。アナを殺した犯人が誰であれ、死刑になる可能性が高いことを、ヘンリーは十分に認識していただろう。良い状況ではなかった。

マシソンはどうにかヘンリーを落ち着かせ、一緒に昼食をとる約束を取り付けたが、とりあえず彼の行く先々についていってくれとレオ・バナー刑事に頼んだ。「彼が脅しを実行する恐れがあった」からだと

〈オークランド・トリビューン〉紙は報じた。マシソンはまた、バークレーで支持を得つつある新しい装置を使ったテストを受けることをヘンリーに承諾させた。この装置は必ずや、ヘンリーが置かれた厄介な状況を打開してくれるだろう――もし彼が真実を語っているのならば。

その日の午後、ジョン・ラーソンは嘘発見器を解体して部品を大きなケースに詰め込むと、フェリーで湾を渡りホール・オブ・ジャスティスに向かった。曇り空で街は四六時中霧に覆われ、西から吹く生暖かい風が水面にさざ波を立てるなか、ラーソンは機材運びを手伝う二人の警官と共に湾を渡った。彼は平服姿で――制服はもうずいぶん長いこと着ていない――その日はダークスーツに襟の高い白シャツを着て、小ぶりな丸いフレームの眼鏡をかけていた。

ホール・オブ・ジャスティスに到着すると、彼は花崗岩の堂々たる建物の一階にあるサンフランシスコ市警本部に向かった。オブライエン署長のオフィスに入り、ラーソンと助手たちは黒っぽい木の事務机に装置を設置した。

設置が終わるとヘンリーが部屋に通された。彼は協力的ではあったが、午後のあいだずっと監視されていたせいで不機嫌だった。新聞記者やカメラマン、好奇心旺盛な警官たちで部屋は埋め尽くされ、教会の礼拝のように静かで厳粛な雰囲気に包まれていた。その場にマシソンの姿がないのが目を引いたが、ヘンリーは刑事部長をひどく嫌っているため、その場にいるとテストの妨げになる可能性があるからだと記者たちは説明を受けた。

ヘンリーは黒っぽいズボンにベストを身につけ、薄いピンストライプのシャツに黒いネクタイを締めていた。この服装は彼を妙に小柄に見せ、あたかも妻を失ってから身体が縮んでしまったかのようだった。

茶色の髪は短く小ざっぱりと整えられていたが、疲れたようすで、目の下には隈《くま》ができはじめていた。

ヘンリーは上着を脱いで装置の横の椅子に腰かけ、窓に背を向けて、カメラマンたちの放つフラッシュを浴びながら興味深げに仕掛けを眺めた。「しかし彼の態度は、おしなべて不機嫌だ」と〈エグザミナー〉紙は報じている。「黒い目は陰鬱で、肌のくすみがその暗さをいっそう際立たせている」

ラーソンは彼の向いに座った。二人は観衆に囲まれ、リングに立つボクサーのごとく向き合った。

ヘンリーはシャツの袖をまくり上げた。彼の腕は日に焼けて毛深く、ほっそりした身体つきの割に驚くほど筋肉質だった。装置は彼の左側にあり、左肩の後方には装置に接続された鉄の棒が立っている。細い茎が上部でバルブやダイヤルに枝分かれし、まるで奇妙な木のようだ。彼の横ではチャート用のロール紙が動いている。縦三〇センチ、人間の胴体ほどの幅の紙は、土台の板に固定された二本の回転ドラムに巻かれていた。そして嘘発見器の「幹」からは、付属物がつる植物のようにぶら下がっていた。

ラーソンはヘンリーのウエストに太いゴムのチューブを巻いた。それは彼の横隔膜のあたり、ベストの第二ボタンと第三ボタンの中間におさまった。ラーソンはさらにヘンリーのシャツの左袖を押し上げて、ちょうど肘の上の位置に血圧測定用のカフを取り付けると、三つの小さなバックルで固定した。次に手持ちポンプを使い、適正な圧力がかかるまで空気を入れていく。ヘンリーにとって、それは不快なほどきつく、テストが終わるころには腕が痛くなっていた。

顔をそちらに向ければ、彼には身体の奥底から発するつぶやきが地震の前触れの地鳴りのように、〈エグザミナー〉紙いわく「大西洋横断ケーブルの電信メッセージに似た読めない文字で」記録されていくさまが見えただろう。

ラーソンは、自身が開発した装置はまったく異なる二つのものを測定していると考えるようになってい

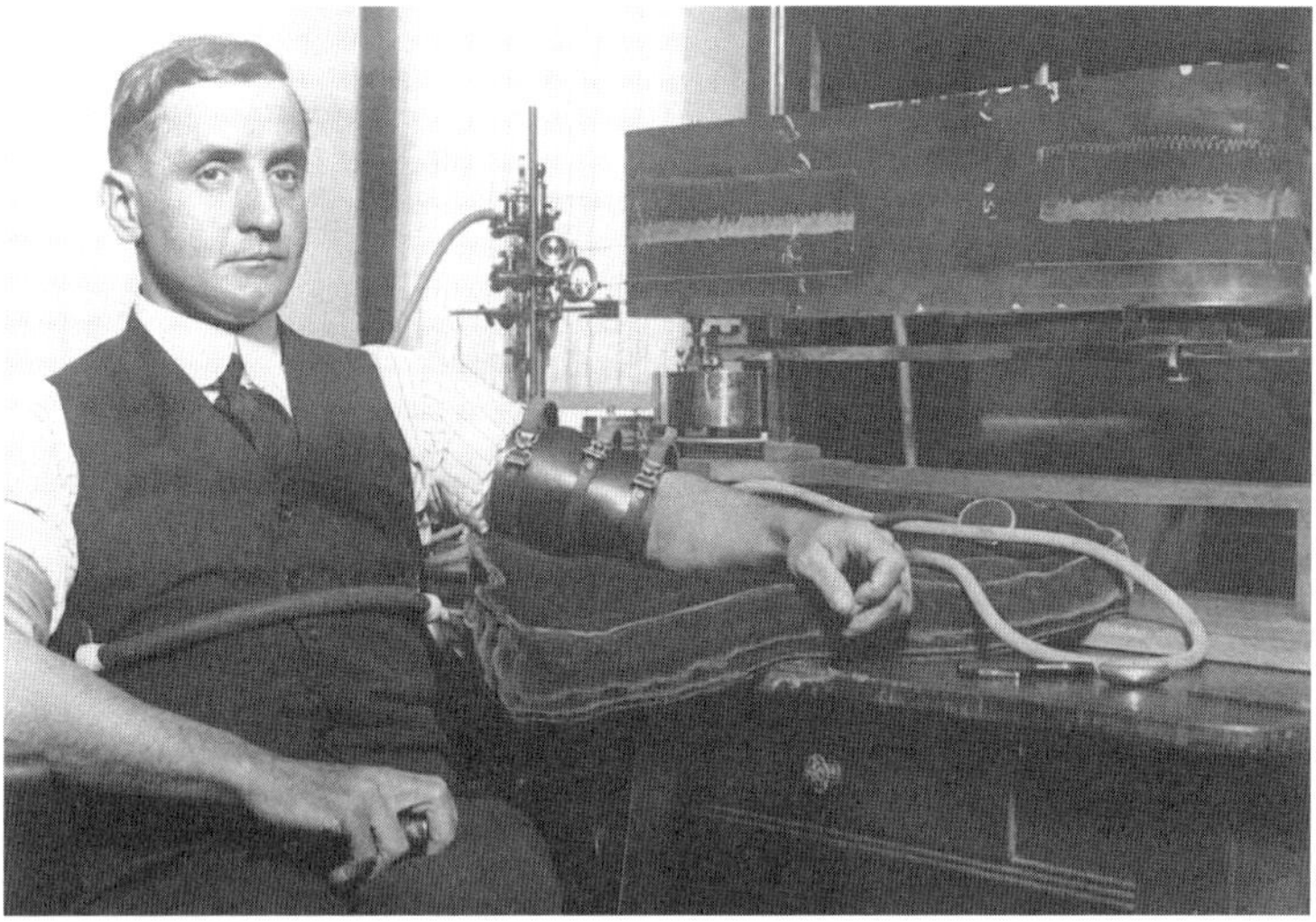
ヘンリー・ウィルケンズ

た。彼の理論では、血圧と脈拍の測定値は自律神経系の情報を引き出した。捕まることへの無意識かつ抑制不能な恐れや、喉や指先に感じた湧き上がる動揺、つまりダニエル・デフォーの言う「血の震え」だ。一方、呼吸はより意識的なもの――たとえば考え抜かれた嘘や意図的な欺瞞を露見させる。つまり、呼吸の変化は「虚偽を述べようとする意識的な準備」を意味すると彼は考えたのだ。

ラーソンは、ヘンリーが左腕を載せるための大きな四角いクッションを装置の横に置いた。被疑者は右手を膝の上に置いたまま、ぎゅっと握りしめていた。部屋は静まりかえり、嘘発見器は独自の儀式によって、すでに神聖とも言える空気を生み出していた。ラーソンは机からペンと小さなストップウォッチを取り出した。これからの数時間が緊迫したものになるのはわかっていた。そしておそらくドラマティックなものになるだろう。ついに真実が明らかにされる時が来たのだ。

「これからあなたをテストします」。被告人に向かって判決を読み上げる裁判官のように、落ち着いた厳粛な声でラーソンは語り出した。「質問に嘘の答えを返すと、即座に記録されることになります。可能ならばすべての問いに「はい」か「いいえ」で答えてください。よく考えて、正直に答えてください」

ヘンリーは部屋を見回し、質問者たちの顔を見た。彼は指示に従うと応じた。

「このテストに異議がありますか？」とラーソンが尋ねる。

「いいえ」。ヘンリーは訛りのある英語で答えた。

「映画は好きですか？」

「いいえ」

「ノイローゼになったことはありますか？」

「はい」

質問をするたびに、ラーソンは回転するチャートにペンでさっと印をつけてストップウォッチをスタートさせ、一分たってから次の質問に移った。

「過度にお酒を飲みますか？」

「いいえ」

「タバコは吸いますか？」

「いいえ」

「幻覚を見たことがありますか？」

「いいえ」

長い休止のあいだ、部屋の中で聞こえるのはラーソンのストップウォッチがカチカチと鳴る音と、ヘンリーのゆっくりとした呼吸の音、そしてそれをポリグラフチャートの煤紙に転写していくペンのスクラッチ音だけだった。

テストの序盤は不調だった。ヘンリーの血圧は高く、彼はしきりに目を閉じ、椅子の上でもぞもぞと動いていた。彼は自身の身に降りかかった悲しみを、そしてこのおかしな状況を呪った。あまりに極端な測定値が出たため、テストを三度も中断しなければならなかった。ヘンリーは脱力感を訴え、朝から何も食べていないと言った。

しかしラーソンが対照質問を続けるうちに（「アウトドアスポーツは好きですか？」、「はい」、「本は好きですか？」、「いいえ」）、ヘンリーは目に見えて落ち着いてきて、線も安定し、急な山や谷からなだらかな丘に変わった。そして開始から一五分たつころには血圧も二〇ポイント下がり、心拍と呼吸も平常のパターンになった。

ラーソンがちらりと見ると、オブライエン署長は次の質問リストに進めと合図を返した。ヘンリーが無実の被害者か狡猾な犯罪者かを見極めるための質問だ。そこには対照質問と同じ数の問いが並んでいたが、今度はすべてアナが死亡した晩に関わるものだった。それぞれの問いに続く一分間の沈黙のあいだ、ラーソンはロール紙に目を凝らし、手がかりを探した。マーストンは水銀柱が一五ミリメートル下がれば嘘を示す明らかなサインだと見なしたが、ラーソンもまたチャートを読み解く独自の方法を編み出していた。

「強盗について、事前に何か知っていましたか？」

「いいえ」

ペンはゆっくりと踊りつづけた。

「この質問で嘘をつきましたか？」

「はい」

部屋中が――ヘンリー以外の全員が――固唾《かたず》を呑んだ。テストで嘘をついたと自分がたった今認めたことに、ヘンリーはまったく気づいていないように見えた。ラーソンはオブライエンに鋭い視線を送ったが、そのまま続けた。この手のものにはリズムがあり、それを守ることが重要だからだ。

「殺害されたとき、ミセス・ウィルケンズは手袋をはめていましたか？」

「いいえ」

「この殺人を実行させるために誰かを雇いましたか？」

「いいえ」

どの質問でも、ヘンリーは犯行に関する認識を否定した。チャートは回りつづけた。

「アーサーまたはウォルター・カスターを知っていますか？」

「ひとりは知っています」

「それはどちらで、いつから知っていましたか？」

「ウォルターです。五、六カ月前から」

「この殺人について、カスター兄弟と何か取り決めをしていましたか？」

「いいえ」

「三人目の男について何か知っていますか？」

「いいえ」

「ダッジを最初に見たのはいつですか？」

「最初に横付けされたときです」

「強盗は若い男たちでしたか？」

「はい」

「彼らを認識できましたか？」

「できたと思います」

「三八口径の銃を所持していたことはありますか？」

「いいえ」

「これらの質問に対して嘘をつきましたか？」

「いいえ」

「答えを変更したいですか？」

「いいえ」


緊張による最初の波乱のあとは、テストのあいだヘンリーの血圧はずっと低いまま維持された。心拍数と呼吸数にも乱れはなく、テストの最後にオブライエンが、最初の質問で嘘をついたと認めたのは意図的だったのかと尋ねたときだけ大きく跳ね上がった。ヘンリーは驚いた顔をして、脈が上がり、そのあといいえ、もちろん嘘などついていません、質問を誤解しただけですと釈明した。

テストが終わるとラーソンはヘンリーの腕に巻いたカフを緩め、二人で撮影用にポーズをとった。その後、判定を聞きたい記者たちがラーソンのもとに押し寄せた。「ウィルケンズは非常に神経質な性格です」と彼は語った。「彼は快くテストを受けましたし、結果を見ても、真実を語ったと私は確信しています。チャートの途切れはひとつもなく、彼の回答は速やかでした」。一見したところ、ヘンリーは真実を語っているように見えた。

マスコミにとってはそれで十分であり、各紙は結果を第一面で大々的に報じた。〈エグザミナー〉紙は、ラーソンが結果を解説するコラムに「ウィルケンズ、科学と対決。科学が彼の真実を証明」という見出しをつけた。

「肯定すれば殺人への関与が示唆されたであろう重大な質問も、他愛のない質問以上の影響は与えなかった。記録にざっと目を通し、被験者を短時間観察した限り、結果は捜査中の犯罪へのウィルケンズの関与を示唆するほどの重要性はもたないように思える」とラーソンは書いた。また、ヘンリーは嘘発見器と「互角の勝負に挑み、みごと大勝利を収めた」とする記事もあった。

ところがその晩、チャート全体を見たラーソンは「疑わしい」と考えた。バークレーに戻ってレナード・キーラーとガス・ヴォルマーに見せると、二人も「それぞれ、ウィルケンズは有罪かもしれないと感じた」が、このときヴォルマーはすでに、ヘンリーの無実を確信していると〈ガゼット〉紙に語っていた。ラーソンは、ヘンリーがテストの序盤に見せた極端な動揺が気になった。また、見物人もカメラも多すぎたと感じていた。「彼の記録は気が散る要素が多いときの典型的な反応を示しており、解釈が難しかった」と彼は著書で述べている。だがひとまず、彼は疑念を自分の胸にしまっておくことにした。これは有名な事件であり、彼は嘘発見器の成功を望んでいたからだ。

その後の数年間で、ポリグラフ検査は口を割ろうとしない被疑者から自白を引き出すのに有効な手段となっていく。しかしヘンリーの記録は決め手に欠け、カスター兄弟がいまだに消息不明で確かな証拠がほとんどないことから、オブライエンとマシソンは彼を逮捕する根拠が得られずにいた。マシソンは記者団に対し、「私は〝嘘発見器〟によるテストを実際に見たわけではありませんが、ラーソン博士によると、被疑者は殺人に関する質問に絶対的な真実を語ったようです。あの機械によって、彼にかけられたあらゆる嫌疑は晴らされるでしょう」と語った。

だが内心、マシソンは新たに目をつけた第一被疑者をあきらめきれずにいた。カスター兄弟を無罪放免にしたことでマスコミに物笑いの種とされた彼は、機械がなんと言おうとヘンリーを取り逃がすつもりはなかった。地区検察局もまた、ヘンリーのまわりに張った網をたぐりはじめていた。ガレージのオーナーをその妻の死を結びつけることができれば、世間から注目を浴びる大手柄となる——野心的な地区検事マシュー・ブレイディはそう直感していた。

その夜、ようやくホール・オブ・ジャスティスをあとにしたヘンリーは、装置につながれていた腕にまだ疼きを感じながらも、肩の荷が下りたようにほっとしていた。だが彼は尾行されていた。

午後八時数分前、ヘンリーはパシフィック通りのガレージを出て、自宅とは反対方向の西に向かって歩き出した。地区検察局の捜査官ミルトン・コーエンは、ホール・オブ・ジャスティスから彼を尾行してきた。どこに行き、誰と会うのかを探り、嘘発見器が失敗に終わったかに見えるなか、昔ながらの捜査手法がうまくいくかどうかを確かめるためだ。

コーエンはすでにヘンリーを追ってバーに行き、彼の自宅に戻り、買い物に出かけ、次にガレージに行った。そしていま安全な距離をとりながら歩調を合わせてついていくと、ヘンリーはパシフィック通りを二ブロックほど進み、登り坂にさしかかった。数分後、彼は今にも壊れそうな路面電車に乗り込み、坂をさらに上っていった。コーエンはタクシーを止め、路面電車を追ってほしいと告げた。電車はゆっくりと坂を上り、西のパシフィック・ハイツやプレシディオ方面に向かっていた。

ヘンリーはその路線の終点であるパシフィック通りとブローデリック通りの角で電車を降りた。電気の街灯がともりはじめたが、その明るい光の海には、ところどころほの暗い闇がちりばめられていた。タクシーは少し離れた目立たない場所に止まった。コーエンが片時も目を離さず見張るなか、ヘンリーは街灯の下に立って道の左右に目をやりながら、走り過ぎていく車を見ている。

するとまもなく、泥まみれのフォードが彼に近づいた。後部座席の窓にはカーテンが引かれ、汚れがひどくナンバープレートは判読できない。車は止まらずにスピードだけを緩め、誰かが助手席から飛び降りた。車はそのまま走り去ってブロックの角を曲がり、さっき降りた痩せた金髪の男がヘンリーに歩み寄った。コーエンは衝撃を受けながら見つめていた。それはロバート・カスター――逃亡中のウォルターとアーサーの兄で、自身もかなりの犯罪歴をもつ男だった。

一九一八年九月、ロバート――彼はウォルターの二歳上でアーサーの四歳上だった――は故殺罪で告発された。彼はヘーゼル・パワーズという既婚女性と五カ月のあいだ同棲していた。彼女の夫は機関銃大隊のラッパ手としてフランスで従軍していた。

ある朝、不倫関係にある二人は一緒に暮らす一〇番通りの家で喧嘩をした。隣人のひとりは、金銭がらみか嫉妬に駆られての喧嘩だろうと考えた。最初のうちはカップルと一緒にウォルターも住んでいたが、パワーズに注意を払いすぎるという理由で、ロバートは弟を追い出したのだった。

その隣人は叫び声を聞き、次に銃声を聞いた。ロバートがパワーズの頭を撃ったのだ。彼女は部屋の隅で意識を失った状態で発見され、右のこめかみには銃創があった。あたりには服が散乱し、ロバートがスーツケースに荷物を詰めていたことがうかがえた。パワーズを撃ったあと、ロバートは自分自身に銃を向けた。彼は胸に穴があいた状態でよろよろと表玄関から外に出ると、銃声を聞いた消防士に「俺のことはいい、かみさんを撃ってしまった」と言った。だが驚いたことに、銃創を負いながらもロバートは生き延びた――そしてさらに驚いたことに、裁判後すぐに保護観察で釈放されたのだ。

ロバート・カスターとヘンリー・ウィルケンズは西のベイカー通りのほうに向かって半ブロックほどぶらぶらと歩いていくと、また別の街灯の下で立ち止まった。ミルトン・コーエンはそっと歩を進め、二人を観察した。明かりに照らされて、ヘンリーがポケットから何かを取り出し、ロバートに手渡すのをコーエンは見た。

声の届く距離に近寄ることができたなら、殺人事件のことを話しているのが聞こえただろう。そしてヘンリーがロバートに、その日の午後に嘘発見器にかけられるという面白い経験をし、みごとパスしたことを自慢げに語るのが聞こえただろう。

ヘンリーとロバートはもうしばらく話していたが、そのあとヘンリーが急に身を翻し、肩越しに振り返りながら、路面電車が止まるブローデリック通りの停留所のほうに戻る形で歩き出した。「怪しいセダンがあると彼に教えた。俺たちの後をつけていると思ったんだ」と、ロバートはのちに説明した。「彼はパシフィック通りの電車のほうに走っていった」

コーエンは走り書きでメモをとった。ヘンリーが認めた以上のストーリーがあるのは間違いなかった。何日ものあいだ、彼はウォルターとアーサーとは会ったこともないと否定してきたが、今は彼らの兄と何やら密談しているように見えた。

ジョン・ラーソンと彼の嘘発見器は真実を引き出せず、この失敗はまもなく恐ろしい結果を招くだろう。だが当面、地区検察局のブレイディに報告してカスター兄弟の捜索の進展を待つ以外、コーエンにできることは何もなかった。すでにほぼ日は落ちて、調査結果を伝えにホール・オブ・ジャスティスに向かうタクシーの中から、路面電車のほうに足早に下っていくヘンリーの姿が最後に見えた。消えゆく光の中で、黒っぽい彼の姿が長く柔らかな影を落としていた。

樹液とおがくず

サンフランシスコから北に四八〇キロ、ハンボルト湾に面した緑あふれるゴールドラッシュの町ユリーカで、ウォルターとアーサーは再出発しようとしていた。

六月一日にヘンリー・ウィルケンズが警察の面通しで自分たちを識別しそこなったあとホール・オブ・ジャスティスを出てすぐに、彼らは街から逃げる計画を立てた。ウォルターはすぐにでも実行したかったが、アーサーは朝まで待ったほうが安全だと考えた。また、彼らには出発前に会わなければならない人がいた。

六月二日の早朝、まだ暗いうちに——裁判でのアーサーの証言によると、午前六時を回っていなかった——兄弟はヘンリーの家に到着した。その日はアナの葬儀の日で、ハースト・ビルディングにある〈エグザミナー〉紙のオフィスでは、カスターの取り調べを第一面で大々的に報じる初刷りが印刷されていた。再び疑惑の的になる前にサンフランシスコを離れなければならない——だがまずは、警察が認識できない逃走用車両が必要だ。そして彼らは、ヘンリーにその費用を支払わせたかった。

玄関先で簡単に言葉を交わしたのち、寝ぼけ眼《まなこ》のヘンリーは——彼はまだパジャマ姿だった——ウォルターにいくらか現金を渡し、兄弟は兄ロバートが売却しようとしていたフォードを取りに彼の家まで車を走らせた。そして自分たちのナショナル車をそこに残して再びヘンリーのところに戻ると、フォードの代金として二五〇ドル払うよう交渉した。ロバートはウォルターから五〇ドルを受け取り、ヘンリーは後日残りの二〇〇ドルを払うと約束した（六月九日のポリグラフ検査のあと、ミルトン・コーエンはヘンリーがそれを手渡すのを目撃することになる）。

交渉がまとまると、ヘンリーは家の中に戻って妻の葬儀の準備を進めた。一方、ウォルターとアーサーは手の込んだ逃避行に乗り出した。彼らはタクシー、買ったばかりの車、ヨットを乗り継ぎ、ゴールデンゲート海峡――サンフランシスコとマリン郡を隔てる幅約一・六キロの入り江――を渡って北のサウサリートに逃げた。

兄ロバートはフォードに乗ってそれぞれの家に行き、二人の身の回り品とアーサーの若妻メアリ・フォルティノをピックアップすると、フェリーに乗ってサウサリートに渡り、フォードを引き渡した。

アーサー、ウォルター、メアリの三人はそこから車で北上し、街をあとにした。外の景色が、なだらかな農地からレッドウッドが密生する森林地帯へと徐々に変わっていく。現在のハイウェイ一〇一で海岸沿いを北上し、ユーカイア、ウィリッツ、フォート・ブラッグを通過すると、そこから曲がりくねった登り坂に入り、かつては金探鉱者たちが川で砂金を採り、今は伐採人たちがのこぎりをふるう森を抜けていった。

六月四日（日）に彼らはユリーカに到着し、アパートメントを借りて仕事を探しはじめた。アーサーはすでに妻を伴っていたが、ウォルターにもまもなく驚くべき伴侶ができる――それは兄ロバートの妻だった。アニー・ダウンズは二〇代後半で、繊細な鼻と大きな目をもつ丸顔の女性だった。彼女は長年にわたりカスター兄弟と――最初はロバートと、次にウォルターと――複雑な恋愛関係にあった。「第一ラウンドではウォルターがボブ〔ロバート〕に敗れたが、その結婚はとりたてて幸福なものではなく、アニーはついにボブのもとを去り、ウォルターと暮らすようになった」と〈サクラメント・ビー〉紙は報じた。

一週間ほど、四人はうわべだけは普通の暮らしを楽しんだ。彼らが借りたアパートメントはユリーカの中心地、四番通りとJ通りの角にある郡拘置所から一ブロックの場所にあり、そこから徒歩圏内にある青緑色の水をたたえたアーケータ湾では、葦のあいだをミソサザイやハゴロモガラスが飛び交い、切り倒されたレッドウッドの木を切り分けて南へ送り出す波止場には、樹液とおがくずの匂いがたちこめていた。

男たちは「ファウラー」という偽名で仕事を探し、サンフランシスコ市警の詮索の目から逃れて新生活を築こうとした。しかし、地元警察が動き出すのにそう時間はかからなかった。

新聞各紙はそれを、アニー・ダウンズが無謀にも、ユリーカで見知らぬ人々とウィルケンズ事件の話をしたせいだと報じた。だが実際は、六月一二日（月）に兄弟が地元のガレージでフォードを売却しようとして自らボロを出したのだった。

二人はいずれもファウラーを名乗って暮らしていたが、車の所有者証――ロバートが署名してウォルターに譲渡し、二人に郵送したもの――には、まだ「カスター」と書かれていた。ガレージの経営者はウィルケンズ事件で新聞に載ったその名前を覚えていたため、車の手付金として二人に一〇ドル渡して明日また来るようにと言い、地元の保安官アーサー・ロスに通報した。

ロスが問い合わせたところ、カスター兄弟はアナ殺害に関しては正式に指名手配されていないが、アーサー・カスターに逮捕状が出ていることがわかった。前年の冬に、彼はサンフランシスコの複数の肉屋で「C・ファウラー」の名で署名した偽小切手を振り出した罪に問われていた。〔前の週に警察に拘留されていたときに、この件でなぜ逮捕されなかったのかは定かでない。ウィルケンズ事件で尋問するために彼をサンフランシスコに連れ戻そうと、ダンカン・マシソンが捜索を再開させた可能性もあるが、単にサンフランシスコ市警の組織的連携が不十分で、すぐに関連性に気づけなかったせいかもしれない。）

翌朝、兄弟は再びガレージを訪れ、アーサーはその場で逮捕された。ロスから電話を受けたサンフランシスコのマシソンは、ウィルケンズ事件の尋問を行なうためアーサーをサンフランシスコに連れ戻すよう、すぐにチャールズ・マー刑事をユリーカに派遣した。

しかしウォルターのほうはなんとか逃げおおせた。彼はその日のうちに郡拘置所にいるアーサーに面会し、そのあと彼とアニーがフォードで町を出るのが目撃された。逃亡者とその愛人はすべてを残し、レッドウッドの森を抜けて北に向かった。

一九二二年六月一九日（月）の朝、ユニオン・スクエアにある〈セントフランシス・ホテル〉のコロニアル・ルームで、オーガスト・ヴォルマーはいつになく緊張しながら大勢の人々の前に立っていた。

このホテルはサンフランシスコの富裕層のたまり場――鉄道王や石油王、サイレント映画のスターたちが顔を合わせる場所だった。九カ月前に女優のヴァージニア・ラッペがファッティ・アーバックルの部屋で最期を遂げたのもこのホテルだ。光沢のある大理石の装飾が施された壁には、金の額縁に入れられた絵画が何枚も飾られていた。

ヴォルマーは、国際警察長協会（ＩＡＣＰ）の第二九回年次総会の開会を宣言しようとしていた。いま彼の目の前にいるのは、世界屈指の優秀な警察関係者たちだ。この総会は一年間の努力の集大成であり、一九二一年にＩＡＣＰの会長に選出されたヴォルマーは、西海岸での初の総会開催に向けて尽力してきた。デンマーク、オーストラリア、ハワイからの参加者も含め、二六〇の都市から代表者が集まった。彼は会の成功を心から願っていた。

最初に大司教のエドワード・ハナが祈りを捧げ、続いてオブライエン署長と〝サニー・ジム〟の愛称で知られるサンフランシスコ市長ジェームズ・ロルフ・ジュニアのスピーチがあり、そのあとヴォルマーがステージに上がり開会を宣言した。

それから四日間にわたり、ショットガンの発砲から車を守る最善の方法や、犯罪者のサイコパス的性格と彼らが環境から受ける影響など、さまざまなテーマが話し合われた。「唯一盛り込まれなかったのは、飛行機泥棒に関するテーマだけ」だと、会に先駆けてヴォルマーは新聞各紙に語った。「我々はまだ飛行機泥棒に対処する必要がないからね。もっとも、あと数年たって飛行機も自動車と同じくらい普及すれば、その必要が出てくるかもしれない」

この会合はヴォルマーにとって、自身がバークレー警察に導入した新たな手法を昌道するチャンスでもあった。彼は集まった警察長たちに、個人識別ファイルの国内データベースを構築し、犯罪心理学を学び、そして当然ながら、嘘発見器を導入するよう熱心に勧めた。

総会初日の午後、ジョン・ラーソンはホテルの屋上で、麻のスーツにカンカン帽をかぶった超満員の大観衆を前に装置をセットした。

今回はヴォルマーもラーソンも傍観し、オブライエン署長が被疑者役となり、ポリグラフ検査は有名な私立探偵社の社長であるウィリアム・ピンカートンが行なった。(恰幅の良い七七歳のウィリアムは、探偵社の創始者アラン・ピンカートンの息子だった。アランは一八六一年、大統領就任式直前にエイブラハム・リンカーンの暗殺計画を阻止し、一躍有名になった。)

そのころ数ブロック離れたホール・オブ・ジャスティスでは、オブライエンの同僚たちが、嘘発見器に

ジョン・ラーソン（中央に立つ）とオーガスト・ヴォルマー（右に立つ）が見守るなか、
ポリグラフにつながれたダン・オブライエン署長を尋問するウィリアム・ピンカートン。

は果たせなかったことに取り組んでいた──つまり、ヘンリー・ウィルケンズの事件を進展させようとしていたのである。彼らはユリーカで逮捕され鎖につながれてサンフランシスコに帰還したアーサー・カスターを尋問した。いま彼は、建物の上層階の数フロアを占める郡拘置所の連邦棟にある〈一号房〉にいた。中央の中庭を囲んで何段も積み重ねたように檻が並び、各階ごとに細い通路が通っている。そこはまるで、市の囚人《ジェイルバード》たちのための鳥小屋だった。

アーサーは小切手詐欺の罪で告発され裁判を待っていたが、何度も尋問され、嘘発見器にかけると脅されても、アナ・ウィルケンズの殺害については無実を主張しつづけた。彼は当初のアリバイに固執し、ハドソンのツーリングカーのことは何も知らないとマシソンに言った。その車はウォルターの名前でレンタルされたもので、殺人事件の晩に目撃された車と一致していた。マシソンはウォルターが発見されることに望みを託していた。彼は六月一七日に記者団に対し、「二、三日中に彼をこの場に連れ戻せるでしょう」と語っている。

その翌日、警察はアーサー・ハーブストと妻のマーサから二万五〇〇〇ドル相当の宝石と毛皮を奪った被疑者四人を逮捕した。このカージャック事件は、アナが殺害される一週間前に市の同じ地域で起きていた。逮捕されたとき男たちがハドソンを運転していたことから、ヘンリー・ウィルケンズに面通しさせる長い被疑者リストに彼らも加えられることになった。

ポリグラフ検査の翌朝、ヘンリーと子どもたちはマスコミの疑惑の目から逃れるため、サンフランシスコを離れてレッドウッド・シティに向かった。警察には、友人のウィリアム・マクネヴィンを通じて連絡がつくと伝えてあった。すると警察は実際に連絡し、マシソンの部下たちが新たに誰かを逮捕するたびに、その顔をじっくり拝ませるために幾度となく彼を街に呼び戻した。

しかしヘンリーは、六月一八日に見せられた四人の男にも、ここ一カ月で何度も行なわれた面通しで見た他の何十人もの男たちにも、誰ひとり見覚えがなかった。新たな配列で被疑者たちを見せられるたびに、ヘンリーの目はアーサー・カスターを素通りし、アーサーもまた頑として口を割らなかった。

警察はヘンリーとロバート・カスターの密会をまだ知らなかった――地区検事マシュー・ブレイディは、今はまだその情報を内密にしておこうと決めていた。

そういうわけで、何度面通しをしてもヘンリーは首を横に振るばかりで、マシソンと部下たちは振り出しに戻りつつあった。しかし彼らが悪戦苦闘する一方で、ブレイディはあるプランを実行に移そうとしていた。

六月の最終週、ある一〇代後半の少年が警察に連行され、監房から引っ張り出された常連の犯罪者たちに混じって面通しの列に加わった。ヘンリーはもうすっかり慣れたようすで列の前を通り、その場にいる警官たちは、またいつものように首を横に振られる覚悟でいた。ところが今回、ヘンリーは立ち止まった。被疑者を除外するたびに自分の包囲網が狭められていくのを彼は知っていた。ヘンリーは入念に新入りの顔を見ると、ついに「あの男のような気がします。きっとそうです」と言った。

愕然とした少年は、アーサー・カスターの二つ隣の監房に入れられた。その夜、郡拘置所の明かりが消えると、アーサーは暗くなった建物にこだまする少年のむせび泣きを聞いた。「ああ、神様。僕はやっていません」と少年は泣いた。「みんなで僕に罪を着せようとしているんです」

アーサーには申し分のない状況に思えた。彼はいまだ偽小切手の罪に問われてはいたが、新顔のこの少年が――どこの誰かは知らないが――アナ殺しの疑いを自分からそらしてくれるだろう。しかし、アーサーは兄ほど無情な人間ではなかった。一緒に監房に連れ戻されるときに少年が自分に言ったことが頭から離れない。「僕は絞首刑になるんだろうな」と悲しげに少年は言ったのだ。「でも神様はご存じだ、僕は何もしていない」

良心の呵責でアーサーは眠れなかった。面長の顔をしかめて夜通し監房の中を歩き回り、ようやく眠りに落ちても、夢の中で「小鬼と悪魔」に苦しめられた。ついには眠るのをあきらめて硬いベッドに腰かけていると、そのうちに窓の鉄格子からうっすらと夜明けの光が射し込んできた。

その朝、面会に来た母親のミニーに、「無実の少年がここに入れられてるんだ」と青い目に涙をいっぱい浮かべてアーサーは言った。彼は監房の床にがくんと膝をつき、母親にすべてを打ち明けた。

殺害の当日、レンタルしたハドソンのツーリングカーでウォルターが朝の五時半ごろに迎えにきた。アーサーは何をするのかを兄から聞かされておらず、単にちょっとした仕事の手伝いが必要だと言われ、「手に入る五〇〇ドル」を山分けすると約束された。

二人は正午ごろにフェルトンに到着し、ウォルターはそこでハイウェイを降りて未舗装の道に入り、しばらくして道路脇の大きな木の下で車を止めた。その場所は、木と鉄条網のフェンスで線路と隔てられていた。ウォルターは車から降り、フェンスの穴をくぐって線路の土手に登った。そこからヘンリー一家がキャンプをしているフェルトン・オートパークが見下ろせた。

アーサーは兄が線路沿いを行ったり来たりしているのを見ていたが、やがて木に隠れてその姿が見えなくなった。ウォルターは数分後に戻ってくると、ヘンリー・ウィルケンズに合図を送ったと言った。少したって、ヘンリーがフェンスの別の穴から現れた。その穴は車の場所から七〇メートルほど後方にあり、彼は手にバケツを持っていた。アーサーは車内にいて、ウォルターとヘンリーが軽く言葉を交わすのをミラー越しに見ていた。戻ってきたウォルターの手には丸めた札束が握られていた。「四時までこのあたりにいてほしいとさ」と彼は言った。

兄弟はフェルトンの町に行き、アーサーがオレンジジを半ダースと〈パナマ・クリームズ〉というお菓子を二パック購入した。そのあと二人はまたフェンスの穴のところに戻り、買ったものを食べ、しばらく座って時間をつぶした。一度アーサーは車を降り、ハドソンをピカピカになるまでしっかり拭き上げ、あとはまた座って過ごした。

「ずっと待っているうちに、線路の向こうのオートパークから人の声や歌が聞こえてきた」とアーサーは振り返った。「車から降りてフェンスをよじ登り、土手を這い上がって向こうを眺めると、すぐ近くにウィルケンズが見えた。近くに子どもたちもいて、彼は歌ってた。俺はまた土手を下って車に引き返した」

午後四時ごろ、二人はエンジンがかかる音を聞いた。ウォルターはフェンスの穴をくぐって偵察に行き、戻ってきたとき、その目には妙な表情が浮かんでいた。「連中が出発するぞ――行こう」と彼は言った。

「パパッとやっちまおうぜ」

「どういう意味かわからなかった」とアーサーはのちに語った。「わかってたら、俺がその場で兄貴を殺しただろう」

アーサーはハドソンを発進させ、オートパークの入り口付近まで進めた。しばらく待つと、ウォルターがウィルケンズ一家の乗る黄色いプレミアを指差し、あの車の後をつけろと言った。ウィルケンズたちの車列がアイスクリームを食べるためにサラトガで止まると、兄弟もそれにならった。アーサーはアイスクリームスタンドでコーンを二つ買い、そのとき隣のスタンドに行くヘンリーたちの一行とすれ違った。ウォルターが運転を代わり再び道に出たときには、すでにあたりは暗くなりはじめ、アーサーはヘンリーの車のストップシグナルが何度も点滅しているのに気づいた。

坂を上り街に入ったとき、ウォルターはアーサーに運転を代われと言い、ヘンリーの車を道路脇に追い込めと指示をした。

「なんのために？」とアーサーは訊いた。

「すぐにわかるさ」とウォルターは言った。「慌てるな。銃声がして俺が戻ってきたら猛スピードで発進しろ」

アーサーが後方の闇を覗き込んでいると、悲鳴と銃声が聞こえ、そのあと霧の中から幽霊のようにウォルターが現れた。彼は車に飛び乗ると、呆然とする弟に「早く行け、行け、行け！」と怒鳴りつけた。ウォルターは空っぽの財布を握りしめていた。彼はそれを腹立たしげにアーサーのほうに突き出し、「あの野郎、騙しやがった」と叫んだ。

「いったい何があったんだ、ウォルター、銃は誰が撃ったんだ？」とアーサーも叫び返す。

「気にするな」と兄は答えた。「とにかく急いでここから離れろ」


ミニー・カスターは気まぐれな息子たちの愚行にはもう慣れっこで――生気のない青い目には、うんざりした表情が浮かんでいた――アーサーの話を聞いているあいだ、ほとんど何も言わなかった。けれども彼女は何が正しいかを知っていたし、警察官だった亡き夫ならば、この情けない状況をどうしたいと望んだかもわかっていた。「自分がどうなろうと、本当のことを話しなさい」と、彼女は息子に自白を勧めた。「罪のない少年を刑務所送りになんかしちゃいけないよ」

しかし次の日になり、一日が過ぎても、アーサーはまだ自白しなかった。その夜、明かりが消えると、彼の耳に嘆き悲しむ少年の声が再び聞こえてきた。その泣き声は銃弾のようにアーサーを貫いた。「あの少年が監房で泣いているのが聞こえると、耐えられなかった。彼が無実なのはわかっていたから」とアーサーは言った。

翌六月二五日（日）の晩、キャサリン・オコナーという女性警官が、ウィルケンズ事件に関してアーサーを再び尋問した。

オコナーは四〇代後半で、一九一三年に市が初めて女性警官の採用を決めたとき、彼女はホール・オブ・ジャスティスでソーシャルワーカーとして働いていた。最初のうちは一〇代の非行少女の世話や殺人被害者の寡婦のなぐさめ役など、女性相手の仕事だけを任されていたが、懐疑的な同僚たちにたちまち実力を見せつけ、まもなくギャングがらみの銃撃事件から謎の失踪事件まで、ありとあらゆる事件で補佐役を務めるようになった。ウィリアム・ハイタワーがヘスリン神父の遺体を埋めたサラーダ・ビーチの近くにある「ミステリー・キャッスル」で営まれていたもぐりの堕胎クリニックの摘発でも、彼女は重要な役割を果たした。そして今、彼女は地区検察局と連携して動いていた。

オコナーの明敏なハシバミ色の目は、すべてを見抜いていた――アーサーの顔に浮かぶ眉間のしわ、赤い目、そして弁護士を伴っているという事実。そこから、ついに話す気になったのだと彼女は察した。

「ウィルケンズが無実の男に殺人の罪をなすりつけるのを見たくなかった」とアーサーは言った。

オコナーは午前四時までに一〇ページに及ぶ供述を引き出し、書面の各ページの下にアーサーは署名した。彼はオコナーに洗いざらい語り、そのあと地区検事のマシュー・ブレイディと検事補のイシドア・ゴールデンにも同じ供述をくり返した。

話し終えた彼が監房に戻されると、二人の男は顔を見合わせ苦笑した。嘘発見器は事件を解決できなかったが、アーサー・カスターはもっとずっと単純なトリックで落ちた。近くの監房で泣きじゃくる少年は、じつは被疑者ではなかった。アーサーに罪悪感を抱かせ自白に追い込むために、地区検察局によって送り込まれていたのだった。

第三度

サンフランシスコから約一六〇キロ北に位置するリゾート地セイグラー・スプリングスに来て、ヘンリー・ウィルケンズはようやく緊張がほぐれつつあった。彼は子どもたちと義妹ヘレン・ランゲと共に山の風景や地下から湧き上がる澄みきった水の美しさを味わいながら、心穏やかに数日間を過ごしていた。アナが亡くなってから初めて、胸の苦しさが消えはじめ、トンネルの出口に光が見えたような気がした。このときホール・オブ・ジャスティスで起きていたことも、自分を飲み込もうとしている混乱の渦についても、彼はまだ知らなかった。

アーサーが自白した翌日、六月二七日の朝、ヘンリーが一家のテントの外に立っていると、四人の男がやってくるのが見えた。彼の車は近くに停めてあった。警察から取り戻したあと、彼はシートの生地についた血の染みを必死になって落としたのだ。

ヘンリーは遠くから一行を見つけた——スーツにネクタイというでたちは、大自然に囲まれた環境とは不釣り合いだった。さらに近づいてきて、地区検事マシュー・ブレイディの白髪と力強い足取りに気づくと、ヘンリーの背筋に冷たいものが走った。

ブレイディは柔らかい地面を踏みしめながら、ヘンリーのほうに向かって歩いてくる。〈エグザミナー〉紙の記者オスカー・ファーンバックと、堂々たる体格をした二人の男が一緒だった。男たちは至急話があると言い、ひとりが「こっちに来い、お前に用がある」とヘンリーの腕を乱暴につかんだ。

それは「過酷な取り調べ」だった。「帽子も上着もないまま」男たちに力ずくで子どもたちから引き離されたとヘンリーは主張した。彼らはまず近くの街レイクポートに、そのあとははるばるサンフランシスコまでヘンリーを連行した。

しかし正規の取り調べのためにホール・オブ・ジャスティスに行くのではなく、一行が向かったのは〈セントフランシス・ホテル〉の一室だった。そこはちょうど一週間ほど前、オーガスト・ヴォルマーが嘘発見器を中心に据えた人道的な捜査手法を昌道した場所だった。

しかし、その警察署長たちはもういない。「何時間も厳しく問い詰められ」、その間ブレイディと補佐たちはウイスキーを飲んでいたとヘンリーは語っている。ブレイディと一緒にいた数時間のあいだにヘンリーの身に何が起きたのかはわからないが、翌朝五時二〇分に、ヴァレホ通りにある彼のアパートメントに救急車が呼ばれた。ヘンリーは激しい腹痛を伴う「急病を発症」してセントラル救急病院に搬送され、「急性虫垂炎」と診断された。（彼は警官に付き添われ、偽名で診察を受けた。）

ヘンリーはその後、第三度を行なったとしてブレイディと部下たちを告発した。警察による残虐な取り調べを意味する「第三度《サード・ディグリー》」という言葉はよく、一八八〇年代にニューヨークの刑事だったトマス・バーンズに由来すると言われる。残虐な取り調べから「第三度のバーンズ」（おそらく第三度熱傷《サード・ディグリー・バーンズ》とかけている）の異名をとったバーンズは、頑なな被疑者に対して徐々に度数《ディグリー》を上げていったとされている。第一度は説得、第二度は脅し、そして第三度は苦痛だ。しかし実際はフリーメイソンの入会の儀式から来た呼び名で、序列第三位《サード・ディグリー》のマスターメイソンになるために候補者が受けなければならない厳しい審問に由来する。ブレイディがアーサー・カスターに使ったような心理学的トリックから、一線を越えて拷問の領域に入るテクニックまで、一九二〇年代までの警察はさまざまな第三度の手法を使いこなしていた。

ジョン・ラーソンは著書の中で、当時よく用いられていたものとして、食事を与えない、眠らせない、まぶしい光を被疑者の顔にじかに当てるといった方法を挙げている。隣の監房で勢いよくストーブを焚いてどんどん温度を上げていき、「何かの植物や古い骨、ゴム靴の切れ端」などを投げ入れ、ひどい悪臭を放つ熱を発生させる「汗箱」や、尋問の合間に被疑者にホースで勢いよく冷水を浴びせる方法もあった。だが最も単純な方法が最も効果的であり、ベテランから新人へと受け継がれた知恵のひとつが、痕跡を残さずに身体的苦痛を与える方法だった。「このテクニックでは、打撃を加える場所として腹部が好まれた」とラーソンは記している。

それでもヘンリーは妻殺害への関与を否定し、新聞各紙はブレイディの戦術に好印象を抱かなかった。「ブレイディ地区検事はかなりのリスクを冒しているようだ」と〈サンタクルーズ・イブニング・ニュース〉紙は報じている。「アーバックルの起訴での失敗を教訓とし、人を殺人罪で起訴しようとする前に確固たる証拠を用意すべきである」

ヘンリーの弁護士は依頼人に対する扱いを「残酷かつ非人道的」と呼び、地区検事の行為を拉致になぞらえた。ジョン・ラーソンは愕然とした。今回の事件で、彼の嘘発見器はどうやら真実を究明できなかったようだが、それだけでなく、その失敗によって、彼が根絶させたいと熱望していた残酷な取り調べの形にまた逆戻りしてしまったからだ。

地区検察局が手段を選ばず前進している一方で、アナを殺害した犯人を追う警察の捜査はいまだ行き詰まっていた。ブレイディがアーサーの自白の詳細を明かさずにおこうと決めたため、警察はまだ新たな手がかりを求めて奔走していた。

七月三日、ヘンリーは激しい腹痛に身を折り曲げるようにしながら、面通しでクレイトン・ホールという二〇代の若者を不完全ながら識別した。ホールはサンタ・ローザの名家の出身で、アナ殺害事件とは無関係の重窃盗罪で逮捕されていた。ホノルルからの汽船の旅の途中、別の乗客の荷物を盗んだ罪で告発されたのだ。

ところが取り調べ中、ホールはウィルケンズ一家を道路脇に追い込んだ車を運転していたと認め、フランク・メイソンとフレッド・マグレガーという二人の共犯者の名を挙げた。ホールによると、命を奪う一発を撃ったのはマグレガーだという。ホールはダンカン・マシソンに殺人の詳細を語り、共犯者たちとは〈コーヒー・ダン〉で落ち合い、そこから〈パナマ・ホテル〉に二丁の銃を取りにいき、次に事件が起きた一九番通りに出たと説明した。彼はさらに、盗んだ一〇〇ドル札の一枚を使ったマーケット通りの菓子屋の場所まで具体的に述べた。

ヘンリーが警察に語ったところでは、ホールは妻を撃った男と背丈も身体つきも同じで、濃い眉毛と声も一致していた。「ホールで間違いないとは言えませんが、妻を殺した強盗団のリーダー格の男によく似ています」と彼は言った。「強盗殺人の直後に私が警察に語った人相とも一致します」

ブレイディと部下たちの取り調べを受けて以来、ヘンリーは入院生活を続けていた。セントラル救急病院からミッション救急病院、最後にヘイトアシュベリー地区にあるフランクリン病院に転院し、そこではかなり深刻な状態だったと伝えられている。それでもヘンリーはその日、どうしてもホール・オブ・ジャスティスに行って最新の被疑者たちの面通しを行ない、ホールの供述について話し合うために招集された大陪審で陪審員たちの前に立つと言って譲らなかった。（アメリカでは、起訴に十分な証拠があるかどうか、またどのような罪状で起訴するかを判断するために大陪審が開かれる。）

ヘンリーは手術が必要な状態で、命を危険にさらしていると主治医にも警告されていたが、彼は気にせず、自分の言い分を伝えるまではメスを入れさせないと拒んだ。「私は死んでも大陪審で証言する。このひどい状況を解決するのに協力し、そしてできれば、ある機関が私に抱いている疑惑を晴らしたい」

ところがその晩、クレイトン・ホールは大陪審で供述をくり返すことを拒んだ。マシソンは苦境に立たされ、ホールがアナ殺害に関与したことを示す証拠はほとんどないと認めざるを得なかった。じつはマシソンはこのとき、ホールは精神的に不安定だと確信していた――彼が共犯者として名を挙げた二人を警察は一週間かけて捜したが、彼らは完全に架空の人物だったのだ。その数カ月後、ホールは心神喪失と判断された。

一方のヘンリーは、まだ脇腹にズキズキと痛みを感じながら、大陪審が行なわれている部屋の外の控え室で一時間半待ったが、証人として呼ばれることはなかった。マシソンが恥をしのんで警察の不手際について語り終えたあと、大陪審はマシュー・ブレイディの助言により「急きょ延期」となった。彼はおそらく、ヘンリーが部屋に入ってくれば、痛みに苦しむその姿が陪審員たちの目にどう映るかを懸念したのだろう。あるいは立件に持ち込むまでアーサーの自白のことは明かさずにおきたかったのかもしれない。

怪我から回復したヘンリーは、子どもたちと義妹がいるセイグラー・スプリングスに帰った。その後まもなく、一家はサンフランシスコから約四五キロ南に位置するレッドウッド・シティに居を移し、ヘンリーは修理工場で仕事を見つけ、崩壊した生活を立て直そうとした。しかしサンフランシスコを離れる前に、彼は時間をつくって弁護士を雇った。四九歳のフランク・マーフィーは二重顎の目立つ小太りの男で、額には色素斑があり、コシのないぺたんとした髪を真ん中で分け――臨戦態勢になったときの彼は、まるで猛り狂う水牛のようだった。

マーフィーはニューヨーク州エルマイラで生まれ、一九〇一年にサンフランシスコに移り住み、すぐにこの街で最も著名な弁護士のひとりになった。短気な性格だが、依頼人に奉仕するときは激しい怒りをうまく手なずけていた。過去には陪審員買収で起訴され無罪となったことがあり、教育委員会との裁判で警察署長と市長の代理人になったこともあった。ヘンリーにはその経験のすべてが必要だった。

七月一四日（金）の午前中、地区検事マシュー・ブレイディと、彼の幼なじみでアーバックルの裁判で重要な役割を果たした地区検事補のイシドア・ゴールデンの二人は、ダンカン・マシソン刑事を初めとする警察のベテラン勢と会議を開き、ヘンリー・ウィルケンズに対する訴訟について話し合った。

警察と地区検察局のあいだには事件を巡り激しい対抗意識が形成され、ブレイディは警察が捜査をしくじったと考え、マシソンのほうはブレイディが情報を隠していたことに激怒していた。しかし今、彼らは意見の相違をいったん脇へ置いた。

ブレイディのオフィスで、男たちはアナの殺害から六週間のあいだに集めたすべての証拠に目を通した。アーサー・カスターの供述書、ジェイコブ・ゴーフィンケルの目撃証言、嘘と判明したヘンリーの数々の供述、彼とロバート・カスターとの密会。

その後、彼らは二通の逮捕状を取った。最初の一通はヘンリー用で、彼は警察が到着したとき、家族と共にレッドウッド・シティのハドソン通り二〇番地にある新居に引っ越す途中だった。荷物がまだ家の外の道に積み上げられた状態で、警察はヘンリーを連行した。二通目の逮捕状はウォルター・カスター用で、彼はアニー・ダウンズと別れ、カリフォルニア北部のどこかに潜伏していると考えられていた。

「アーサー・カスターの自白および、捜査の結果判明した事実や状況が真実であるならば、被疑者に対する非常に強力な起訴事実となるというのが出席者全員の一致した結論である」。翌日の〈クロニクル〉紙に、タイプライターで打った地区検察局の声明が掲載された。「膨大な数の補強証拠および詳細な状況証拠が発見されており、それらは自白の信憑性の高さを示すであろう」

しかしヘンリーは主張を曲げなかった。ホール・オブ・ジャスティスの監房から、彼は自身の逮捕を「濡れ衣」と糾弾し、カスター兄弟と彼らの弁護士が報奨金目当てに陰謀をたくらんでいるのだと言った。

フランク・マーフィーはすぐさま、〈クロニクル〉紙の第一面で依頼人を擁護した。「ヘンリー・ウィルケンズの逮捕は、カリフォルニア州の記録に残る最も横暴かつ理不尽な公権力の乱用である。地区検事マシュー・ブレイディが彼をレイク郡からこの街に拉致し、犯していない罪の自白を強引に引き出そうと侮辱的な言動や拷問を加えたことは周知の事実である。その拉致に、こともあろうに地区検事が関与していたことは、わが州の全市民が顔を赤らめて恥ずべき事態である」

マーフィーはまた、ブレイディがヘンリーを逮捕したのは、この事件が自身にもたらした「スキャンダルと汚名」から注意をそらすためだと非難した。「ウィルケンズはこの罪を犯しておらず、彼の無実は法廷で証明されるだろう。そして彼に対する残酷な迫害の責任を負う者は、代償を――多大な代償を払うことになるだろう」

ヘンリーの日々はゆっくりと過ぎていった。光がほとんど射し込まない薄暗い監房にいると、何段にも積み重ねた檻から、他の収監者たちの耳障りな歌が聞こえてきた。

彼は子どもたちが恋しかった。「私の子どもたちに会いましたか？」七月一八日に面会に来たアーネスティーン・ブラック記者にヘンリーは尋ねた。その声は「かすれて涙声」で、「頬を涙が伝い落ちた」と彼女は書いている。「ちゃんと面倒を見てもらっているのは間違いないと思う。ただ、どこにいるのかわからないんです」

ヘンリーはホール・オブ・ジャスティス内のフロアを移動し、拘置所と、彼の罪状認否手続きを取り仕切るシルヴァン・ラザルス判事の法廷を行ったり来たりした。罪状認否手続きとは、彼をどのような罪状で起訴するか、保釈を認めるかどうかを決める予備審問である。

七月の後半はずっと、ヘンリーは法廷で背もたれの高い椅子に背中を丸めて座り、彼が描こうとする無差別的な暴力で引き裂かれた愛に満ちた家族の像を、一人一人の証人たちが丹念に少しずつ削り取っていった。

アナの家族と友人たちは、彼女の白い肌が痣でまだらになるほどヘンリーに殴られたと証言した。ジェイコブ・ゴーフィンケルは、殺人のあった晩のヘンリーの記憶に疑問を投げかけた。そして物憂げなアーサー・カスターは——彼は木の椅子の背にもたれ、襟が反り返ったしわくちゃのスーツを着て、ネクタイは斜めに曲がっていた——それまでの話をくり返し、殺人の数時間前にフェルトンでヘンリーと会ったこと、彼がウォルターに渡した丸めた札束のこと、妻が撃たれる前にヘンリーがテールランプを点滅させて強盗に合図をしたことなど、ヘンリーに不利な話を詳しく語った。〈エグザミナー〉紙によると、それは「史上最も驚くべき自白」のひとつだった。

ヘンリーは時折、弁護士のフランク・マーフィーに何やらささやいたり、満員の法廷で事件を取材する記者たちに小声で話しかけたりもしたが、たいていは黙って腰かけ、時々静かに涙を流していた。アーサーが自分の視点で出来事を語ると、ヘンリーの顔から血の気が引き、今にも気を失いそうに見えた。その後、彼はうつむいたまま、たまに目を閉じたり両手で頭を抱えたりしていた。「その悲しみが本物ではなく演技ならば、彼は大した役者だ」とブラックは書いている。

審問の最後に、ヘンリー・ウィルケンズは保釈を却下された。状況は地区検察局に有利に見えた。ブレイディとゴールデンにはヘンリーを殺人容疑で起訴するための準備期間が一カ月あったが、裁判には高額な費用がかかるため、彼らは自白を求めていた。しかしゴールデンは記者団に対し、「私が思うに、ウィルケンズはけっして自白しないだろう」と語っている。「彼もハイタワーと同じだ」

銃を撃った張本人としてアーサーが名指しした男の居場所を突き止められるかどうか、そこにすべてがかかっている――双方がそう確信していた。その男はヘンリー・ウィルケンズを事件と密接に結びつけるか、彼の容疑を晴らすことになるだろう。彼らはウォルター・カスターを見つけなければならなかった。

荒れた土地

一九二二年七月、アメリカ史上最大規模のストライキが起き、鉄道建設が突如ストップした。一二パーセントの賃金カットに抗議し、四〇万人を超える労働者がストライキに参加、鉄道会社は作業を進めるため、〔ストライキ中の労働者に代わる〕〝スト破り〟を雇い入れた。

対立は激化し、ピケラインを越えた男たちは身体的脅威や地域社会からの排斥にさらされた。ペンシルベニア州では女性や子どもが群れを成し、彼らに腐った卵や牛乳を投げつけた。また、スト破りがよそに行ってしまわないように、鉄道会社が建設現場に仮設宿泊所を建てなければならない場所もあった。作業をする彼らを守るため、何万人もの民間警備員が雇われた。

それは人がうらやむような仕事ではなかった——しかし、金に窮していたウォルター・カスターには申し分のないものだった。弟アーサーの逮捕を受けてユリーカから逃亡したのち、彼は職を求めてカリフォルニア州北部の風光明媚な山間の町を転々としていたが、ストライキ中に仕事を見つけ、フランク・コリンズという偽名を使い、ガーバーにあるパシフィック鉄道の建設現場で働きはじめた。

辺鄙《へんぴ》な場所と雇用時のチェックの甘さは彼に最高の潜伏場所を与えたが、その間も警察の捜査は続き、やがて全国規模の犯人追跡となった。すでに西海岸の各地には、ウォルターの写真と指紋、詳細な身体的特徴（6¾〔XSに相当〕という帽子のサイズを含む）が伝わっていた。七月半ばには逮捕状が出され、さらにアメリカ全土の主要な都市や町にも情報が送られつつあった。

しかしウォルターは、目立たないようにおとなしくしているのがけっして得意ではなかった。彼の衝動的な行動はつねに表面化の危険をはらみ、フィリピン人労働者に強要しストライキ参加者のひとりを銃撃させようとしたことで、ガーバーの地元警察にたちまち目をつけられた。ウォルターは七月一三日に作業キャンプから姿を消し、二日後にサンフランシスコに戻ったが、それはアニー・ダウンズとよりを戻し、必要な現金をかき集めてメキシコ国境まで急いで逃げるためだった。

彼はにぎやかなフィルモア地区の、マカリスター通り八二八番地に向かった。その二階に、七一歳になるおじのヘンリー・カスターが住んでいる。結腸癌でゆっくりと死に向かいつつあるヘンリーおじさんは、妻のフランシスと、終末期の看病に雇われたマーガリート・ブラムレットという看護師と暮らしていた。三〇代の彼女は、ロサンゼルスから北に引っ越してきたばかりだった。

その家に到着したウォルターは、ブラムレットに鉄道会社で使っていたフランク・コリンズという偽名を名乗り、数日のあいだ彼女は何も疑っていなかった。七月二〇日（木）、誰かがドアをノックしたが、ブラムレットは別の部屋にいたので、フランシスが応対した。訪ねてきたのは集金人——一軒一軒回っては、支払期限の来た公共料金や地元商店のツケなどを無理やり取り立てる、往々にして評判の良くない役人集団のひとりだった。

そのころには、アナ・ウィルケンズが殺された事件が町の噂になって数週間がたち、カスター兄弟が関与した可能性があることはよく知られていたに違いない。なぜなら、フランシスが支払いに一〇〇ドル札を出したとき、集金人が「まさかウィルケンズの札じゃないだろうね？」と冗談を言うのをブラムレットは聞いたからだ。

そのとき彼女は「フランク・コリンズ」の正体に気づいた。「私は彼の部屋に行き、どうして事件に関わったのかと尋ねました」と、彼女はのちに記者団に語った。「金さ！」とウォルターは怒鳴るように答えた。「だけど、俺はあの女を撃っちゃいない」。そして彼は、引き金を引いたのはヘンリーだと言った。ウォルターの精神状態は良好ではなかった。彼は一日中家にいて、神経症とヒステリーのあいだを行ったり来たりし、アナの死体が床に転がっている夢に取りつかれていた。つねに銃を腰にぶら下げ、警察に捕まるくらいなら自殺したほうがマシだとブラムレットに言った。「そのうちに警察が来て、ウォルターがその場で銃を撃ち、誰かを殺してしまうんじゃないかと私は恐れていました」と彼女は語った。たまにウォルターがリボルバーとカートリッジベルトをキッチンのテーブルに置き忘れていると、いっそ奪い取ってしまおうかと思ったという。

まもなく、マカリスター通りのその家に、ウォルターの恋人アニー・ダウンズも転がり込んだ。アーサーが逮捕され、ユリーカから逃亡したあと別れた二人だが、今度は一緒に身を隠す計画を立てていた。

警察はすでにダウンズとカスター兄弟の複雑な関係をつかんでいたため、自分のせいでウォルターの潜伏先を知られてはならないと、彼女はできるだけ人目につかないようにしていた。カップルは毎日、昼間は窓から外を覗き、おそらく配置されているであろう覆面捜査官の姿を探していた。ダウンズが食料品の買い出しに行くときは、ブラムレットのロングコートと帽子を借りて変装して出かけた。

「私たちはみな、家が入念に監視されているのを知っていました」とブラムレットは語った。「ウォルターが窓の外を見て、知っている私服警官を見つけたことが何度もありました。彼は警察を恐れ、呼び鈴が鳴るたびにリボルバーに手を伸ばしました」

不安にかられ漫然と家の中を歩き回っているときを除き、ウォルターはある手紙を書いていた。それはアナが死亡する前後の数日間に本当は何があったのかをつぶさに記したもので、無事にメキシコに逃れたらマシソン刑事に送るつもりだと彼は家族に語っていた。


この数週間は、警察にとって苛立たしい日々だった。ユリーカでアーサーを逮捕したあと、マシソンは記者団に対し、数日以内には捜査陣がウォルターを連れ戻し尋問が行われるだろうと語ったが、それから時間が経過するにつれて、噂もあまり伝わってこなくなった。あそこで目撃された、疑わしい人物がいるという話がちらほらと聞こえてはくるが、具体的な証拠はほとんどなく、カリフォルニア全土から寄せられる手がかりを警察が追っていくころには——実際にその場所にいたのだとしても——ウォルターは決まって姿を消していた。

七月二三日（日）、ウォルターはついに安全な隠れ家を飛び出し、四、五時間家を空けたあと、足元をふらつかせ、へべれけに酔って帰ってきた。「あのときどうして捕まらなかったのか不思議です。彼は何が起きているのかもわからない状態だったんですから」とブラムレットはのちに語った。

二日酔いが尾を引いていたのか——彼は素面《しらふ》の状態でも激しい頭痛に悩まされていたが——翌日の午後はさらに頭痛がひどくなった。トマス・マーフィーとリチャード・タサムという二人の刑事が彼を捜しに家にやってきたのは、そんなときだった。彼らは密告を受けていた——マシソンのオフィスに、匿名の女性からウォルターの居場所を知らせる電話が入ったのだ。

フランシスが玄関のドアを開けたとき、ウォルターは奥の部屋に隠れていた。刑事たちが廊下にいるうちに彼は銃とカートリッジベルトと上着をつかみ、屋根の上に通じるハッチのある洗濯室に逃げ込んだ。そして刑事たちが室内を捜索しているあいだ屋根の上でじっと身を伏せ、高鳴る胸の前にリボルバーを構え、跳ね上げ戸《トラップドア》を見張っていた。

このニアミスをきっかけにウォルターとアニーは新たな隠れ家を探し、フランク・バーンズ夫妻を名乗り、グリーン通り一九二〇番地で家賃一二ドルの部屋を借りた。ウォルターは家主の女性に、自分は命知らずのオートバイ・レーサー〝シュリンプ〟・バーンズだと語った（しかし本物のシュリンプ・バーンズは前年の夏――一九二一年八月に事故で亡くなっていた）。

八月二日（水）の夜、アニー・ダウンズを弟から奪い返す覚悟を決めたロバート・カスターが、仕事帰りにグリーン通りの部屋に現れた。すぐに激しい口論となり、やがて兄弟間の「野蛮な」血みどろの殴り合いに発展した。「ロバート・カスターは妻に、改心して行儀良く振る舞うつもりがあるなら戻ってきてもいいと告げた」と〈クロニクル〉紙は報じている。「しかし彼女に鼻であしらわれ、ロバートは出ていった」

そしてアニー・ダウンズも出ていき、ウォルターはその晩、酒とタバコに溺れながら計画を練った。一週間後に警察がその部屋を捜索すると、灰皿には無数の吸い殻があり、さらに密造ウイスキーの空き瓶が一本と、それを割るための炭酸水の瓶が一本、一二個のオレンジの皮、そして「ひと家族分のコーヒーを一週間淹れた」量に匹敵するコーヒーかすが見つかった。

喧嘩の翌日、八月三日（木）の朝、警察は匿名の女性から再び電話を受け、さらなる手がかりを得た。今回その女性は、ウォルターはアニー・ダウンズのおばの家――ユニオン通りから脇に入る細い路地チャールトン・コート2Aにある「掘っ立て小屋」にいると告げた。そこはウォルターとアニーが借りた部屋から見渡せる場所だった。

ティム・ベイリー刑事とパトロール巡査のジョージ・スタラードは、サンフランシスコ市警の「大型」車で捜査に向かった。この車はおそらく、後部座席の窓が黒い日よけで覆われ、車体の横と正面にきちんとした大文字で「POLICE PATROL」と書かれた黒いワゴン車のことだろう。

運転していたスタラード巡査はちょうど四〇歳になったばかり、背が高く痩せ型で、鋭い茶色の目に薄茶色の髪、警察官として一〇年以上のキャリアを積んでいた。ベイリー刑事は助手席に乗っていた。髪が薄くなった分を埋め合わせるように、ふさふさとした大きな口ひげを生やした六六歳の彼は署内で一番の年かさで、人気の高さも一番だった。

ベイリーはもう何年も夜勤を続けており、それを物語るように、小さな黒い目の下には隈《くま》ができていた。蛮行と汚職を特徴とする時代にあって、彼は善良な警官であり、〈クロニクル〉紙によると「評判は完璧」で、苦情が来たことなど一度もなかった。「彼は手際よく事件を処理し、奉仕を求める市民への親切な対応により表彰されたことも何度かあった」という。

二人はパイン通りの角まで車を走らせ、サンフランシスコ市警のもうひとりの古株であるジェーレ・ディナンを拾った。彼は午前のシフトのはずだったが出勤していなかった。体格が良く、青い目をして薄い口ひげを生やした〝こわもて〟の男で、サンフランシスコで地震があった時期に市警の署長をしていた。警察を効率化し腐敗を減らすことを公約に署長に任命されたのだが（彼はバークレー警察の署長に就任したオーガスト・ヴォルマーが最初に指導を受けた署長のひとりだった）、二年もたたないうちに偽証罪で辞任に追い込まれた。

一九一五年、ディナンは刑事から街頭勤務に降格されたが、これは明らかに、署長時代に不当な扱いをしたある警官による報復だった。だが一九二二年の時点で、彼はダークスーツにネクタイ、ベスト、そしておなじみのホンブルグハットという、刑事の制服とも言うべき服装に戻っていた。

三人は坂道を下り、まだ朝霧に包まれた街路に入っていった。目的地に到着したのは八時過ぎ。スタラードはユニオン通りで車を止め、ベイリーとディナンは捜索する家に向かって歩いていき、ひとりは表に、もうひとりは裏に回った。「ドアを――激しく――叩いたので誰にでも聞こえたはずだが、返事はなかった」とディナンは語った。

そこで彼らはドアを叩き壊し、時間をかけて丹念に四つの部屋を捜索した。ウォルターが危険な男なのはわかっていた――初めて拘置所に入れたとき、彼は同僚のひとりに殺してやると脅しをかけてきたのだ。どこを調べても誰もいなかったが、そのうち寝室の隅に置かれた小さなクローゼットが目に留まり、中からカサカサというかすかな物音が聞こえた。ディナンとベイリーが銃を抜きながらそっと近づき、一気に扉を開ける。そこには銃を構えて見つめ返すウォルターの姿が――と思いきや、アニー・ダウンズがクローゼットの隅っこで身を縮め、服の下に隠れようとしていた。

ダウンズが言うには、ウォルターはここにいたが、彼らが来るのが遅すぎた――彼は夜中に出ていき、どこに行ったのかはわからないという。彼女は喧嘩のことも、ウォルターが酒を飲み、タバコを吸い、オレンジを食べながら過ごした向いのアパートメントのことも語らなかった。

ディナン、ベイリー、スタラードの三人は報告しようと署に帰ったが、すぐにチャールトン・コートの家に戻れと命じられた。「そのダウンズという女を連れてこい、戻って連行しろ」と上司は言った。

彼らは応援要員と共に引き返した。そのひとり、四五歳のアーネスト・ゲーブルは市警の騎馬隊に所属し、できたばかりのオートバイ隊の一員でもあった。もうひとりのバーニー・リールは爆弾の専門家で、いかにも爆発物の処理に人生を捧げてきた男らしく、眉間にしわを寄せ、茶色の目には用心深そうな表情を浮かべていた。

今回はダウンズも語る気になっていた。ウォルターはポトレロ・ヒルの西側、カンザス通り一四二五番地にある母親の家に身を隠している、と彼女は言った。そこは労働者階級や移民が住む地域で、坂を下ると食肉処理場やミッションン湾の造船所があった。

警官たちはダウンズを連れてカンザス通りに向かった。しかしその途中、ウォルターがおじのところに戻っていないか、マカリスター通りの家を最後にもう一度確認することにした。そしてディナンはそれを生涯悔やむことになる。「あのとき寄り道をしなければ、ウォルターが家の中に入る前に到着できたかもしれない。そうすればもっと有利に事が進められただろう」と彼は語った。

ジョージ・スタラードが二六番通りとカンザス通りの角にある家のちょうど手前に車を停めたころには、朝霧はすでに消え、澄んだ明るい日の光が見えていた。刑事たちは攻勢プランを話し合った。「(ウォルターは)おそらく武装しているだろうし、追いつめると危険な男だ」とディナンは言った。

最初、彼らはダウンズを先に行かせて「ウォルターを騙し、ただ訪ねてきただけだと思わせようと」考えた。しかしカンザス通りは急な坂と砂利の土手ばかりの、言わば「荒れた土地」であり、家々のあいだにはサンフランシスコの貪欲な不動産市場が入り込んでいないため、ダウンズはいとも簡単に逃げ出せるだろう。

そこでベテラン警官のディナンとベイリーがダウンズを玄関まで連れていき、逃げ道をふさぐため、ゲーブルとリールを裏口に配置することにした。

カスターの家はくたびれた古めかしい建物で、「小さな家がうずくまるように」建ち並ぶ列のいちばん端に位置していた。坂になった地面を補うように、玄関まで続く狭い階段があり、板壁はペンキが剥げていた。良い印象を受けなかったある記者は、「くすんで、活気がなく、小説などに出てくる悪党たちが隠れ家に選ぶような人里離れた家とは似ても似つかない」と書いている。

ディナン、ベイリー、ダウンズの三人は階段を上り玄関の呼び鈴を押すが、何も起こらない。もう一度押すと、今度はその音が家中に響き、そのあとゆっくりと足をひきずるような音が聞こえてきた。

ようやくドアが開き、ミニー・カスターが現れた。ウォルターとアーサーの母親は背が低く華奢で、顔にはしわが寄り、澄んだ淡いブルーの目をしていた。乏しい灰色の髪に黄色いものが散っているのは、呼び鈴が鳴ったとき、彼女はキッチンの床にペンキを塗っていたからだ。「警察です」とディナンは告げた。「何度も悪いがね、信頼できる筋から、ウォルターがここにいると情報が入ったものでね」

「いいえ、ここにはいませんよ」とミニーは答えた。「どうしてみんな、あの子のことでいちいちあたしのところに来るんだろうね」

ダウンズが口を挟み、「だって、ここに来るって彼が言ったんだもの」と食い下がる。「ゆうべはあたしと一緒にいたの」

警官たちがミニーを押しのけ、ペンキの匂いがする短く暗い廊下に踏み込んだが、彼女はほとんど抵抗しなかった。手前に二つ、奥に二つ、合わせて四つの部屋があった。玄関から続く廊下の突き当りにドアがあり、その奥がキッチンだ。わずかに開いているドアから、大きなガスレンジと小さなダイニングテーブルが見えた。テーブルには誰かの朝食の残り――食べかけのメロン――がまだ置かれていた。

廊下の左右にもドアがあり、それぞれが寝室に通じている。ディナンとダウンズが右手の部屋に入ると、金属のフレームがついたベッドがあるだけで、がらんとしていた。ベイリーは左手の、ミニー・カスターの寝室と思われる部屋に入った。

狭いが小ぎれいな部屋で、床にはラグが敷かれ、黒っぽい木の化粧台には亡き夫チャールズ・カスターの写真が飾られていた。彼はベイリーの同僚で、当時は署長だったディナンの部下だが、逃亡犯に撃たれて命を落とした。ベイリーは、殉職した同僚の写真をちらりと見た。そこには濃い口ひげをたくわえ丸い警官のヘルメットをかぶった、たくましい男の姿があった。

寝室の奥にもうひとつ、居間に通じるドアがあった。ベイリーが隙間から覗くと、壁際にピアノが置かれ、その上の壁には花束を持つ若い女性の肖像画が飾ってあった。しかし彼が立つ位置からは見えなかったが、右手にもうひとつ、居間からキッチンに戻るドアがあった。ベイリー刑事の胸を撃ったとき、ウォルター・カスターが隠れていたのはその場所だった。

虐殺事件

ウォルター・カスターは利き手の右手で握った銃を、表の寝室から居間に入る戸口に向けて構え、ティム・ベイリーがそこに足を踏み入れるのが見えるやいなや引き金を引いた。ジェーレ・ディナンが銃声を聞いてもうひとつの寝室から廊下に駆け戻ると、ベイリーが「笑顔にも見える」歪んだ表情をして、よろめきながら近づいてきた。

彼は胸をわしづかみにし、シャツを通して染み出した血が両手を染めていた。「撃たれたよ、ジェーレ」とベイリーは言った。そして白いシーツに深紅色の血痕を残しながらよろよろとベッドを通り過ぎると、窓とのあいだに倒れ込み、血がラグに染み込み床に広がっていった。

逃亡者はキッチンに駆け戻り、彼の通ったあとには散乱した家具が残された。ウォルターはディナンに悪態をつき発砲した。弾は廊下を突っ切り、刑事の背後の壁にめりこんだ。ディナンは黒っぽいジャケットに白いシャツを着た姿をちらりと目にするが、唖然とした彼が反応する前に、ウォルターはキッチンのドアをバタンと閉めた。

ディナンは自分の銃をつかんで追いかけようとするが、ウォルターはドアに鍵をかけるかバリケードを築くかしていた。閉じたドア越しに二発目の銃弾が唸りを上げてディナンを襲い、破片が炸裂した。彼は朦朧としながら反撃する。「彼に向かって二発撃ったのは覚えていますが、すべてが終わったあと、銃に空の薬莢が四つ残っていたので、きっと四発撃ったのでしょう」とディナンは語った。

ウォルターは家の裏手に向かって駆け出し、キッチンの窓から逃げようとするが、バーニー・リールとアーネスト・ゲーブルが待ち構えていた。彼らは裏口への階段を上ったが、ドアに鍵がかかっていたため、低い木製のフェンスに囲まれた裏庭に陣取っていた。リールは、遠くで二、三回銃声がしたのを覚えていた。「そのあと突然、近くで二発の銃声が聞こえた」と彼は思い起こした。

キッチンの窓には埃だらけの網戸があり、ウォルターからは警官たちが見えたが、彼らからはウォルターの姿が見えなかった。じつは彼は、かつて自分を二度逮捕した男たちだと気づいたのかもしれない。リールに逮捕されたのは七年前、故殺罪で有罪判決を受け、刑務所に入れられた。ゲーブルには数カ月前に押し込み強盗で逮捕され、いまだ保護観察中だった。彼は網戸越しに狙いを定めて二発撃った。

外にいるゲーブルは、窓におぼろげな手の輪郭を見たが、そのあと何も見えなくなった。ウォルターが彼の顔を撃ったのだ。弾はちょうどゲーブルの右目の上に当たり、頭蓋骨の一片が脳に突き刺さった。リールは相棒が急に身をこわばらせ、片手で額を押さえながら崩れるように膝をついたのに気づいた。彼の指のあいだから血が流れ出た。

リールは銃を抜き、心臓をドキドキさせながら家の角に回り込んだ。それと同時に、ディナンが助けを求めながら正面の階段を駆け下りてきた。「救急車を呼んでくれ、ベイリーがやられた！」と彼は叫んだが、外も大混乱におちいっていた。と、そのとき、家の中から怒号が聞こえてきた。

キッチンからの脱出に失敗し、家の正面側に戻ってきたウォルターは、アニー・ダウンズの姿を見つけた。潜伏場所を警察にばらした女が、銃撃から逃れて予備の寝室に身を隠していた。彼女は逃げようとするが、行き場がなかった。ウォルターは恋人の後頭部を撃ち、そのあと廊下に戻って自分自身に銃を向けた。

ディナンが玄関のドアを開けた瞬間、ウォルターの身体が床に叩きつけられるのが見えた。彼はねじれた角度で狭い廊下にどさりと崩れ落ちた。首を壁に立てかけるようにして、寝室のほうに脚を伸ばし、その部屋には息絶えたダウンズも横たわっていた。

ウォルターは自分の右耳の下を撃ち抜いていた。顔の片側には火薬によるやけどの痕が残っていた。後頭部からは血と脳みそがしたたり落ち、巾木《はばき》を伝って床に流れた。腰に巻いたカートリッジベルトには、もう一丁の銃と五〇発分の銃弾が入っていた。

ディナンは手が震えていた。彼はしゃがんで遺体を確認し、銃を回収した。それは三八口径のリボルバー――アナ・ウィルケンズの命を奪ったものと同じ型だった。彼はベイリーの遺体がラグに横たわる寝室に行き、散乱する家具のあいだを縫って家の奥に進み、ゲーブルのようすを見にいった。キッチンの窓を開けると、リールが震えながら銃を向けていた。「撃つな!」とディナンは叫んだ。「やつを捕まえたぞ、バーニー」

ミニー・カスターが玄関のドアを開けてから三分もたたないうちに、三人が命を落とした。銃撃戦のあいだ、ミニーは部屋から部屋へ逃げ回りながら、銃を置きなさいとウォルターに叫びつづけた。応援要員が到着したとき、彼女はまだ叫んでいた。やってきたのは、近くで行なわれていた同僚の葬儀に出席していた二〇人の消防隊員と、ミッション署とポトレロ署から派遣された機動隊、そしてオブライエン署長もまた、前面に機関銃が搭載された署の最新の車で駆けつけた。

① ベイリー刑事がカスターに射殺される。
② カスターは向きを変え、家の裏手にいるゲーブル巡査に発砲。
③ 次にカスター夫人〔アニー・ダウンズ〕に銃を向け、一方でディナン刑事が反撃。
④ カスターは次に自分自身に銃を向ける。

ディナンは帽子とジャケットを身につけた状態で裏のポーチに立ち、手すりにもたれてぼんやりと遠くを見つめていた。その間、彼の同僚たちは大惨事の後始末に当たった。彼らはアニー・ダウンズの遺体を彼女が亡くなった部屋のベッドに横たえ、シーツで覆った。ウォルターのポケットを探ると、現金二八ドル四五セントと、〔おじの看護師〕マーガリート・ブラムレットの住所と電話番号が見つかった。やがて救急車が到着し、ゲーブルをミッション救急病院に搬送し、医師たちは彼の視力を救おうと全力を尽くした。

翌日、街はこの殺戮に衝撃を受けた。ベイリーの遺体は市庁舎の「幕が張られた静かな円形の大広間」に安置され、そのまわりを囲むように花が捧げられ、彼に敬意を表して二人の警官が常時見張りに立った。外科医はエックス線装置の助けを借りてゲーブルの脳から骨の破片を取り除いた。右の眼球を眼窩から取り出して脳から破片を摘出、そのあと眼球を元の場所にはめ込むという、デリケートでリスクの高い手術だった。(ゲーブルは視力をほぼ完全に取り戻し、年末までには巡査として復帰した。)

カンザス通りのカスター家の前には何百人もの野次馬が集まり、その日の朝刊各紙が「まるで三文小説のストーリーのようだ」と報じた「虐殺事件」についてささやき合っていた。警察は彼らを押し戻そうとしたが、立入禁止線をかいくぐり、狭い裏庭のフェンスに腰かけて中を覗き込む者もいた。

家の中では、引かれたカーテンの陰で、一九歳のエルマー・カスターと一五歳のハロルドが、震える手で惨劇の痕跡を消そうとしていた。彼らはラグや床をゴシゴシこすって洗い、壁や窓枠の弾痕をパテで埋めた。

彼らの母親は呆然自失状態だった。ミニー・カスターはベイリーが死を迎えた暗い寝室で横たわり、そこを離れようとしなかった。髪はもつれ、まだペンキの筋が付着したままで、血の気のない顔は涙でむくんでいた。息子たちはそっと部屋に出入りしていたが、母親を案じる彼らの問いにも「うつろな視線しか返ってこなかった」。

ミニーは自分が誰なのかも、何が起こったのかもわかっていないようすだった。「ここはどこ?」と何度も何度も尋ね、三人の警官に椅子に押さえつけられながら、狂乱状態でわけのわからないことをわめいた。「私は転んだの?」

兄について「密告」したことで殺すと脅迫を受けたあとイングルサイドの拘置所に移送されたアーサー・カスターは、動揺しながらインタビューを受けた。隣には妻のメアリが寄り添い、彼の手をしっかり握って支えていた。「ウォルターは死んだほうがマシな人間だった」と彼は言った。「だけど二人の警官のことは本当に気の毒だったと思う。二人とも知ってるけど、いい人たちだった」

「俺の言ったとおりになった――ウォルターは完全にイカレてた」と彼はさらに続けた。「俺は何度も言ったんだ、ウォルターを捕まえようとしたら撃たれるぞって。そういうやつだから――あいつの頭がおかしいのはみんな知ってる。俺だって怖いと思うことがあったよ」

ウォルターの死はヘンリー・ウィルケンズの前途に打撃を与えたが、それでも彼はまだ自分への壮大な陰謀であるという言い分を曲げなかった。「なんというひどい話だ!」知らせを受け、ヘンリーは恐ろしげに声を上げた。「これで私は有罪にされてしまうだろう。しかし無実の人間を絞首刑にはできない。それは無理だ。絶対にできない」

「ウォルター・カスターを生け捕りにしてくれてさえいれば」と、ホール・オブ・ジャスティスの監房で彼は嘆いた。「そうすれば彼は真実を語り、私が濡れ衣を着せられているのを証明してくれたかもしれないのに」

ヘンリーはアーサーを非難した。「ウォルターはきっと、実の弟がでっちあげた話を鵜呑みにした警察に追いつめられて死んだんだ」と彼は言った。「彼はイカレてなどいなかった――ただ追いつめられて警官たちを撃ち、無実の罪を晴らす見込みはないと思って自殺したんだ」

ヘンリーはポリグラフ検査を受ける前と同じように、また深い抑鬱状態に戻ってしまったように見え、心配したホール・オブ・ジャスティスの看守たちは彼が自殺しないよう監視し、これがコラムニスト「C.K.」の怒りを買い、「なぜ彼の自殺を阻止しようとするのか」と問う記事が各紙に同時配信された。「それが最も簡単な解決法ではないのか？ 彼の命が守られ救われたとしても、裁判は納税者にとってかなりの負担となる。たとえ最も凶悪な犯罪で有罪となっても、彼が絞首刑に処されることは十中八九ないだろう」

ところが銃撃戦があった日の夜九時、拘置所の消灯の鐘が鳴り、収容者たちが寝支度を始めるころには、ヘンリーの気分は変わっていた。〈コール〉紙のアーネスティーン・ブラックは、彼の陽気な態度に気づいた。マーガリート・ブラムレットが各紙のインタビューに答え、ヘンリーがアナの殺害に五〇〇〇ドル払ったとウォルターから聞いたと語っているのを、「五〇〇〇ドル！ 私はいったいどこからそんな大金をかき集めたんだろうね？」と彼は笑い飛ばした。

「口ではウォルター・カスターが死んだのは残念だと言っているが、彼は堂々と胸を張り、目を輝かせ、自信をみなぎらせ生き生きと語る」とブラックは書いている。

八月五日の午前九時三〇分、ティム・ベイリーの葬列が市庁舎からセントメアリーズ大聖堂に向けて出発した。市の音楽隊がショパンの葬送行進曲を演奏するなか、オブライエン署長とロルフ市長を先頭に、制服を着た大勢の警官がヴァン・ネス通りを厳かに北進した。見物人は歩道に並び、帽子を手に頭《こうべ》を垂れた。

警官たちの後ろには棺をかつぐ人々が続き、その中には銃撃の日の朝にベイリーとシフトを交換したレオ・バナー刑事もいた。花――白いバラと紫のアスター――を積んだ車が四台、さらに友人や家族を乗せた車が二五〇台以上も連なり、向かった先の大聖堂では厳かなミサが執り行なわれた。その後、ベイリーの遺体はそこからコルマにあるホーリー・クロス・カトリック墓地に運ばれ、サンフランシスコ市警のシンボルである六芒星の下に埋葬された。

（ウォルター・カスターの遺体は家族が住む家に戻されて奥の部屋に安置され、玄関には簡素な花輪《リース》が掛けられた。）

葬儀が終わると、警察は銃弾に倒れた同僚のかたき討ちとばかりに、決然と行動を起こした。カンザス通りの虐殺事件をきっかけに、ダニエル・オブライエン署長と地区検察局は、ウォルターとヘンリーが共謀してアナ・ウィルケンズを殺害したに違いないと確信した。ヘンリー・ウィルケンズに対する訴訟の最大の弱点は、殺人の動機に迫る要素が何もないことだ――たとえば、彼は妻の死によって金銭的利益を得たようには見えなかった。

彼らはホール・オブ・ジャスティスでヘンリーを尋問し、妻と弟の死の二時間後に帰宅し、その直後に逮捕されたロバート・カスターを取り調べた。

このときロバートは、ウォルターはヘンリーと会うためにサンフランシスコに帰ってきた、二人でアーサーに罪を着せる計画を立てるつもりだったが、街に帰ってきたときにはすでにヘンリーは逮捕されていたため、ウォルターは計画の変更を余儀なくされたのだと語った。（記者団からこれを聞いたアーサーは、

「そんな話は信じない、ウォルターが俺に罪を着せるはずがない」と言った。）

そのころバークレーでは、カンザス通りの小さな家で起きた血なまぐさい事件の話を読み、ジョン・ラーソンは恐怖心をつのらせていた。彼はすでにヘンリーの有罪を確信していた。それはつまり、嘘発見器が真実を暴き出せなかったことを意味する。彼の発明品がうまく機能しなかったのだ。そしてさらに三人の命が奪われ、警官がひとり病院で生きるために闘っている。けれどもラーソンは、このような思いを必死に頭の片隅に追いやった――今はそれを超える喫緊の課題があった。

八月九日、〈エグザミナー〉紙の第三面に短い記事が掲載された。それはラーソンとマーガレット・テイラーの結婚を報じるものだった。カレッジ・ホールの事件を調べていたとき、彼の正式なポリグラフ検査を最初に受けた人物だ。結婚式のあと、夫婦は学生警官の一団に「拉致」された。彼らは二人を手錠でつなぎ、車に乗せて田舎に連れ去るという、桁外れのいたずらをしたのだった。

その記事の二段上には、ラーソンの人生で最も幸せな瞬間と顔を並べるように、彼の人生で最大の失敗を物語る記事があった。地区検事マシュー・ブレイディが、病弱な母親とのヨセミテ旅行を早々に切り上げてサンフランシスコに戻り、ヘンリーの裁判の準備を始めようとしていた。この裁判は、サンフランシスコ史上最も白熱した法廷闘争のひとつとなり――開始早々、驚くべき事実が明るみに出るのである。

チキン・ディナー

一九二二年八月一四日（月）、フランク・マーフィーはサンフランシスコの主要駅であるサード・アンド・タウンゼンド駅の待合室で大理石の床に立ち、到着する乗客たちの顔を次々に目で追いながら、自身が扱う事件の行方を左右するはずの女性を探していた。

駅の高窓から夕陽が射し込み、磨き上げられた床が光を放つなか、帰宅途中の通勤客が木のベンチに腰かけ列車を待っていた。

マーフィーはとりたてて忍耐強い男ではなく、普段の彼はこのようなつまらない雑用はこなさないのだが、自分がこの証人に及ぼす影響力が依頼人であるヘンリー・ウィルケンズにとっていかに重要なものになりうるかを彼は知っていた。その晩、ヘンリーの事件は大陪審にかけられ、彼を殺人罪で起訴するのに十分な根拠があるかどうかがついに判断されることになっていた。

午後七時一五分、レッドウッド・シティ発のサザン・パシフィック鉄道の列車が、蒸気を噴き上げ鉄のきしむ甲高い音を立てながら駅に到着すると、黒いつば広の帽子をかぶった若い女性がホームに降り立ち、他の乗客たちにもみくちゃにされながら周囲を見回していた。マーフィーは彼女を見つけると、肉付きの良い手を上げて挨拶した。彼は殺されたアナ・ウィルケンズの妹ヘレン・ランゲの顔を知っていた――事件に関するヘンリーとの打ち合わせのさいに会ったことがあるからだ。

ランゲは背が高く痩せていて、亡くなった姉よりも色白で繊細な顔立ちをしていた。亜麻色の髪は、夕日を浴びて金色の筋が入っているように見えた。青い目は鋭く抜け目がなさそうで、鼻先は優美に尖っている。片方の腕には喪章が巻かれていた。マーフィーのほうに颯爽と歩いてくる姿は人々の目を引いた。

マーフィーはランゲに、駅から安全にホール・オブ・ジャスティスまで案内し、帰りも送り届けると約束していた。だがまずは二人きりで話がしたかった。弁護するうえで、彼女が重要な性格《キャラクター》証人になる可能性があるとわかっていたからだ。アナとヘンリーの結婚生活をじかに見てきた彼女ならば、ヘンリーは献身的な夫であり、確かに短気で怒りっぽいところもあるが、冷酷に妻に危害を加えることができるような人間ではないと大陪審で印象づけられるかもしれない。

しかしランゲには秘密もあった――事件の全貌を狂わせかねない秘密が。アナの死から数週間がたち、ヘンリーと若く美しい義理の妹の関係について噂が渦巻きはじめていた。

ヘレン・ランゲは、姉の死の数カ月前の一九二二年二月二〇日にサンフランシスコにやってきた。それまでの二年間、彼女はドイツの病院で小児看護師になる訓練を受けていたが、アメリカに渡ってアナを支えようと決め、アナが旅費の一部を負担した。姉と同様、ランゲも両親の厳しい監視下に置かれていたため、他の若い人たちと親しく交流することは許されず、「パーティーに行ったことも、キスを交わしたことも一度もなかった」。

妹がそばにいてくれることは、アナにとって計り知れない助けとなった。彼女は故郷を恋しく思っていた――家族に会えないのは寂しく、戦後に高まった反ドイツ感情の波にも苦しんでいたのだろう。ランゲは、夫が耳を傾けてくれないときにアナが心を許し悩みを打ち明けられる相手でもあり、幼い二人の子どもたちの扱いも上手だった。感謝の印に、アナはランゲに贈り物をした――輝く小さなダイヤモンドが一粒ついた細い金の指輪だった。

ところが、まもなく事態は険悪な様相を帯びはじめた。ヘンリーは以前にも増して妻に冷ややかになり、義理の妹に不健全な興味をもちはじめたように見えた。アナは、妹と夫がヴァレホ通りのアパートメントを空けるタイミングが一致しているようだと気づいた――たとえばヘンリーが仕事で不在のとき、ランゲも友だちに会いに出かけていた。ヘンリーが用事で出かけるときは、ランゲも一緒に連れていった。アナは嫉妬心に打ち勝つことができなかった。

「たまにヘンリーが仕事帰りに帳簿係を家に連れてくることがあって、そうすると姉は――病気で神経質になっていたので――夫が車でよその女たちを連れ出していると近所中に言いふらしました」とランゲは言った。「じつは私のことも、夫を奪い取ろうとしていると責めることがありました。自分でもわけがわからずに言っていたんだと思います。あとになってごめんなさいと謝って、私が姉夫婦のどちらとも仲がいいのはわかっていると言いましたから」

ヘンリーの暴力についてもアナが悪かったのだとランゲは言った。「近所の人たちがどう言うかおわかりですよね？　姉が話したことが噂になって、それがウィルケンズの耳に入るんです。彼はとても怒りっぽい人で、お酒が入ると――時々飲むのですが――いつもかっとなって怒り出しました。姉もお酒を飲みました――二人のことをこんなふうに言うのは辛いのですが、本当のことを話さなければなりません」

アナが怪しんだのは正しかった。四月に彼女は身体の具合が悪くなり、二週間入院しているあいだにへンリーは行動を起こした。「ヘンリー・ウィルケンズは、四月に自宅で私を襲いました。私がドイツからこちらに来て二カ月後のことでした」とランゲは言った。「それからまもなく、私も彼に愛情を抱くようになり、二人の関係はセイグラー・スプリングスで彼の身柄が拘束されるまで続きました」

アナが退院して自宅に戻ると、ランゲはレッドウッド・シティでホテルのメイドの仕事を見つけ、一家のアパートメントで過ごす時間は日に日に少なくなっていったが、ヘンリーとの関係は深まるばかりだった。二人は「朝と晩に」キスを交わしたとランゲは認めた。その後、ヘンリーはそれを他愛のないものと印象づけようとした。「確かに、ヘレンと私はたまにキスすることもありましたが、いつだってその場には妻もいましたし、ごく自然な気持ちからのものでした」と彼は言った。

二人は秘かに会うようになった。夜ごと、ヘンリーはランゲを長いドライブに連れ出し、サンブルーノの道路脇のレストラン〈アンクル・トムズ・キャビン〉で「チキン・ディナー」をごちそうした。彼は以前よりも遅くまで仕事をした――ガレージに残り、アナに聞かれずにヘレンと電話で話すためだ。だが、別の人に聞かれていた。

五月の初め、レッドウッド・シティにいるランゲの雇い主の女性がアナ・ウィルケンズに電話をかけてきて、彼女の妹と夫が不倫をしていると密告した。アナは知らなかったが、現にその瞬間ヘンリーとランゲは一緒にいて、サンノゼで週末を過ごしていた。彼らはそこでアルブレヒト夫妻を装い、〈セント・ジェームズ・ホテル〉にチェックインしていたのだった。

二人が帰宅すると、怒り狂うアナが待っていた。彼女はランゲを家の外に放り出し、あげた金の指輪を返せと要求した。ランゲはその夜、街の〈フェデラル・ホテル〉で過ごし、ヘンリーもそのあと合流した。二人はもっと長くそこにとどまるつもりだったのかもしれないが、翌朝ヘンリーは姉妹のおじから電話を受け、ヘレンはどこにいるのかと問い詰められ、一時間以内にヘレンの顔を見せなければ警察に通報すると脅された。

五月一〇日、ヘンリーはきまり悪そうにヴァレホ通りのアパートメントに戻った。すると目に涙をためたアナが玄関で彼を迎えた。「すごいことをしたわ」と彼女は言った。アナは弁護士を雇い、離婚の申し立てをしていた。


マーフィーは、ランゲを事務所の椅子に座らせた。のちに彼は、ただ彼女を落ち着かせたかっただけで、大陪審で何を話せばいいかを指示するつもりはなかったと主張した。

二人はヘンリーとの関係について話し、ランゲは顔を赤らめながら、義理の兄と二人きりで食事をしたことが二、三度あると認めた。そのことを大陪審で話すべきかと彼女は尋ね、(マーフィーいわく)すべて話すようにと彼は答えた。

しかし彼は、それだけではないのかもしれないと懸念していた。噂については新聞で読んでいた。一週間前、警察が動機のひとつとして不倫を調査していると記者団から告げられたとき、ヘンリーは――彼は監房で法律を学ぶ計画を立てていた――それをただ一笑に付し、一方でランゲは姉のことを鬱状態の嫉妬深い女と描写した。「もしヘンリー・ウィルケンズが私を愛していて、私と結婚するために妻と別れたいと考えていたのなら、私は間違いなくそう察したはずです」と彼女は言った。「私たちはただの友だちでした、それだけです。それに、告発されているような恐ろしいことを彼がしたとはとうてい信じられません」

「ヘンリー・ウィルケンズを愛しているかと、私は率直に質問した。すると彼女は否定し、自分は彼の忠実な友だと答えた」とマーフィーは言った。二人の関係を問いただすのは初めてではなかったが、彼は再度、ヘンリーと「親密な関係」になったことがあるかとランゲに尋ねた。

「私は節操のある女よ、マーフィーさん」と、ランゲは探偵小説のセリフをそのまま持ってきたような言葉を返した。「身持ちの堅い女だと信じていただきたいわ」

その晩ホール・オブ・ジャスティスで、ランゲは神経を高ぶらせるようすも見せず、大陪審が行なわれている部屋の外で、証言する順番が回ってくるのを辛抱強く待っていた。彼女は数人の通訳となごやかにおしゃべりをしたり、記者にドイツ語で話しかけたりしていたが、その間マーフィーは葉巻を吸いながら廊下を歩き回っていた。彼の懸念は的中した。ヘレン・ランゲの初出廷は、彼の災難の始まりにすぎなかった。

わずかに訛りがあるものの、ランゲは上手に英語を話し、落ち着いた態度に陪審員たちは感銘を受けた。「彼女は洗練された、じつに冷静沈着な若い女性で、美しく、二月に入国したばかりにしてはまあまあの英語力があるように思えた」と大陪審員長のオットー・ユングブルットは語った。

しかし二時間を超える証人尋問で、地区検事補のイシドア・ゴールデンは真相に迫るものを探り出した。それはランゲが新聞に語った話の無垢なイメージとは程遠いものだった。

ランゲはキスを認めたが、ホテルにはひとりで泊まったと言った。ヘンリーと妻はよく口論していたと説明し、アナの嫉妬深さと飲酒癖についても語った。陪審員のひとりエリザベス・ヘイズは、これをあまりにもひどい言い様だと感じ、「あなたは、袖につけているその黒い喪章を外してはいかがですか?」とランゲを非難した。「今の証言で、お姉様の思い出を侮辱したのがわからないのですか?」

今後の裁判の陪審員に先入観を与えないよう、また、無実と判断された人々の名誉を損なわないよう、大陪審の記録は非公開のはずだが、ランゲの証言は翌日の新聞の第一面で報じられた。これはゴールデンが期待していたような決定打とは違ったが、ランゲの証言は、州に裁判に踏み切る十分な動機を与えた。

情報のリークに、マーフィーは激怒した。地区検察局が民衆の意識にヘンリーに関する「毒のプロパガンダ」を注入していると批判し、いっそランゲの証言の全文を公表しろと迫った。「そうすれば、彼女がいかに脅しつけられ、いたぶられ——地区検事補に何度も嘘つき呼ばわりされて——じつに卑劣かつ不面目な扱いを受けたかがわかるだろう」

彼はまた、地区検察局はカンザス通りで銃乱射事件が起きる一〇日前からウォルター・カスターの所在を知っていたが、それを警察に伝えなかったのは、ヘンリーに不利な証言をする代わりに起訴を免除するという裏取引を行なっていたからだと主張した。ゆえに、ブレイディとその部下たちは、ティム・ベイリーとアニー・ダウンズの死に「直接的な責任がある」と彼は述べた。（マーフィーはこうした言い分を裏付ける証拠は一切提示せず、この主張が蒸し返されることもなかった。）

警察は調査を続け、ランゲは翌週のほとんどを二人の刑事、ケイト・オコナーとヘンリー・マクグラスから尋問を受けて過ごした。八月一七日（木）、彼らはランゲにサンノゼのホテルの記録を見せた。大陪審では、五月初旬に「ミズ・アルブレヒト」の偽名を使いひとりで泊まったとランゲは証言していた。ところが宿泊簿にはそう書かれていなかった。そこには「ミスター・アンド・ミセス・アルブレヒト」とあり、刑事たちはすでに筆跡鑑定家を呼び、ヘンリーの筆跡と照合させようとしていた。自身の明白な嘘を突きつけられると、ランゲはついにひるみ、真実が次々に明るみに出た。

急きょ、大陪審の特別会議が招集された。表向きはランゲとマーフィーが最初の審問で嘘をつき偽証罪を犯したかどうかを判断するためだが、実際は地区検察局が公式記録にさらなる情報を書き加えるためだった（マーフィーならば、毒をさらに注入するためと言ったかもしれない）。

当局は大げさに秘密主義を演じた。大陪審員は召集の理由を知らされず、ゴールデンは彼らに、聞いたことは一切他言しないと右手を上げて宣誓させた。（ヘンリーの友人ウィリアム・マクネヴィンはたまたま陪審員のひとりだったが、どの事件の審問かを知り、外れざるを得なかった。）

ホール・オブ・ジャスティスのまわりに詰めかけた報道陣は、証言前のランゲに話しかけることを禁じられた。だがこうした予防措置にもかかわらず、審問は一瞬にして、裁判で噴出する淫らなネタの予告編と化したのである。

ランゲはアナの死後もヘンリーとの関係が続いていたことを認め、彼女の嗚咽の声が大陪審室の外の廊下まで響き渡った。捜査陣や、悲嘆に暮れるようすの一家に同情を寄せて訪ねてきてくれる人々の目を盗み、二人は注意深く関係を続けていた。

殺人事件後、最初の晩か二日目の晩のこと――アナの遺体がまだ死体安置所にある状態で――ヘンリーのベッドの姉の場所を奪い、闇の中で目を覚ましたまま横たわっていると、彼は「夢を見ては呻き、寝返りをうち、銃撃のことを何度も何度も話して」いたとランゲは記憶をたどった。

語り終え、訴追の免除と引き換えに州のために証言することに同意したのち、ランゲは大陪審団に向かって、前回は嘘をつくよう弁護士のマーフィーに「指導」されていたと告げた。マーフィーは自己弁護のための証拠提示を禁じられたため、大陪審が彼を偽証罪で告訴すると決めると、代わりに報道陣に不満を訴え、「これは単に、弁護士としての私の手腕を妨害し、ウィルケンズが私の弁護を受けられなくしようという企てだ」と述べた。

その晩遅くホール・オブ・ジャスティスをあとにしたヘレン・ランゲは、以前とはまるで別人だった。

快活な笑顔は消え去り、目を真っ赤に泣き腫らし、「今にも崩れ落ちんばかり」の状態で、ケイト・オコナーに導かれてゆっくりと大陪審室を出ていった。オコナーは州にとって重要なこの証人をしっかりと監視することになる。地区検事のブレイディは、ついに犯行の動機をつかんだ。裁判まで、あと六週間を切っていた。

コウノトリの助っ人

一九二二年九月二五日(月)の朝、ヘンリー・ウィルケンズはひげを剃り、髪をきれいにとかし、縞の囚人服から妻の葬儀のために買った濃いブルーのスーツに着替えた。

普段から日に焼けていた肌は「囚人の青白さ」を帯びてはいたが、ホール・オブ・ジャスティスでの長逗留にもかかわらず、それ以外はすこぶる健康そうで、体重も増えていた。

つい一カ月ほど前に行なわれた罪状認否のさい、うなだれ、不意に「かすれた」嗚咽を漏らしながら法廷に入ってくる彼は失意の男に見えた。しかし九月六日に子どもたちが面会に来てから――逮捕以来、会うのは初めてだった――元気を取り戻したようだ。子どもたちを抱きしめてキスをすると、彼の「目には涙があふれた」。

ヘレン・ランゲが二人の不倫関係を暴露してからの数週間は、申し立てと尋問に明け暮れた。大陪審は、ウィルケンズ事件の決着がつくまで弁護士フランク・マーフィーの偽証罪の裁判を延期すると決定した。マーフィーはヘンリーに対する訴えを取り下げさせようと何度も試み、曖昧な専門用語に頼りながら、残っているほうのカスター兄弟に依頼人をはめた陰謀の罪を負わせようと必死になったが、無駄だった。

警察と地区検察局は定期的に会議を開き戦略を話し合ったが、法の担い手である両者間の緊張は、ひと夏のあいだに高まっていった。九月一日の午後、この事件にたずさわる刑事が全員、白熱する「決着」の場に呼び出され、オブライエン署長とロッシュ市警本部長、さらには地区検察局のマシュー・ブレイディと彼の補佐たちの前で進捗状況を尋ねられた。

地区検事補のイシドア・ゴールデンは、捜査陣が証拠集めにおいて地区検察局に非協力的であり、ウィルケンズ事件を担当する刑事たちは部外者と噂話をするとき以外、事件に「関心がなかった」と非難した。マシソンはこれをきっぱりと否定した。彼の部下たちは、夏のあいだずっと物的証拠を探しつづけていたからだ。彼らはヘンリーが逮捕されたレッドウッド・シティの家の外に停めてあった黄色いプレミアを押収し、アーサー・カスターを連れて、かつて彼が兄と共にたどったフェルトンから市街地までの追跡ルートを再体験させた。

アナの指輪は関心の的だった。ヘンリーは強盗に奪われたと言ったが、アーサーは見ていないと否定した。まだヘンリーが持っている、もしくは彼が捨てたことを警察が証明できれば、彼の言い分を否定する重要な物的証拠となる。そこで彼らは配管工を雇い、アナが搬送された二つの病院の下水管を捜索させた。そこでは瀕死の状態で手術台に横たわるアナの手をヘンリーが引っ張る姿が目撃されていた。

九時一〇分前、ヘンリーは殺人罪の裁判初日を迎えるため、手錠をかけられ鎖につながれて、下の階にある高等裁判所の第一二法廷に連行された。サンフランシスコ史上「最もセンセーショナルな」ものになるはずの裁判を見ようと、法廷の外の廊下には多くの傍聴人が詰めかけ、五人の警官が特別配備された。ヘンリーは記者たちとわずかに言葉を交わし、法廷に入っていった。そこは真四角の広い空間で、壁には彫刻を施した濃い色調の木製パネルが高い天井まで貼られていた。ヘンリーは「準備はできています」と言った。「私は無罪になるでしょう。濡れ衣を着せられた被害者であることが証明されると確信しています」

法廷は一二六人の陪審員候補者ですでにごった返し、帽子から彼らの名前が書かれたくじが引かれていく。窓を通して朝の光があふれんばかりに射し込んでいるが、風は入ってこない。午後になるころには空気がむっとしているだろう。

午前一〇時になると、廷吏のフレッド・シュルケンズが小槌を鳴らして静粛を求め、裁判官のルイス・ウォードが法廷正面の法壇に登り、広い木の机の後ろに置かれた背もたれの高い革の椅子に腰を下ろした。ウォードは四五歳、弁護士として成功したのち裁判官になってまだ数年だった。幾筋かの白髪が混じった茶色の髪は、フクロウに似た顔から後ろに撫でつけられていた。彼が顔をしかめると――現に何度も顔をしかめた――小さな丸眼鏡の奥に隠れたハシバミ色の目の上で、濃い眉毛が「V」の字を描いた。

一九二〇年にウォードはギャングの〝スパッド〟・マーフィーの裁判を担当し、懲役五〇年の判決を下したが、ウィルケンズの事件は間違いなく、彼のこれまでのキャリアで最も注目を集める事件だった。ウォードは手厳しく、すぐに小槌を振るうが、状況によっては思いやりを示した。弁護士が子どもの誕生に間に合うように急いで帰宅できるよう、早めに休廷を宣言したことが二度あった。そのため、〈コール〉紙は彼を「コウノトリの助っ人」と呼んだ。

裁判官席の前に置かれたテーブルに、いよいよ始まるドラマの演者たちが初めて顔を揃えた。検察側のマシュー・ブレイディ、イシドア・ゴールデン、レオ・フリードマンは裁判官のウォードから見て左側に、マーフィーとウィルケンズは右側の弁護側テーブルについた。

部屋の後方では、何人かの傍聴人が定員オーバーのベンチに無理やり身をねじ込んだ。しかし、火花飛び散るやりとりを期待した者たちは失望した。なぜなら、裁判の最初の三日間は陪審員選びに費やされたからだ。

陪審員候補者たちがひとりずつ裁判官席に進み出て、今回は引き受けられない理由を述べる——仕事の都合、鉄道のストライキ、トルコでの戦争——、そしてウォードはひとりひとりに席に戻ってくださいと告げた。繰り出される言い訳のいくつかには、ヘンリーさえも失笑していた。

平穏な裁判になりそうにないのは、すでに明らかだった。陪審員候補者たちはその晩、見知らぬ番号からの電話を受け、「陪審員になるよう」勧められたり、〈ヘンリー・ウィルケンズとアナのように〉ドイツ人の血を引いているかと尋ねられたりした。

それでも九月二七日の午後六時一五分には一二人の陪審員がようやく選出された。〈コール〉紙に掲載された彼らの写真には、スーツ姿でネクタイを締めた九人の男性と〈その大半が中年で頭が禿げ上がってい る〉、きちんとした黒っぽいドレスを着て帽子をかぶった若そうに見える三人の女性が写っている。全員が白人で、職業は農場主から販売員、紙箱やエレベーター、加算器の製造業まで、一九二〇年代における産業の全分野に及んでいた。

九月二八日（木）の午前一〇時過ぎ、イシドア・ゴールデンは陪審団の前に立ち、検察側の冒頭陳述を始めた。彼は九〇分かけてヘンリー・ウィルケンズに対する起訴内容の概要を述べた。それはアナの殺害以来、検察側が一丸となって組み立ててきたものだった。州はヘンリーが何年も前からウォルター・カスターを知っていたこと、彼が銃撃事件の前後にカスター兄弟と会っていたこと、ヘレン・ランゲは「節操のある高潔な女性」であり、「義理の兄によって、実の姉の家で誘惑された」ことを証明する証人を出廷させる、とゴールデンは約束した。

それから陪審員に向かってこう告げた。ウォルターとヘンリーのどちらが実際に発砲し命を奪ったかはどうでもいいのです——殺人を企てたのはヘンリーであり、それをどうやり遂げるかをウォルターと示し合わせたのもヘンリー、ウォルターに現金を渡してそれを実行させたのもヘンリーなのですから。そしてヘンリーは嘘をついていました——殺人現場から猛スピードで立ち去るのを目撃した車の種類について、そこに乗っていた人数について、さらに強盗の最中にアナの指から抜き取られたという指輪についても。

じつは——とゴールデンは言い、口元に笑みを浮かべると、爆弾を投下した——ヘレン・ランゲがその指輪を見つけました。強盗に奪われたとヘンリーが言った指輪を。彼が嘘つきの殺人者である証拠として、州はその指輪を提出します。

そしてゴールデンは次のように締めくくった。「それが被告人にもたらす結果は、生か死か。投獄か自由か。被告がウォルター・カスターおよびアーサー・カスターと、法的には共謀と呼ばれる連携、同盟、または合意を結び、それによりミセス・ウィルケンズは死に追いやられたことを、我々は必ずや証明します」

その後の数日間にわたり、検察側は病院でアナの銃創を治療した医師たちを皮切りに、三〇人の証人を出廷させた。それに対し、フランク・マーフィーは反対尋問を使って状況を混乱させようと試み、日付や時間に関する質問で証人たちを動揺させ、タイミングよく異議を差し挟み、ゴールデンの流れを断とうとした。

金曜日になると、ゴールデンはヘンリーとアナのこじれた関係の実態を示すため、エレナー・ルイスとガートルード・スターネスを証人として呼んだ。この二人は、復活祭《イースター》の日曜日に〔ナパ・ヴァレーの〕カリストガで夫妻が口論し、ヘンリーが娘を道連れに死んでやると脅すのを目撃していた。アナのおば夫婦は、彼女が最後に訪ねてきたときに腕にできていた痣について語った。ガーフォード・トラック・カンパニーの二人の修理工は、ヘンリーとウォルターが一九一八年に一緒に働いていたと証言した。

しかし九月二九日（金）の正午に裁判の第一週目が終わった時点で、州はまだ決定的な一撃を加えてはいなかった。だがこれはまだ準備段階で、火曜日に再び法廷に戻ってきたときに、検察側が用意した二人の最重要証人がいよいよ証言台に立つのである。

満ち潮

一〇月の第一週にはニューヨーク・ジャイアンツ対ニューヨーク・ヤンキースのワールドシリーズが開幕し、この対決がアメリカ中の人々を引きつけた。ミネアポリスでは、ある窓掃除人が三階の窓台から歩道に転落したが、意識を取り戻したあとの第一声が「いま何対何だ?」だったという。しかし、全国各地で野球の最新情報を伝える掲示板に人だかりができるなか、サンフランシスコではヘンリー・ウィルケンズの裁判が街で最も人気の催しとなり――その傍聴券は、ポロ・グラウンズのベーブ・ルースが見える席以上に入手困難だった。

ヘンリーは最初の一週間、あたかも路面電車を待つ男のように淡々と自身の裁判を見守っていた。ところが一〇月三日(火)の朝、ケイト・オコナー刑事に案内されてヘレン・ランゲが「息苦しいほど超満員の」法廷に入ってくると、彼は「活気づく」ように見えた。

ランゲは黒いつば広のセーラー帽をかぶり、白い襟のついた地味な濃紺のドレスを着て、数日前から降り続いていた雨に濡れないよう、グレーのツイードのストームコートを羽織っていた。彼女が証人席に着き、真実を語ります、完全なる真実を、真実のみを語りますと誓うあいだ、ヘンリーは「不可解な眼差しでじっと見つめて」おり、「その目は、彼女を貫くように見えた」。

しかし、ランゲは視線を返さなかった。証言をするあいだ、彼女はヘンリーを見ようとせず、たまに目線が彼の方向にちらりと向くことがあっても、ヘンリーのほうがすぐに視線を落とした。ランゲは落ち着いたようすで、ゴールデンの予備的な質問に、わずかに訛りのある英語で答えた。

唯一、彼女の内なる動揺を露見させていたのは喉の小さな筋肉で、「そこに野鳥が閉じ込められているかのように喉が脈打って」いた。ヘンリー・ウィルケンズとの不倫関係について、検察官が細かい部分まで少しずつ聞き出していくあいだ、陪審員も傍聴人も身を乗り出し、ランゲの言葉をひと言も聞き漏らすまいと耳を傾けていた。

「ミセス・ウィルケンズが入院していたときのことを伺いますが、あなたは被告人と親密な関係をもちましたか？」一連の質問の最後に、検察官はこう尋ねた。

「はい」とランゲは認めた。

「それは一度だけではなく、二週間のあいだに何度かありましたか？」

「はい」

ランゲの証言の途中、ゴールデンは彼女とヘンリーが偽名を使って一緒に泊まったホテルの宿泊簿をかざした。ヘンリーの筆跡で書かれた架空のミスター・アンド・ミセス・アルブレヒトの名には、鉛筆で「×」印がついていた。ゴールデンはそれを陪審員席に渡して回覧させ、全員がその重要性を理解したとわかると、今度は姉が亡くなったあとのヘレンの行動について──無力なフランク・マーフィーが頻繁に上げる〝異議あり〟の声を押し切りながら──精査しはじめた。

「ところでミス・ランゲ、あなたはアメリカに来る前は身持ちの堅い女性でしたか？」とゴールデンは訊いた。

マーフィーは吐き出すように異議ありと述べ、その体格の男にしては驚くべきスピードで立ち上がった。

「無益かつ、本件とは無関係な重要でない質問であり、異議あり！」と彼は声を張り上げた。

「異議を認めます」とウォード判事が告げる。

しかしマーフィーは、ランゲがある瞬間について語り出すのを止めることができなかった。殺人事件の数日後、ヴァレホ通りのアパートメントで引き出しを開けると、小さなブリキの箱があり、振るとカタカタと音がした。入っていたのはジュエリーで、指輪が三個あり、うち二つにはダイヤモンドが一粒、もうひとつには緑と白の石がひとつずつついていた。さらに、アナが結婚式の日に身につけていたような、ダイヤモンドをちりばめたネックレスも入っていた。

WILKENS' COUNSEL AND GIRL ACCUSER

MURPHY DENIES GIRL'S CHARGES; DEMANDS HEARING BY JURY

ランゲはすぐにアナの指輪だと気づいたが、新聞には強盗に奪われたと書いてあった。そこでヘンリーに問いただすと、彼は自分の勘違いだったのだが、いまさら話を変えることはできないのだと言った。「指輪のことで、私は嘘をついていた。強盗がきみの姉さんから指輪を奪い取ったと思ったんだが、あとで家の中で見つかり、嘘をついた。これからも嘘をつきつづけるつもりだよ。今になって本当のことを話せば、私はいつも嘘をついているように思われるだろう」

ヘンリーは当初、ランゲに指輪を持っていてもいいと言ったが、彼女が八月に拘置所に面会に来たとき、彼は警察に見つかることを心配していた。「ミスター・ウィルケンズは私に、指輪を処分するようにと言いました。このことは誰も知らないから、指輪のことです、始末してしまったほうがいいと」。ランゲはゴールデンにそう語り、ヘンリーに指輪を湾に捨ててほしいと頼まれた経緯を説明した。

二個の指輪とネックレスが証拠として提示されたが、裁判所の記録では一度も触れられていない第三の指輪があった――ランゲがうまく隠しつづけた小さな秘密だ。引き出しで見つけたブリキの箱の中身を見たとき、そこには小さい金の指輪があった。アメリカに来たときに姉がプレゼントしてくれたものだが、不倫関係を知ると、アナは怒って返せと要求した。

だがもはや、アナには妹を止めようがなかった。殺害された姉の夫との情事について法廷で語るランゲの細い指には、小さなダイヤモンドが輝いていた。姉妹の愛の象徴であったその指輪は裏切りの象徴と化し、彼女はそれを右手の指にはめていた。

ヘレン・ランゲはまだ、ヘンリーが姉の殺害を企てたとは信じていなかったが、自分の証言が彼にとって不利なものとなったのはわかっていた。マーフィーから反対尋問を受けたあとも――それは一五分間にわたる通り一遍のものだったが――彼女は冷静さを保っていた。しかしその後、傍聴席の最前列の席に戻るにはヘンリーのそばを通らなければならず、恋人に触れるほど近くを通った。通り過ぎるあいだ、ヘンリーは顔を上げず、彼のすぐ後ろの席に着いたときも振り返ることはなかった。ランゲはしばらく彼の背中を見つめていたが、やがて両手に顔をうずめて泣き出した。

昼食後、アーサー・カスターが証言台に立つために法廷に連れてこられた。連行してきた保安官補たちが手錠を解くと、彼は落ち着いたようすで証人席の木の椅子に腰かけた。薄手のスーツにベスト、ネクタイを身につけ、髪を後ろに撫でつけ、足首を軽く交差させている。ランゲはめずらしく、アーサーの証言を聞くために法廷に残りたいと主張した。彼が宣誓の言葉を述べるあいだ、ランゲは前かがみになって熱心に耳を傾け、彼が語るストーリーの何かが自分の気持ちを楽にしてくれるのを期待していた。

アーサーは穏やかに、静かに、そして衝撃的に、彼の視点から見た五月三〇日の出来事をゴールデンに語った。ウォルターが早朝に迎えにきて、「ちょっとした仕事」の見返りに二五〇ドルやると約束したこと、黄色いプレミアを追って市街地まで北上し、一九番通りで道路脇に追い込んだこと。「銃声と女の悲鳴が聞こえて、そのあとウォルターが走って戻ってきて、その場から走り去れと言ったんだ」と彼は語った。

アーサーは、ヘンリーとは殺人の前に二度会ったことがあると言った。一度目は前の週にヘンリーが兄弟の車を直したとき。二度目はその二日後で、アーサーとウォルターはパシフィック通りにあるヘンリーのガレージに行き、彼にタイヤを一本売った。カンザス通りでの銃乱射事件以来、アーサーは兄を悪しざまに言ってきたが、このときウォルターの自殺について語る彼の目には涙がにじんでいた。

ゴールデンはまた、ヘンリーがカスター兄弟に気づかないふりをした面通しについても、より詳細な情報を聞き出した。「彼は何も言わなかったけど、俺に向かってちょっと眉をしかめるような顔をした」とアーサーが振り返るあいだ、ヘンリーは鉛筆をいじりながら目の前に置かれた白い紙を見つめていた。一方でランゲの証言は被告人に打撃を与えていた。「彼は顔色が悪く、力なくだらりと椅子に腰かけ、明らかに意気消沈している」とアーネスティーン・ブラックは書いている。

〈クロニクル〉紙によると、ここまでは、マーフィーとゴールデンのあいだに「たまに火花が散る」ことはあっても「爆発は一度も起きていなかった」が、翌日の午前の審理が始まって数時間後、様相が一変した。

マーフィーは証言台に立つアーサー・カスターへの反対尋問で、彼の芳しくない経歴について、さらに、警察で弁護士のウィリアム・ヘロン立ち合いのもと行なった供述について質問攻めにした。

何週間も前から、マーフィーは報道陣をはじめ耳を傾けてくれる人なら誰にでも、ヘロンとアーサーが策略を練り、ヘンリーを罠にはめたのだと語っていた。ヘロンは吸血鬼のような風貌の若い痩せた男で、彼は法廷の後方、地区検察局の弁護士の一団の後ろに座っていたが、自分の名が言及されると気色ばんだ。マーフィーが次々に繰り出す質問にヘロンが大声で異議を唱えると、マーフィーはぶっきらぼうな態度で、自分が関与していない裁判で異議を唱える権利があるのかと反撃した。これにヘロンは「艶やかな黒髪をオウムのトサカのごとく逆立て」て、「あなたは数多くの告発をしたが、それを証明するチャンスを与えよう」と言い返した。

やがて彼は落ち着きを取り戻し、「まあ、壁を取り払って差し上げましょう」と、異議を取り下げることに同意した。だがマーフィーは、「きみは近々、壁ならぬ塀の向こうに行くことになるだろうがね」と、最後の一撃を見舞わずにはいられなかった。

それが大混乱の火種となった。「侮辱するな！」と金切り声を上げ、ヘロンは拳を握りマーフィーのほうに足を踏み出した。するとマーフィーも「お前の悪事を暴いてやる！」と怒鳴り返す。「証言台に立つ勇気もないんだろう」

法廷は騒然となった。廷吏が立ち上がり、小槌を打ちながら、殴り合いになったら割って入ろうと身構える。検察側のベンチでは、ゴールデンが「ちょっと待ってください」と弱々しく口を挟もうとしたが、誰も聞いていなかった。法廷速記者は論戦についていこうとしたが無理だった。アーサー・カスターは証人席でふんぞり返り、ショーを楽しんだ。

ウォード判事は一、二分のあいだ黙って見ていたが、やがて低く重々しい声で語り出した。彼はマーフィーとヘロンに向かって、あなた方の振る舞いは法廷侮辱罪に当たると告げ、双方に二四時間の拘留を命じた。ヘロンは腕を組み、従う用意はあると述べた。マーフィーもまた腕を組み、しかるべき書類がなければ従えないと拒否した。

廷吏が野次馬を追い出し、二人の弁護士は上の階に連れていかれた。郡拘置所の受付のところで、二人は問題を起こして校長室の前に立たされている生徒のように、顔を見合わせて気まずそうに笑っていた。そのころ下の階では、ほとんど人のいなくなった法廷で、ヘンリーの顔に浮かぶ困惑の表情が徐々に笑みに変わっていった。

第一二法廷が面白いことになっているという噂は、瞬く間に広まった。フランク・マーフィーとウィリアム・ヘロンが火花を散らす大激論を繰り広げた翌日の一〇月六日（金）、法廷の外の廊下では、さらなる花火を期待する熱心な傍聴希望者が九〇分待ちの列をなしていた。「商魂たくましい行商人なら、サンドイッチやキャンプスツールを売ってひと財産築いただろう」と、〈エグザミナー〉紙のオスカー・ファーンバックは述べた。しかし、長蛇の列をなしていた人々は落胆することになる。「弁護士たちの口調は、蜜がしたたるように甘美なものだった」からだ。

州はゆっくりと時間をかけて、ヘンリーの主張を切り崩していった。月曜日、アーサーに代わってロバート・カスターが証言台に立ち、ヘンリーがポリグラフ検査を受けたあと、パシフィック通りとブローデリック通りの角で彼と会ったときのことを語った。その晩、ヘンリーは浮かれたようすで、自分がアーサーとウォルターを認識しない限り、警察は手出しできないと勝ち誇ったように言っていた、とロバートは証言した。

その日、最後に証言台に立ったのは、ヘンリーがアナを病院に連れていくのを手伝った弁護士のジェイコブ・ゴーフィンケルだった。長い一日だったが、病院で瀕死の状態で横たわる妻の左手の手袋をヘンリーが引っ張るのを確かに見たという証言に、陪審員は熱心に耳を傾けた。この話は陪審員に、ヘンリーは警察に見られる前にアナの指輪を外し、自身の話との辻褄合わせをしようとしていたという心象を与えた。

自身も弁護士であるゴーフィンケルは強く印象に残る証人となり、この新たな証拠が陪審員に浸透していくのを、ヘンリーは浮かない顔で見ていた。マーフィーはゴーフィンケルの証言のあらを捜そうとしたが、それがかえって、さらなる不利な証拠を引き出す結果となった。たとえば、追跡してきた車がダッジではないとヘンリーは銃撃事件の夜から知っていたことが露見した。彼は最初から警察に嘘をついていたのである。

二日後、ヘンリーの会社の経理担当者キャスリーン・ランデルは、アナの死の数週間前から、彼が一部の取引を記録に残さないよう依頼するようになったと説明した。それは、自分の資産を妻に知られたくないからという理由だった。これから離婚訴訟が始まるが、アナに扶助料を払いたくないのだと彼はランデルに語った。「話しながらにやりと笑ったので、彼女を〝騙した〟つもりなんだなと感じました」とランデルは言った。

それまでの数週間、次々に登場する証人たちを見てもヘンリーはほとんど感情を露わにしなかったが、ゴールデンはもうひとつ隠し玉を用意していた。一三日の金曜日の午後、州側はヘレン・ランゲを再び召喚した。恋人との再会に、ヘンリーは「完全に自制心を失った」。ランゲもまた強烈な感情と闘っており、アナの死後もヘンリーとの「罪深い関係」が続いていたことを、涙を流しながら陪審員に語った。

証人席を離れたランゲはウォード判事の部屋に案内され、そこで悲しみと恥辱が満ち潮のごとく打ち寄せた。「なぜあんなことを話さなければならなかったの?」と彼女は泣いた。「なぜ話さなければならなかったの?」

法廷では検察側が証拠の提出を終え、陪審員たちはヘンリーを睨みつけた。彼は椅子に身を沈め、閉じた目を拭い、嗚咽を鎮めようと震える口を片手で覆った。

トワイライト・ゾーン

夏のあいだずっと、ジョン・ラーソンはヘンリー・ウィルケンズの裁判に証拠提出を求められるだろうかと考えていた。しかし、声はいっこうにかからなかった。

考えてみれば、それも当然だった。ラーソンは報道陣にウィルケンズは無実だと思うと語ったが、内心では疑念が増し、自分が証言をすれば被告側の論拠を強めるどころか、むしろ弱めるのではないかとさえ思えた。それに、たとえばウォルター・カスターと以前から面識があったことなど、嘘発見器が見抜けなかった虚偽をヘンリーはすでに認めていた。

そのため、だらだらと続くアーサー・カスターの証言が三日目に突入した一〇月六日（金）、ラーソンは法廷にいる代わりにバークレーで「自動車運転《オートドライブ》」をし、サン・パブロ通りの道端で待機し、無免許運転や、テールランプやナンバープレートのない車など、小さな違反でドライバーを止めていた。

その晩、ラーソンと同僚たちは五〇人以上を逮捕したが、ヘンリー・ヴィラと運命を共にした違反者はほとんどいなかった。ヴィラはかつてラーソンと衝突したバークレーの元警官で、ちょうどその日、スピード違反の罪で郡刑務所への二〇日間の収監を言い渡された。

ヴィラの破滅がラーソンに何かしらの喜びを与えたとしても、それは嘘発見器にまつわる懸念によって打ち消された。アメリカの司法制度において急速に地位を高めていった嘘発見器だが、その勢いがぱたりと止んでいた。ヘンリー・ウィルケンズ事件での失敗後、ラーソンはサンフランシスコ市警がポリグラフをもう二度と使わないと決めたという噂を耳にした。そして一九二二年七月、ある画期的な事件をきっかけに、ほとんどの法廷でこの先数十年間は嘘発見器の使用が禁じられることになるのである。

それは、ワシントンDCの著名な医師ロバート・ウェイド・ブラウンの殺害を巡る事件だった。ブラウンはナショナル生命保険会社の社長で、「ワシントンで最も裕福な黒人」だった。一九二〇年一一月二七日（土）、大学のフットボールの試合後に彼が友人たちを家に招いてもてなしていると、ひとりの若い男がドアをノックした。

医師は男と話をしにいき、しばらくすると客たちは玄関のほうで銃声がしたのを聞いた。ブラウンは至近距離で撃たれており、遺体のそばに銃が転がっていたが、犯人の姿はなかった。

ブラウンの殺害は国じゅうの黒人社会に衝撃を与えたが、何カ月ものあいだ警察の犯人逮捕に進展はなく、翌一九二一年の八月になってようやく、第一次世界大戦で従軍した二五歳の退役軍人ジェームズ・アルフォンソ・フライが起訴された。

フライはその数カ月前に、この殺人事件とは無関係の強盗容疑で逮捕されていた。その捜査中、フライのかつての上司であった歯科医ジョン・フランシスが、フライが以前ブラウンを殺したことを認めたと警察に語ったのだ。

一週間後、フライは正式に警察に自供した。淋病の薬をもらいに自宅まで行ったが、金を払えないのを理由にブラウンが薬をくれなかったため、もみあいになり、誤って撃ってしまったのだと彼は語った。

「ドアのほうに逃げようとすると、彼がまた私の腕をつかんで殴りかかってきたので、手を上げろと言いましたが、それでもまだ殴るのをやめず、頭を殴ってきて、もみ合ううちに銃が発射したのだと思います」

ところが、殺人事件の裁判が始まる前にフライは供述を撤回した。ある刑事が、強盗罪を取り下げてやる、一〇〇〇ドルの報奨金も山分けすると約束して自分を騙し、自供させたのだと彼は言った。フライによると、真犯人は元上司のジョン・フランシスで、嘘の供述をしたのは、自分には鉄壁のアリバイがあるとわかっていたからだった。

しかし、そのアリバイの証人が名乗り出るのを拒んだため、フライは慌てて疑いを晴らそうとする羽目になった。彼の事件は、ウィリアム・モールトン・マーストンの目に留まった。血圧の研究がジョン・ラーソンの嘘発見器にヒントを与えたマーストンは、ちょうどワシントンDCにあるアメリカン大学で法心理学を教えはじめたところだった。

三月から六月まで週に二度、夜間に行なわれたマーストンの講義は他に類を見ないユニークなもので、ハーヴァード大学のフーゴー・ミュンスターバーグのもとで学んだ経験を活かし、実験と実演に重点が置かれていた。マーストンはフライ事件に新たな「講義プロジェクト」のチャンスを見い出し、ジョン・ラーソンと並行して独自に進めていた嘘発見器の研究をさらに進める機会ととらえた。

ハーヴァード大学での最後の数年間、マーストンは刑事事件を研究しはじめていた。彼はつねに名声を視野に入れており、法廷でポリグラフ検査を証拠として認める先例をつくりたいと考えていた。そのため彼はラーソンに手紙を書き、ウィルケンズの捜査に関する最新情報を尋ねていた。この事件が有用なテストケースになるかもしれないと考えたのだ。

一九二二年六月一〇日——ヘンリー・ウィルケンズがジョン・ラーソンのポリグラフ検査を受けた翌日——マーストンは監房にいるフライを訪ね、独自の虚偽テストを行なった。マーストンは——彼は黒髪に力強い顎をもつ美男子だった——フライの腕に血圧測定用カフを装着し、話をしながらメモをとった。「彼はいくつか質問し、どれも事件とは関係のないものだったが、そのあと急に事件の細部に迫る質問を始めた」とフライは回想している。マーストンはテストのあと、フライは真実を語っている——つまり彼は無実だと宣言した。

しかし専門家証人としての資格を得るには、マーストンは予審判事のウィリアム・マッコイを納得させ、証言を認めてもらう必要がある。そこで一九二二年七月一九日、彼は裁判所に嘘発見器を持ち込み、法廷の外の廊下でフライを使って装置をテストした。フライの新しい弁護団——いずれもマーストンの教え子だった——はマッコイに血圧と虚偽テストに関する科学論文を山ほど提出し、そこにはラーソンの研究のほか、マーストン自身の博士論文も含まれていた。

しかし、マッコイはそれらに五分も目を通すことなく決断した。彼はマーストンを証言台に立たせるつもりはなかった。「もし心臓収縮テストを用いるのなら、この裁判で証言をする証人全員をテストしなければならないだろう。そのテストが科学的なものなら、すべての証人に適用したほうがいい」。そして彼は科学論文を「パンフレット」と一蹴し、休暇から戻ったらじっくり目を通すと言った。「血圧で嘘を見抜く技術も、法廷で使えるほどのものではないとわかる。科学はまだそこまで発達していない」

真実か嘘かを判断するのは科学の役割ではなく、人の宣誓供述を評価するのも専門家の役割ではない、というのがマッコイの考えだった。「そのために陪審員がいる」のだと彼は言った。「(嘘発見器が)電話や電信、無線などと同等の完成度に達したならば、そのときに検討しよう。もっとも、そのころ私は死んでいるだろうから、頭を悩ますのは他の裁判官であって私ではないが」

一九二二年七月二〇日——国の反対側では、ちょうどフランク・マーフィーが予審でアーサー・カスターを厳しく尋問していたその日、フライは第二級殺人で有罪判決を受け、懲役一五年の判決を言い渡された。一九二三年一二月、コロンビア特別区巡回控訴裁判所はマッコイの判決を支持し、新しい形態の科学の証拠採用にひとつの先例をつくった。

このフライ基準は、実験的技術と確かな証拠とのあいだの「トワイライト・ゾーン」に一線を引こうとするものだった。この基準は、新技術が裁判の証拠として採用されるためには、それが属する分野で一般に受け入れられなければならないとしている。カリフォルニア州やイリノイ州を含む一部の管轄区域では、今もなお法的にこの基準が適用されているが、他の大半の区域では、専門家による評価やテスト容易性など数々の追加要件を定めた、より慣例的なダウバート基準に置き換えられている。

これら二つの基準は共に、以後一世紀のあいだ、嘘発見器の証拠をアメリカの法廷からほぼ全面的に締め出すことになる。いずれ嘘発見器は司法制度の他のあらゆる部分に入り込んでくるが、さしあたりヘンリー・ウィルケンズの運命は陪審員によって——そして彼の弁護士フランク・マーフィーによって——定められることになる。

弁護側の主張

一〇月一六日（月）の正午前、フランク・マーフィーは陪審員の前に立ち、弁護側の冒頭陳述を始めた。赤ら顔にはすでに汗がにじみ、腹に押し広げられて、ベストのボタンがはちきれそうだ。ヘンリーの運命は、どちらに傾くかわからない天秤に乗っていた。

「喜ばしいことに」とマーフィーは切り出した。「ヘンリー・ウィルケンズが自身の主張を語り、証拠を提出し、残酷かつ容赦ない訴追を受けたことで生じた疑いを晴らす時がようやく訪れました」

これまでの数週間は依頼人にとって過酷な日々だったが、これからの一〇日間で、マーフィーはできるだけ事態を攪乱し、陪審員の脳裏にしかるべき疑念の種を植えつけようとしていた。そのために、彼はヘンリーが愛情深く献身的な夫であったことを性格証人に証言させる予定であり、夫婦間の争いは結婚生活にありがちなものにすぎず、確かにヘンリーはアナの歯をへし折ったが、そのときは二人とも酔っぱらっていたのであり、それに、歯はもともとぐらついていたのだと主張した。

彼はまた、ヘンリーがカスター兄弟とアーサーの弁護士ウィリアム・ヘロンが企てた陰謀の無力な標的となり、彼らに騙されて六月九日にパシフィック通りとブローデリック通りの角でロバート・カスターと怪しげな密会をした証拠も提出するつもりだった。

しかし彼の主眼は、アーサー・カスターの健全性を攻撃することにあった。アーサーは詐欺師と殺人者の家系に生まれた悪賢い策略家で、自身の自由と引き換えにヘンリーをおとしいれようとし、すでに反対尋問で警察沙汰が露見しはじめていた。陪審員の目に映るアーサーの信望を落とすことができれば、ヘンリーにもチャンスがあるかもしれない。

マーフィーは午前中の大半を費やして弁護側の主張の概要を説明したあと、彼自身大いに楽しんだに違いない芝居がかった演出と共に、最初の証人として地区検事マシュー・ブレイディを証人台に呼んだ。ブレイディが検察側の席を立ち証人席のほうに歩み寄ると、法廷は興奮にざわめいた。

短いが白熱したやりとりの中で、マーフィーはブレイディに対し、ヘンリーをセイグラー・スプリングスから連行するさいに「第三度」を使ったと非難した。ヘンリーの言葉以外、これを裏付ける証拠は何もなかったが、陪審員の心に早い段階で陰謀の種をまき、なにかと問題の多いブレイディの名に泥を塗った点で、見事な初手となった。

だが全体として、裁判の序盤はマーフィーの期待通りにはいかなかった。彼はキャンプ仲間の四人を証人として呼び、旅のあいだヘンリーはずっと彼らと一緒で、カスター兄弟が言ったように土曜や火曜にこっそり抜け出してウォルターと会うことはできなかったはずだと証言させようとした。しかし四人のうち三人は反対尋問で崩され、四六時中ヘンリーの姿が視界に入っていたわけではなく、一五分くらいなら抜け出すことは容易にできたはずだと認めた。

マーフィーはまた、アーサーの元刑務所仲間――内装業者のルイス・バークハートと詐欺師のアール・コバーン――を捜し出した。彼らは非常に似通った証言をし、ヘンリーに不利な証言をすることを条件に、アーサーがブレイディから訴追免除を持ちかけられたこと、また、すべては内部犯行であり、キャンプ帰りのヘンリーが大金を所持しているという、彼の従業員からの密告が発端であったことが語られた。

しかし二人の証人はいずれも、反対尋問でイシドア・ゴールデンにずたずたにされた。バークハートは偽証罪で起訴されたことがあり、自分とはほとんど関係のない裁判に証人として首を突っ込む癖があることもまもなく判明した。

ヘンリーの弁護のためにマーフィーが次々に出してくる受刑者たちに、陪審員は良い印象を受けなかったようだ。小切手偽造者やプロの偽証者は、彼が冒頭陳述で約束したような優れた性格証人ではなかった。

一〇月二三日（月）、期待に胸を膨らませる観衆は、ついに待ち望んだものを手に入れた。ヘンリー・ウィルケンズが証言台に立ったのだ。彼は青いスーツを着て、左の腕に黒い喪章を巻いていた。十分に休養がとれているようすで、きれいにひげを剃り、澄んだ明るい目をしていた。彼は強いドイツ語訛りで、たまに口ごもりながらゆっくりと語った。

直接尋問と反対尋問が行われた心揺さぶる三日間で、ヘンリーは自らの家庭生活について語り、検察側が多くの時間を割いたアナに対する暴行について、彼女の肩をつかむ手に力がこもり痣が残ってしまったことや、あとになって自分を恥じたことを説明した。「あのときは妻も私もかなり酔っていたので、何が起きたのかわかりませんでした」と彼は言った。

ヘンリーはまた、アナが妹との不倫を知ったときのことを語った。彼はすべてを打ち明け、アナは彼を許し、水に流そうと二人で約束をした。彼はアナの離婚弁護士が訴訟を取り下げる費用として要求した五〇ドルの小切手まで書いていた。

「あなたには、奥さんに死んでほしい理由がありましたか?」とマーフィーは尋ねた。

「あるはずがない」とヘンリーは答えた。

五月三〇日の出来事を語るとき、ヘンリーの声は弱々しくなった。誰かに会うためにキャンプ場を離れたことはないと彼は否定した。銃撃、そして必死になって病院に向かったときのことを話すうちに、頬を涙が流れ落ち、彼はハンカチで目をぬぐった。

マーフィーは根気良く主張を組み立てていった――アーサーの話の小さな矛盾点を、そのひとつひとつの総和よりも大きな効果が生まれることを期待しながら丹念に積み重ねていく。たとえば彼は、ウィルケンズ一家は当初、日曜日にサンフランシスコに帰る予定だったが、直前になって火曜日までキャンプを延長したのだから、ヘンリーが事前に殺害を計画できたはずがないと立証しようとした。

マーフィーの助けを得ながら、ヘンリーは殺人事件後に自身がとった奇妙な行動について説明を試みた。彼によると、六月九日のパシフィック通りとブローデリック通りの角での密会は正体不明の男からの電話で呼び出されたもので、男はその後、彼を脅迫しようとした。その男がロバート・カスターであったことを、ヘンリーは法廷でその姿を見てようやく知ったのだという。

彼はまた、自分に対し陰謀を企てたアーサーの弁護士ウィリアム・ヘロンを非難しようとした。突然ヘロンから連絡を受け、五〇〇〇ドル払えば事件に「巻き込まれ」て拘置所に入れられるのを阻止できると持ちかけられた。彼はすでに不倫のことを知っているらしく、「あなたには二人の子どもがいる。この女の名が表に出ては困るはずだ」と言ったという。

ヘンリーはこの申し出に躊躇したが、その場でヘロンに一〇〇ドル払い、女性刑事のケイト・オコナーと地区検察局の関係筋から得た情報を教えてもらったと認めた。ヘンリーがセイグラー・スプリングスから戻ってきてからも二人は二、三度会ったが、次にヘロンの姿を見たのは法廷で、彼はアーサー・カスターの弁護士であり――その証言によってヘンリーは絞首台に送り込まれる恐れがあった。ヘロンがヘンリーと会ったのは策略であり、彼をおとしいれるために利用できる情報を引き出そうとしたのだとマーフィーは主張した。

しかし、この数日で陪審員の印象に残ったのはヘンリーが証言した内容よりも、むしろその話しぶりだった。彼はマーフィーに対し、落ち着いた友好的な応対をしていた。ところが、ゴールデンからバトンを引き継いだスレンダーな三二歳のレオ・フリードマンの反対尋問を受けているとき、ヘンリーは態度を一変させた。「表情といい息づかいといい、あからさまに反抗的だった」と〈エグザミナー〉紙のファーンバックは書いている。「もはや検察には、暴言を伴わない落ち着いた率直な受け答えなどできないと言わんばかりに見えた」

フリードマンは反対尋問の冒頭で、アナが撃たれたあと、なぜ近くの家に連れていき助けを求めなかったのか、妻を撃った強盗をなぜ撃たなかったのか――そもそもなぜ、銃の安全装置を外さなかったのかと尋ねた。

ヘンリーは食ってかかるように早口で答えた。声がうわずり、無理やり普通の調子に戻すのは至難の業だった。「もっと礼儀正しいまともな質問をしたらどうなんだ?」と彼は検察官を怒鳴りつけた。

その後、フリードマンはカリストガでの暴行に関する質問をし、ヘンリーが妻の喉をつかんで腕に痣を残したのは本当かと尋ねた。「そうだ」とヘンリーは唸るように答えた。「あんたのその腕をつかめば、同じように痣が残るさ」

マーフィーは落胆したようすだった。この暴言で、ヘンリーは弁護士が丹念に積み上げてきたものを一気に崩し、その晩、家路につく陪審員たちの脳裏には、怒って口汚くののしるヘンリーの姿が刻まれていた。「被告人が短気であることを陪審員に示すのが検察側の作戦であったのなら、それは成功した」と〈クロニクル〉紙は報じた。

翌日の一〇月二四日、フリードマンはマーフィーの異議を押し切って、ヘンリーを再び銃撃の日に引き戻した。あのときのカーチェイスを思い出せと言われるたびにそうしたように、ヘンリーは泣き出し、自分を苦しめる相手に震える指先を向けた。「ミスター・フリードマン、もしあなたの妻が殺されたとしたら、何度も何度もこういう質問をされたいと思いますか？　私は――」

そこから先は嗚咽にかき消され、ヘンリーは椅子に崩れ落ちて両手で顔を覆い、陪審員席にも涙を流す者がいた。ウォード判事はしばしの休廷を告げ、陪審員たちは気持ちを鎮めるために彼の部屋に案内された。

しかし、フリードマンは容赦なかった。裁判が再開すると彼は尋問を続け、ヘンリーの話の矛盾点を丹念に引き出していった。

彼の声ににじむ疑念が陪審員たちの顔にも反映され、それはとりわけ、ヘンリーがヘロンと会い、謎の電話に呼び出されて六月九日にロバート・カスターと密会したくだりで色濃くなった。

「その男に、会いたい理由を尋ねましたか？」とフリードマンは訊いた。

「いいえ」

「なんの件で会いたいのかと彼に尋ねましたか？」

「特に何も尋ねませんでした」

「彼がなんの用であなたに会いたいのか、知りたいと思わなかったのですか？」

「まあ、思いましたが。そうでなければ行かなかったでしょう、知りたくなかったのなら」

「しかし、彼に尋ねなかったのですね？」

「尋ねませんでした」

「まさか、誰かが電話をかけてきて大事な用があるから会いたいと言ったら、あなたはその都度店から駆けつけるんじゃないでしょうね？」

「それが私の仕事です」

「誰かが電話をかけてきて大事な用件で会いたいと言うたびに、あなたは駆けつけるんですか？」

「会いたいと言われたら、どんな仕事であろうと、そこに行って確かめます」

「車を修理しに行くんですね？」

「もちろん」

「車の修理を依頼する電話なら、故障したとかなんとか言ってくるんじゃないですか？」

「たいていはそうです」

「故障の場合、あなたはいつも店の車で行きますか？」

「もちろん、故障なら」

「故障なら。しかし、その晩は店の車で行きませんでしたね」

「はい」

「仕事と関係のある話だとは思わなかったんですね？」

「わからなかった」

「その男がなんの用であなたに会いたいのか、話がしたいのか、心当たりはありましたか?」

「ありません。見当もつかなかった」

「あなたは夜の八時にその男に会いにいった。男は電話をかけてきてロバーツとだけ名乗り、あなたの知らない相手だった。男に会いに自宅から数ブロック離れた場所に自家用車で出かけたとき、なんの用件で会いたいのか、あなたは見当もつかなかった、そういうことですね?」

「そうです」

「以前にもそのようなことをしたことがありますか?」

「いいえ。以前はそういう精神状態ではなかったんです、ミスター・フリードマン」


ついに一〇月二四日の午後、数々の矛盾にがんじがらめになったヘンリーは、話の主導権をフリードマンから奪い返そうと最後のあがきに出た。彼は陪審員にまっすぐ向き直ると、異例のスピーチを始めたのだ。たどたどしい口調で、彼はこの数日間で述べてきた詳細をなぜ長いあいだ隠していたのかを説明しようとした。

「みなさん、私は結婚して一〇年になります」と彼は切り出した。「女性に手を上げたことなど一度もないと、胸を張って言えます。私が愛したのは妻ひとりであり、これからも妻だけを愛しつづけるでしょう」

「ミス・ヘレン・ランゲは、二月の末にドイツからこちらに来ました。妹ですから、妻はできる限りのことをしようとし、満ち足りた幸福な家庭生活を送っていましたが、じつに不名誉なことに、私は――つい魔が差して、私はヘレン・ランゲと、妻の妹と付き合うようになりました。悪いことをしたと思っています」

二人の関係をアナに打ち明けたときのことを語るうちに気持ちが高ぶり、ヘンリーの声がうわずった。陪審員席では、ミセス・アナ・マレーが声を立てずに泣いていた。

「わかったわ、ヘンリー」とアナ・ウィルケンズは言った。「すべて水に流して、もう一度新婚旅行に行きましょう。でもお願いだからヘレンにはもう近づかないで」

そして彼は――妻と和解しランゲとの関係は終わらせたと断言した。しかしランゲは、彼が元の鞘に収まるのを阻止しようとしたのだという。二人でホテルに泊まったあとは、殺人事件の翌日か二日後までランゲと会っていなかったとヘンリーは言った。

「子どもたちにとっても、彼女は母親のようなものでした。私には身内がひとりもいませんでした、おばも、おじも。兄弟姉妹もこの国にはいないのです」と彼は言った。「子どもたちは彼女のことが好きでした し、家から追い出すことなどできません」

そういうわけで、二人は都合の良さと悲しみからまた元の関係に戻ったが、はた目にどう映るかをヘンリーはわかっていた。「私は自分がしたことを恥じていました。子どもたちの耳には入れたくなかった。だから地区検察局でパシフィック通りとブローデリック通りの角に行ったかと訊かれたとき、私は行っていないと答えました。もし認めれば、ヘレン・ランゲのことも、私が恥じていたあのことも突き止められてしまうとわかっていたからです」

これは力強いスピーチで、陪審員の心にも響いたようだ。ヘンリーは「本当に愛していたのは妻だけだという話に真実味もしくはそれに近いものを与えるのに成功した」とアーネスティーン・ブラックは書いている。

しかしフリードマンはそれで終わりにはしなかった。翌日の午前、彼は前の日の続きから始め、一睡もできなかったように見えるヘンリーに何度も何度も同じ問いを発し、厳しく問い詰めた。彼はなぜ撃ち返さなかったのか？　「右手ではうまく銃が使えなかったからだ」とヘンリーは叫ぶように答えた。「ミスター・フリードマン、頼むから、もうその質問はしないでくれ」

ヘンリーがアナの宝石の所在について六月に地区検察局で行なった供述を精査したところ――その供述は、彼がいま語っている話と合致しなかった。フリードマンにプレッシャーをかけられ、被告人は押しつぶされそうになっていた。質問を矢継ぎ早に浴びせられ、彼はついに「私は嘘をつきました！」と白状した。「嘘をついたのはヘレン・ランゲを守るためです。それに、検察にとって重要な意味をもつとわかっていたからです」

真の船乗り

強風が湾を渡るフェリーを激しく揺らし、マーチャント・ビルディングの信号旗を鞭打ち直立不動にさせた。第一二法廷の窓を打ちつける雨は、嵐のように荒れる裁判には衝撃的な背景となった。けれども一〇月二六日（木）、その日最大のエンターテインメントは外の通りで繰り広げられた。

事の発端は些細なことだった。フランク・マーフィーが用意した弁護側の証人のひとりに反対尋問を行なっていたとき、レオ・フリードマンはふと、ヘンリー・ウィルケンズの裁判が始まる直前の大陪審で、マーフィーがヘレン・ランゲに嘘をつくよう指導したとして偽証罪に問われていることに触れた。

するとマーフィーは怒り狂い、「卑劣かつ卑怯な」手を使って自分をこの裁判から追い払い、ブレイディの政治生命を守ろうとしていると、フリードマンを、そして地区検事マシュー・ブレイディを非難した。仕方なくウォード判事が割って入り、「あなたはこの法廷で、すでに一度経験済みですよ、ミスター・マーフィー」と警告を発した。

「自分の気持ちを言わずにはいられません。私は人間であり、ひとりの男なのです」

「抑えてください、ミスター・マーフィー。必要なら休憩を取りましょう。あなたが自制できないのなら、ほかにも方法があります」

しかしマーフィーは自分を抑えようとせず、その後、愚弄されてブレイディも挑発を始めた。辛辣な言葉をつぶやくと、ブレイディは立ち上がり、拳を握りしめてマーフィーに向かっていった。

「落ち着いてください、ミスター・ブレイディ」とウォードが言った。「あなたとミスター・マーフィーのあいだに何か問題があるのなら、法廷の外で解決してください」

まさかその言葉が文字通りに解釈されようとは彼も思っていなかっただろう。ところが昼の休憩時間、陪審員たちが地下でヘンリーの黄色い「死の車」を見ているあいだ、ブレイディとマーフィーはホール・オブ・ジャスティスの外の通りにいた。白髪頭の男が二人、腕を振り上げて相手に向かっていき、そのまわりには人だかりができた。殴りかかる前に、二人は警察官によって引き離された。

法廷闘争もまた、長く熾烈なものとなった。オスカー・ファーンバックは〈エグザミナー〉紙で、これまでに作成された四〇〇〇ページに及ぶ裁判記録のうち少なくとも「二八・三パーセント」は、双方の弁護士間の口論で構成されているはずだと茶化した。

最終弁論の前に、最後の動きがいくつかあった。州側が召喚したヘンリーの取引銀行の出納係が、ヘンリーはアナが子どもたちのために設定した信託預金を引き出し、自身の個人口座に入れたと証言した。マーフィーは意外な証人を呼ぶと約束し、〈アーサーの弁護士〉ウィリアム・ヘロンがウィルケンズの事件について話し合っていたとされるホテルで、私立探偵たちが部屋のドアに耳を押し当てて聞いていたという奇妙な陰謀論を語った。

検察側はそれを「事件の重要な争点をぼかそうとする無益な試み」と非難したが、それは正しかった。マーフィーがなんの裏付けもない独自の陰謀論に必死にしがみつこうとしているのが浮き彫りになり、それがレオ・フリードマンに最後の攻撃を開始する格好の場を与えてしまったからだ。

このあと双方にそれぞれの主張を総括する時間が無制限に与えられ、次いで短い最終陳述が行われたあと、陪審員の審議に委ねられる。火曜日の途中から水曜日いっぱい続いた一二時間に及ぶ弁論で、フリードマンは根気良く、理路整然と、なおかつ雄弁に、弁護側の主張を切り崩していった。

彼はまず、事あるごとに「ヘンリー・ウィルケンズの有罪・無罪となんの関係もない記録事項を差し挟もうと」したとマーフィーを非難した。さらにまた、一時期アーサー・カスターの刑務所仲間だった内装業者ルイス・バークハートの「馬鹿げた信じ難い」証言をこき下ろした。

フリードマンがヘンリーを〝痣ができるほど妻を殴り、義理の妹と関係を結び道徳規範と倫理的なルールを破った男〟と描写すると、マーフィーは顔を曇らせ、ヘンリーは自分の席で気まずそうに身をよじっていた。フリードマンはさらに、アナが夫の仕打ちを友人たちにぼやくたびに、ヘンリーは妻が「正気ではなかった、または酔っぱらっていた」と言い訳をしたと語った。

「アナ・ウィルケンズの死には三人が関わっていました」と、フリードマンはヘンリーが最初に警察に語った供述を真似して言った。「けれども、彼ら全員がハドソンに乗っていたわけではありません。二人はその車に乗っていましたが、三人目はプレミアでアナ・ウィルケンズの横に座っていたのです」

そしてフリードマンは陪審員にこう問いかけた。ハドソンよりもずっとスピードの出る車に乗っていた腕のいいドライバーであるヘンリーがなぜ、あの晩、借り物のハドソンに乗るカスター兄弟から逃げ切ることができなかったのか。そしてまた、もしも本当に無差別的な強盗事件であったのならば、兄弟はなぜわざわざ車を借り、街にはもっとずっと裕福な人々が確実にいるというのに、なぜはるばるフェルトンまで行ったのか。

さらに、彼はこうも尋ねた。妻が強盗に遭っていると思って銃を取り出したヘンリーは、妻を撃った男をなぜ撃ち返そうとしなかったのか。「追いはぎがウィルケンズの妻を撃ちました。そして背を向けて駆け出しました」とフリードマンは言った。「そしてウィルケンズは、煮えたぎるような激しい怒りを抱えた男は、逃げ去る男の背中を撃ったでしょうか？　いいえ、彼は撃たなかった。では何をしたのでしょう？　みなさん、彼はピストルをサイドポケットに戻したのです」

「それが強盗事件の顛末です」とフリードマンはさらに続けた。「彼は近くの家にも寄らなかった。急いで助けを求めようとしませんでした。彼はこの女性を破滅させようとする邪悪な三位一体の一員であり、その目的を達成するために、彼女が医師のもとに到着するのを遅らせたかった。そういう話なのです。初めから終わりまで嘘なのです」

そして最後に、張りつめた沈黙に包まれた法廷じゅうに朗々と声を響かせながら、若き検察官は陪審員に対し、ヘンリーを有罪とし死刑を宣告するよう求めた。

フランク・マーフィーは翌朝、職業人生で最大級の難題に立ち向かった。フリードマンの弁論は鮮烈であり――法廷から出ていく傍聴人たちからは、ここ数年来ホール・オブ・ジャスティスで見たどの裁判よりも素晴らしかったと評する声が聞かれた。

「陪審員のみなさん」。対するマーフィーは、こう切り出した。「私がこの人生で引き受けた最大の責務のひとつは、あらゆる敵意、そして行く手を阻むあらゆる障害物からヘンリー・ウィルケンズを守ることでした。つまずくことがあっても、時に失望を感じても、私はヘンリー・ウィルケンズが無実であるという認識に支えられ、彼と、彼を破滅させようとする血に飢えた狼の群れとのあいだに立ちはだかったのです。ウォルター・カスターの残虐な手によって母親を失った二人の幼い子どものことを思えば、アーサー・カスターの偽証によって彼らが母を失う以上の悲惨な目に遭うのを阻止できなければ、私は弁護士としての責務を怠ったことになるでしょう」

それから五時間のあいだ、マーフィーは同情と当てこすりのあいだを綱渡りし、陪審員の心の琴線に触れながら、一方でアーサー・カスターの証言を激しく非難し、他の検察側証人の真意に疑問を投げかけた。「私たちはフリードマン氏の口から発せられる、まさにナイアガラの滝のごとき言葉を浴びせられました」と彼は言った。「言葉の海に沈められ、その嵐によって進むべき針路を狂わされました。けれども言葉のハリケーンをくぐりぬけ、みなさんを正しい評決に導く真の針路を再び確立するのが真の船乗りである私の使命なのです」

彼はヘンリーとヘレン・ランゲの関係やアナに対するヘンリーの扱いに関する数々の証拠をはねつけた。「ヘンリー・ウィルケンズは殺人罪で裁判にかけられているのであり、不貞でも不倫でも、妻への暴行の罪でもありません。それらの事柄は、彼の動機を証明するためではなく陪審員に先入観を抱かせるためにこの場に持ち込まれたように私には思えます」

そのあと彼は、自身の主張の核心部分に移った。名前や日付、密会についての論争はどうでもいい――ヘンリーの運命を決する何よりも重要なもの、それはただひとつ。「この事件において検察側が避けては通れない事実、それは本件がアーサー・カスターに始まりアーサー・カスターに終わるという点です」とマーフィーは述べた。「彼こそがこの事件のよりどころ、足がかりであり――彼を信じなければ、本件には何も残りません。検察側がみなさんに有罪判決を求める根拠は何もないのです」

そして一一月三日（金）、一一九の証言と六週間にわたる論争と涙と緊張を経て、事件はようやく陪審員の手に委ねられることとなった。マーフィーによる弁護側の短い最終陳述があり、それよりもはるかに長い検察側の陳述が、返り咲いた検察官イシドア・ゴールデンによってなされたが、その長さはどうやら、声が嗄れはじめる前にどれだけ話せるかで決まったようだ。

マーフィーは検察側と弁護側の不均衡を指摘した。三、四人の地区検察官と立ち向かい、それに加えて、新たな手がかりを追い、法廷で名が挙がればいつでも証人候補に事情聴取できる警察官の一団が控えている状況は「精神的な重荷」だった。

自分はヘンリー・ウィルケンズだけではなく彼の子どもたちの代理人でもある、とマーフィーは言った。そして陪審員に、父親が母親殺しの烙印を押されることがヘンリー・ジュニアとヘレンにどのような影響を及ぼすか考えてほしいと訴えた。「ヘンリー・ウィルケンズは同情など求めてはいません」。実際はそれを期待しながら彼は言った。「彼は慈悲を求めているのではありません。正義を求めているのです」

続いてゴールデンが最後の言葉を述べた。地区検察局は「人の姿をした狼の群れ」ではなく、「神と人間との掟に背いた」者と闘う守護者であると熱のこもった弁護をしたのち、「〝濡れ衣〟だとの訴えは、大昔からあらゆる犯罪者に使い古された防衛手段です」と彼は言った。

そこでようやくヘンリーに注意を向け、ゴールデンは第一級殺人の評決と死刑を求めた。「彼の言葉はすべて嘘でした。彼の悲しみは偽りで、病気も偽装でした。彼は陪審員のみなさんに影響を与えようと〝お涙ちょうだい〟を演じたのです。私がここホール・オブ・ジャスティスで見たなかで最も見事な役者ぶりでした。彼は警察署長を騙し、刑事部長を騙し、我々が真実を突き止めるまで、あらゆる人々を騙したのです」

午後五時四〇分、ウォード判事は補欠陪審員を解任すると、そのあと三〇分ほどかけて、残る一二人の陪審員に対し、この事件を巡る法的ポイントと、彼らが選択しうる三つの評決――第一級殺人、第二級殺人、そして無罪――について厳しく指導した。

陪審員たちがぞろぞろと出ていっても、すぐに評決が出るのを期待する傍聴人で法廷内はまだいっぱいだった。しかし夜が更けるにつれてその数は減っていき、八時一五分に陪審員が夕食から戻ったときには、座席の三分の一しか埋まっていなかった。一団の女性たちはおしゃべりや編み物をしながら、陪審員室のドアに「期待に満ちたまなざし」を向けていた。真夜中になってもまだ評決は出ず、陪審団はその晩、警察の警護のもと〈ワシントン・ホテル〉に隔離された。

それでも噂は漏れ伝わった。陪審員たちは投票を七回行ない、目下一〇対二で有罪が優勢だと誰かが言った。一方、解任された補欠陪審員のひとりハーマン・シュローダーは、自分ならば無罪に票を投じただろうと〈エグザミナー〉紙に語っている。「私は罪人や囚人の証言は信じない」と彼は言った。

翌朝九時三〇分、ヘンリー・ウィルケンズは監房から連行されて法廷のいつもの席にフランク・マーフィーと並んで着席した。一一時四五分、ウォード判事が陪審団のようすを見にいかせた。まだ評決には至っていなかったが、何度か投票し、陪審員長のハワード・ティベッツは希望を抱いていた。彼らは昼食を陪審員室に運んでほしいと要望した。

午後四時ごろ、一二時間近く協議したあとで、陪審団は再び法廷に戻ってきた。「評決に至りましたか?」とウォードは尋ねた。

「いいえ、至っていません」とティベッツが答えた。「票は六対六、一〇回投票しても結果は変わりません。結論が出る見込みはなさそうです」

陪審員は絶望的な膠着状態におちいっていた。最初の投票では七対五で無罪が優勢だったが、その後の一〇回はすべて六対六の同数――考えを変えたのは、紙箱製造業者のH・A・A・ムースただひとりだった。三人いる女性は全員が無罪に投票した。

一一月四日（土）の午後四時四五分、ウォード判事は仕方なく陪審員を解任した。高額な費用のかかる再審理が行なわれ、この騒々しいショーが数カ月後にまた一から始まることになる。

その判断が告げられるあいだ、ヘンリーは椅子に深々と腰かけていた。彼はまた何カ月間も監房生活に耐えなければならないが、六人（補欠も含めれば七人）の陪審員が自分を無罪だと考えてくれたことに励まされた。「私は無実です」と彼は言った。「次の裁判でそれが証明されるでしょう」

ブレイディはコメントを拒んだが、イシドア・ゴールデンは〈クロニクル〉紙に、地区検察局の同僚たちは以前にも増してヘンリーの有罪を確信していると語った。

湾を飛び交う飢えたカモメさながらの報道陣に囲まれた陪審員たちには、どちらの言い分もしっくりこなかった。ほとんど全員が最終弁論が始まるずっと前に心を決めていた、と陪審員のひとりキャスリン・マクビーは語った。同じく無罪に票を投じたホーレス・ライスは、「合理的な疑い（有罪を疑う余地が皆無ではないこと）」を根拠に自身の判断を説明した。陪審員長のティベッツによれば、有罪に投票した六人は、ヘンリーの証言を「嘘八百」ととらえていた。

真っ二つに割れた一二人の陪審員だが、ひとつだけ意見が一致していた。彼らはアーサー・カスターとヘンリー・ウィルケンズのどちらも信用していなかった。「これは判断が難しい事件でした」とティベッツは語った。「真実でないことがあまりにも多く、双方に嘘が多すぎた」

ため息の橋

長い冬だった。裁判の直後、フランク・マーフィーは「ヘンリー・ウィルケンズのために奮闘したのが原因で」倒れた。彼は保養地で数日過ごし体力を取り戻し、そのあと拘置所でひと晩過ごした。

先の裁判で彼とウィリアム・ヘロンが宣告された法廷侮辱罪は土曜審議で何度も拒絶されたが、一一月に二人はついに屈し、二四時間の拘留に応じた。

マーフィーはそれをうまく利用した。一一月一七日の朝、オフィスでホール・オブ・ジャスティスの監房に持ち込む葉巻と読み物をまとめている彼を見つけた記者たちに向かって、再審理では新たなセンセーションを巻き起こすと約束したのだ。「数日以内に、ウィルケンズ事件に関し、サンフランシスコ市民があっと驚くような新事実を発表できるでしょう」と彼は言った。

マーフィーの短期収監中、友人たちは彼に――おそらくジョークで――馬蹄型の巨大な花輪《リース》を送った。それは彼の背丈と身幅と同じくらいの大きさがあり、大文字ででかでかと「グッドラック、フランク」と書かれたバナーがついていた。それを監房に持ち込むことは許されなかったため、花は連邦棟に通じる「ため息の橋《ブリッジ・オブ・サイズ》」と呼ばれる渡り廊下に設置され、そこから拘置所内にかぐわしい香りが漂ってきた。

一九二二年の年末までは、宣誓供述書の論戦と遅延で過ぎていった。再審理は当初一一月二七日に予定されていたが、病気や困難なスケジュール調整、休暇によって先送りされ、うんざりした弁護士たちがウォード判事の前に再び集まり審理が再開されたのは、一九二三年二月のことだった。

再審理では、一回目とほぼ同じパターンが踏襲された。アーサー・カスターとロバート・カスターが再び証言台に立ち、ヘレン・ランゲが続いた。涙があり、怒りの爆発があり――義理の妹が証言台に立つと、ヘンリーは今回も感情的になり、反対尋問ではこらえきれずに癇癪を起こした。しかし全体的に、前よりもずっと抑制の効いたものとなった。

熱狂的だったマスコミの関心も下火になり――ニュースサイクルが移り変わって、新聞各紙はもはや、一言一句を聞き漏らすまいと優秀なコラムニストを法廷に送り込むことはなかった。

証人の大半は前回と同じで、銃撃のようすを説明するヘンリーの話さえも、何度もくり返し語られたために円滑になり、矛盾点も取り除かれていた。とはいえ、彼はやはり語りながら泣いていた。

三月七日（水）、フランク・マーフィーの強硬な異議を押し切って、アナが起こした離婚裁判に関する情報が初めて証拠として提示された。

その二日後、レオ・フリードマンは検察側の最終弁論を開始した。彼は丸一日と四分の三にわたり話しつづけ、月曜日の午後、最後に陪審団に向かって、ヘンリーを第一級殺人で情状酌量なしの有罪とするよう求めた。その評決はつまり絞首刑を意味する。

三月一三日（火）には、依頼人の命を守るためにマーフィーが再び立ち上がった。彼は「アーサー・カスターの不安定な偽証の話」を攻撃し、州の主張をあざけり傍聴人から笑いを誘った。

彼はまた、検察側の証拠をヘンリーに有利なようにねじ曲げようとし、たとえば、もし殺人の夜にヘンリーが本当にアナの指輪を抜き取ったのなら、彼は証拠品を自宅の鍵のかからない引き出しには隠さなかっただろうと主張した。また、ヘンリーの短気な性格も彼が無実である証拠だとマーフィーは言ったが、それは「怒りっぽい性格の人は策略を練るのが苦手」だからだという。

一九二三年三月一五日（木）の午後四時五分、事件は陪審員の手に委ねられた。夜の一一時一五分の時点で、彼らは一〇回の投票を行ない、九対三に分かれたと伝えられるが、どちらに傾いていたのかはわからない。「今夜中に評決に至る可能性は皆無です」と陪審員長はウォードに伝えた。「それぞれ寝間着を取りにいかせてもいいでしょうか？」

翌日の午後二時になっても、まだ評決は出なかった。補欠陪審員のジョン・グレイは、自分ならば有罪に票を投じただろうと〈エグザミナー〉紙に語った。ヘンリーは監房で心配そうに座っていた。顔色が悪く、体調も悪そうだった。

その日の午後、陪審員が合理的な疑いに関する法律について説明を求めたとき、ウォード判事は二回の審理にかかる費用について注意を促し、「評決に至るようあらゆる努力を尽くさなければならない」と告げた。

けれども陪審員は絶望的に行き詰っているように見えたため、午後六時三〇分ごろに彼らが陪審員室のドアをノックして評決に至ったと告げたときには、あまりにも予想外の展開であったため法廷はほぼ空っぽで、裁判の中心的存在である地区検察局の人間さえひとりもいなかった。

陪審員たちは並んで席に戻り、そのさい数人がヘンリーをちらりと見た。彼は陪審員席をじっと見つめていた。

「評決に至りましたか？」とウォードが尋ねた。

「至りました」と陪審員長ブルース・ギブソンが答える。

彼が一枚の紙片を手渡すと、判事は怪訝な表情で目を通して返し、それをギブソンが読み上げた。

「我々、上記裁判における陪審員は、告発された罪において被告人ヘンリー・ウィルケンズを無罪と評決する」

ヘンリーの顔に笑みが浮かんだ。容疑をかけられて一〇カ月、二度の裁判で一二週間にわたり被告人席に座ったのち、彼はようやく自由の身となった。

全会一致のこの評決は、陪審員にとってすら衝撃的なものだった。七回目までの投票結果はすべて七対五で、無罪が優勢だった。ウォード判事が彼らに三回目の裁判の費用について話し評決を促したあと八回目の投票をしたところ、二人の陪審員が無罪に転向した。九回目でさらに二人が転向し、一〇回目で一二人全員がヘンリーの無罪で一致したのだった。

ウォードは陪審員に向かって次のように述べた。「みなさん、あなた方は評決を下しました。結果は本件に関する私の見解とは合致しないものであるとはいえ、無罪に票を投じたどなたをも批判するつもりはありません。ただ、私があの部屋にいたならば異なる票を投じただろうとだけ申し上げます」

依頼人の運命を決した男女が法廷を出ていくとき、マーフィーはひとりひとりに深く感謝した。銀行の出納係ウィリアム・ノヴァコビッチは「おめでとうございます」と被告人に歩み寄り、握手をした。

「身の潔白が証明されました」とヘンリーは得意げに記者団に語った。「これでようやく汚名を返上し、自由の身となって、幼い子どもたちの待つ家に帰ることができます」

そのとき子どもたちは、家族ぐるみの友人であるヘンリーとマリーのクロスフィールド夫妻の家にいた。二人は七月にヘンリー・ウィルケンズが逮捕されたときから子どもたちの面倒を見ていた。その日は彼ら

も法廷に来ていたが、夜までに評決が下ることはないと思ってすでに帰宅していた。そのため、釈放されたヘンリーがフランク・マーフィーと一緒に二四番通りの家に入ってきたとき、彼らは心底驚いた。

ヘンリー・ジュニアとヘレンは父親に駆け寄り、広げた腕に飛び込んだ。「パパ！　ああ、パパ、ほんとに？　ほんとなの、ほんとうにパパなの？」

ヘンリーは茫然としていた。頬を涙が流れ落ち、彼は子どもたちをしっかりと胸に抱き、床にゆっくりと沈み込んだ。ひしと抱き合い、満ち足りた気持ちで無言のまま二〇分ほど床に座っていたが、マリー・クロスフィールドがそっと彼の腕をほどき、ヘンリーは椅子に移動した。それからまた子どもたちを抱き上げると、再び何度も何度も抱きしめキスをした。

「パパも一緒におうちにいるの？」とヘレンが訊いた。

「ああ、そうだよ」ヘンリーは声を震わせ、答えた。「これからはずっと一緒にいるよ」

この幸せなシーンを、あるカメラマンがとらえた。一〇カ月のあいだに一〇歳ほど老け込んだように見えるヘンリーは晴れやかな笑顔のマーフィーと握手をし、白い半袖のシャツを着た息子が彼の袖にしがみつくようにしている。マーフィーはテーブルの端に腰かけ、白いワンピースを着て明るい色の髪をショートカットにした幼いヘレンが、膝をついて彼に寄り添い、頬に感謝のキスをしている。

「私が無実を勝ち取れたのは、ひとえに、わが忠実な友であり弁護人であるミスター・マーフィーのおかげです。子どもたちも私も、このご恩は一生忘れません」と、ヘンリーはホール・オブ・ジャスティスで報道陣に語った。「私はこれから、ミスター・マーフィーと一緒に、子どもたちのいる家に帰ります」

しかしその一週間後、マーフィーは帰らぬ人となった。

何かがひどく間違っていた。再審理が終わって数日後には陪審員たちの話が漏れ聞こえはじめ、審理の最後に全会一致の無罪評決に至った驚くべき転換は、陪審員が翻意したのではなく、裁判官と陪審員のあいだの深刻なミスコミュニケーションのせいだったと判明したのだ。

評決に至るよう最大限の努力をしなければならないとウォード判事が告げたとき、陪審員たちはそれを無罪に票を投じるよう彼が求めているのだと受け取った。「合意は不可能だと思われたのに急に評決に至ったのは、ウォード判事の最後の指示が圧倒的に被告人に有利なものだと陪審員が感じたからだった」と陪審員のひとりは語った。「しかし、あとでウォード判事が自分なら有罪に票を投じただろうとおっしゃったことを考えれば、私たちは思い違いをしていたのでしょう」

判事の指示を誤って解釈していたと知り、票を転じた五人の陪審員は狼狽した。ウォードはこの展開に当惑した。「陪審員たちがどうやって私の指示からヘンリー・ウィルケンズを無罪にする根拠を読み取ったのか、私にはわからない」と彼は言った。だがいずれにしろ、すでに手遅れだった――引き分けに続く敗北という結果は、地区検事マシュー・ブレイディにとって打撃であり、彼には上訴する気はなかった。

しかし、ヘンリーへの嫌疑が完全に晴れたわけではなかった。「女性自警団」と呼ばれる団体が、ヘンリーとヘレン・ランゲを「好ましくない市民」としてアメリカから追放するよう圧力をかけていた。一部の陪審員も同じ思いであり、「彼とミス・ランゲは、せめてもの罰として国外追放されるべきです」とリリアン・グレイは語った。票を変えられるものなら、今からでも変えたかった。「私は理性を失い、彼の無実を確信したつもりでいましたが、数分後には自分の行動を後悔し、有罪評決にこだわるべきだったと気づきました。私は弱かった、自分が恥ずかしいです。弁解の言葉もありません」

補欠陪審員で途中から陪審団に加わったキャサリン・リンゲンは、ウォードの指示が適切に解釈されていれば異なる評決が出ていたはずだと考えていた。「実際のところ、ウィルケンズは身辺に注意したほうがいいでしょう、たとえ自由の身になったとしてもね」と彼女は言った。「彼とヘレン・ランゲとの親密な関係は、陪審員にいくらか影響を与えたことでしょう。二人を国外追放――少なくともカリフォルニアから追放するのは、いい考えだと思います」

こうした声がすぐにおさまったのは、ヘンリーにとって幸運だった。裁判が終わって六日後、フランク・マーフィーの死によって、彼は弁護士を失ったからだ。

相次ぐ殺人事件の裁判で休む間もなく働いたせいで「急性心拡張」が起き、それがマーフィーの死を早めたのだと医師たちは語ったが、かすかなスキャンダルの気配もあった。亡くなったとき、じつはマーフィーは妻ノニーと一三歳になる娘と一緒に自宅で過ごしていたのではなく、ローズ・ヘルムという二九歳の美しい元看護師の家にいた。

マーフィーが署名したばかりの遺言書の中身が明らかになったとき、妻にはたった一ドルしか遺さず、七万ドルもの資産の大半がヘルムに遺贈されることが判明した。そこには、弁護士費用の一部としてヘンリーから譲渡された黄色いプレミアも含まれていた。

ヘンリーはその後の数カ月間、車を取り戻そうとマーフィーの遺産財団と争っていた。と同時に、彼は崩壊した生活を立て直し、サンフランシスコから離れ、新天地で新たなスタートを切ろうとしていた。そんな彼に、思いもよらぬ協力者が現れた。


一九二二年から二三年にかけて、ジョン・ラーソンはさらに何百件ものポリグラフ検査を行ない、捜査官としてのスキルを磨きつつ、装置を科学的に検証する努力を重ねていたが、ウィルケンズ事件のことがどうしても頭を離れなかった。

彼はそれを嘘発見器が公の場で大失敗したケースと考えていた。機械をセンセーショナルに取り上げた新聞に激怒し、進行中の事件については二度とマスコミに話すまいと誓った。テストの結果は陪審員の見解とたまたま一致したが、内心ではヘンリーは有罪だと感じており、チャートを見たキーラーとヴォルマーも同意見だった。証拠としては採用されなかったものの、自分が行なったテストが裁判の結果になんらかの影響を及ぼしたのではないかとラーソンは危惧していた。

そのためポリグラフ検査が終わってから、彼は夏のあいだずっとヘンリーと「緊密に」連絡を取り合っていた。「裁判の終結、おめでとうございます。また、ご友人のご逝去に哀悼の意を表します」。無罪判決から二週間足らずの一九二三年三月二七日、ラーソンはウィルケンズに手紙を書いた。「こちら側にいらっしゃれる日があれば、ぜひお目にかかりたいと思います。ご都合がついたらお電話をください。そこで会う日を決めましょう」

ラーソンは著書で、これは自身の捜査における次のステップとして自然な流れだったと述べているが、じつに驚くべき告白だ。彼は嘘発見器を客観的で科学的な道具としてデザインしたが、最初にぶち当たった壁で被験者に接近しすぎ、公平性を放棄してしまった。そしてこれが彼のパターンとなり、いわゆる〝嘘発見器〟の型は変わっても、その後も幾度となくくり返されるのである。

ヘンリーは釈放されたあとサンフランシスコを離れ、ラーソンが手を貸して〔バークレーに近い〕オークランドで仕事を見つけ、事件の悪評から子どもたちを守るために偽名を使い、その地で暮らした。真実に迫りたいという思いから、ラーソンは親密な交友関係を築いた。そして「家探しをするウィルケンズを乗せて延々と車を走らせ、この機会を利用して彼の性格をじっくり観察した」とラーソンは書いている。

こんな光景が目に浮かんできそうだ。一九二三年のあの長い夏の初め、二人の男がバークレーの町を車で走り回っている。表向きはいかにも仲が良さそうだが、どちらも内心では相手の真意を疑い――ひとつひとつ言葉を選び、間合いを慎重にとり、あらゆる表情や何気ない発言を分析し、再度分析する。ヘンリー・ウィルケンズは冷血な殺人鬼なのか、悲しみに打ちひしがれる被害者なのか――どちらを信じるかは人それぞれだが、科学者であり捜査官でもあるジョン・ラーソンは、自分の判断が正しかったと証明しようと必死になるあまり、科学的原理を捨ててしまったのだ。

最終的に、ラーソンはもう一度ポリグラフ検査を受けるようヘンリーを説得するのに成功した。今回は非公式なテストだが、そこで彼はまたしても失望を味わうことになる。「二度目の記録も、最初のものと本質的に変わらなかった」と彼は書いている。ラーソンは自白を引き出そうとはせず、自身の見解はそっと胸にしまっておいた。「ウィルケンズは何度か、このテストは筆者が思っているよりもずっとよくできているという趣旨のことを言ってくれた」とラーソンは断言しているが、それでもまだ満足できず、真実を究明したい一心で、最後の望みをかけてあることを試みた。

その数年前、テキサスの田舎に住む産科医ロバート・ハウスが、スコポラミンという薬を「自白剤」として使いはじめた。この物質は通常、出産時の痛みを緩和し記憶を鈍らせるために使われたが、この薬を投与されて覚醒と睡眠のあいだの被暗示状態に入り、一見したところ意識がないように見えても、なかには質問に答えられる患者がいることにハウスは気づいたのだった。

たとえば、一九一六年に自宅で出産したあるケースでは、彼が患者の夫に赤ん坊の体重を測るはかりを持ってきてほしいと頼むと、産婦は「まだ深い半麻酔状態にあった」にもかかわらず、「キッチンの絵の後ろの釘にかけてある」と、はかりがある場所を正確に教えた。

一九二二年の時点で、ハウスはスコポラミンを使えば「人はどんな質問にも正直に答えるようになる」と確信していた。そこで彼は、事件の被疑者にこれを使えば、顕在意識が隠しておこうとする真実を語らせることができるかもしれないと考えたのだ。「この薬は、意識的な意志を麻痺させます」と、ハウスは報道陣に語った。「この睡眠状態になると、潜在意識が事実に反応します。このような状態にある患者に質問をすると、必ず正直な答えが返ってきます。五〇〇件以上試したうち、失敗例はまだ一件も記録されていません」。これは、ジョン・ラーソンが嘘発見器について編み出したレトリックと驚くほど似ていた。

一九二三年六月、ハウスは自身の研究結果を米国医師会で発表し、サン・クエンティン州立刑務所の囚人にこの薬を試すためにサンフランシスコを訪れた。六月の初め、ハウスが近くにいて「実験材料」を探していると知ったラーソンは彼に手紙を書き、ヘンリー・ウィルケンズに自白剤を使ってみてもらえないかと尋ねた。

驚いたことに、ヘンリーもこの提案に賛成した。これについて〈ロサンゼルス・タイムズ〉紙は、彼は「評決に対する世間の声に不満があり、普通の生活に近いものを取り戻せるよう、世論という名の法廷で汚名をそそぎたかった」のではないかと指摘している。「世間に身の潔白を証明するためならば、どんな手段もいといません」と彼は言った。

六月二五日の晩、ヘンリーはバークレーにあるテンプル病院のベッドに横たわっていた。アーサー・カスターの供述により事件捜査の方向性が変わって、ほぼ一年後のことだった。ラーソンとオーガスト・ヴォルマーが見守るなか、ハウスは――彼は頭が禿げ上がり、目のまわりに黒い隈のできたいかめしい雰囲気の男だった――ヘンリーの左腕に薬剤を注射し、テストを開始した。一〇分後には二本目の注射が、そのあとさらに三本目が打たれた。

その目的は、ヘンリーを無意識との境界の被暗示状態に保つことにあった。この状態を、ハウスは「受容ステージ」と呼んだ。最初の注射から一時間後、ヘンリーはもはや時計や瓶、ナイフといった見慣れた物を認識できない状態になっていた。そして二時間が経過すると、彼は流暢にはっきりと話ができるようになった。

ヴォルマーとラーソンは、半眠状態のヘンリーに二〇〇を超える質問を浴びせたが、彼の答えが裁判で語った事実から外れることはなかった。けれどもヘンリーが麻酔の魔法にかかっていたとき、ある「興味深い発言」があったとラーソンは記録している。「彼らを欺いてやる」と彼は言ったのだ。「ドイツ語で答えてやろう」と。

そうした発言があったことから、ハウスは当初、ヘンリーは有罪だとの判断に傾いていたが、テストが終わるころには――午前二時まで、質問は四時間にわたって行われた――彼は真実を語っていると確証が得られるようになった、とラーソンに告げた。

ヴォルマーは感銘を受け、嘘発見器以上に公正で優れた真相究明方法であるとして、その薬に「第四度《フォース・ディグリー》」の名を与えた。しかしラーソンは納得がいかなかった。「それで何かが証明されたとは思えなかった」と彼は書いている。ヘンリーは裁判で虚偽と証明された供述までくり返しており、ここ数カ月のやりとりからも、ほかにもいくつか嘘をついたのをラーソンは知っていた。そのひとつが、家政婦との性交渉を否定したことだ。「ひとつの事実を隠し通せたなら、殺人についても嘘をつけたはずです」。一九二七年四月に、ラーソンはヴォルマーにそう語っている。「記録を見れば見るほど、ますます混乱してしまいます。何が妨げになっているのかわからないのです、発覚を恐れる彼の恐怖心なのか、警察からの扱いや、マスコミの批判への反感なのか」

ラーソンは最終的にヴォルマーに対し、自分がもっと経験を積んでいれば、最初のポリグラフ検査の結果に基づきヘンリーを無罪と判断することはなかっただろうと認めた。殺人事件にポリグラフが使われたのはまだ二度目であり、解釈がこれほど不確かだというのに、経験の浅い技師が明確に有罪の評価を下すのは無理だという点で、二人の意見は一致した。しかしラーソンは、もしもカスター兄弟やブレイディ、マーフィー、さらに検察側と弁護側の証人全員をテストすることができたなら正しい評価が下せたかもしれないと、なおも食い下がった。

一九二三年一〇月、ラーソンはバークレー警察を辞めてシカゴに移り、青少年研究所で研究職に就いた。しかし四年後もまだウィルケンズ事件のことを考えていた。彼はヴォルマーに手紙を書き、レナード・キーラーが改良したマシンでヘンリーをテストすればもっと明確な結果が出るかもしれないので試してみてほしいと頼んだ。「冒頭で尋ねる質問をひとつ考えました。彼が有罪ならばそれで落ちるはずなので、そのときキーラーとビル［ウィルトバーガー］が記録から判断し、もしW［ウィルケンズ］が正常だと言うなら、私もそう考えたいと思います。世間に公表せずに行なえば、サンフランシスコ市警が気を悪くすることもないでしょう」

ポリグラフ、自白剤、そして陪審員によって身の潔白が証明されると、ヘンリーは徐々に人々の記憶から消えていき、新聞にも彼が黄色い愛車を取り戻そうと奮闘したことと、一九二四年にスピード違反で一〇ドルの罰金を課されたこと、そして一九二五年に起きた奇妙な事件が報じられただけだった。それは家政婦の息子が彼のピストルを盗んで警官を撃ったという事件で、ヘンリーはその少年に不健全な影響を与えたとして非難された。少年は、地下にあるヘンリーのアパートメントの一室で酒宴が行なわれていると語ったのである。

やがてヘンリーは修理工として生活を立て直した。一九二八年一〇月、休暇でカリフォルニアに来ていた彼は、ふらりとヴォルマーのオフィスに顔を出した。彼は新車のパッカード・エイトに乗り「人生を謳歌していたよ」と、ヴォルマーはラーソンに「かつての友」のようすを伝えた。

「ヘンリーはバンクーバーとシアトルで事業を立ち上げて成功し、そこで新しい妻と暮らしていた。「彼女は非常にしっかりした女性のようで、二人はとても幸せそうだった」とヴォルマーは報告した。「奥さんが言うには、彼は一年ほど前にノイローゼになったが、すっかり回復して、今はすこぶる調子がいいらしい」

ラーソンも同じように切り替えが早ければどれほど良かっただろう。「そこに行くことがあればウィルケンズと旧交を温め、いくつか片付けたい問題があります」と彼は返信した。事件を解決したいという望みを、彼は捨て去ることができなかった。「いつかこの事件が解決する可能性はまだある」と一九三二年の著書に彼は書いている。「有罪ならば、ウィルケンズの自白によって。なぜなら彼はもう処罰される心配がないからだ。もし彼が無罪ならば、自分の話は偽証であったというカスターの告白によって」

ヘンリー・ウィルケンズは心臓発作により、一九五三年にスタンフォード病院で死去した。彼が自白することはなく、彼の事件は誇大宣伝と時期尚早な使用、そして失敗というパターンを確立し、それは新たな形のいわゆる虚偽検出法が発明されるたびにくり返されていった。

ウィルケンズ事件は、嘘発見器が公の場で失敗した初めてのケースとなった。それにより、ジョン・ラーソンは自身が生み出した機械の能力を真剣に疑った。だが不運にも、彼の弟子であるレナード・キーラーの野心はとどまるところを知らず——彼はポリグラフを法廷の外に連れ出し、アメリカ全土、さらには世界へ広めようとしていた。

火事と毒

バークレーは燃えていた。町の東に広がる草原地帯がカリフォルニアの夏の熱さでカラカラに乾き、一九二三年九月一七日の朝、住民たちは奇妙な琥珀色を帯びた空気と、風に乗って漂ってくる焼けたユーカリの匂いに気づいた。

その日の午後二時ごろ、峡谷に広がる炎は約八〇〇メートルに及ぶ破壊の壁となって丘陵地帯に燃え広がった。チャールズ・キーラーのスタイリッシュな木造の家はノース・バークレーの裕福なエリアに数多くの模倣者を生んだが、すばらしい建築が建ち並ぶおとぎの国《ワンダーランド》は、一方でまた火口箱《ほくちばこ》でもあった。火の勢いが増すにつれて、屋根に渡した杉板が「文字通り破裂し」、炎はさらに燃え広がった。

レナード・キーラーは、友人でハイキング仲間のラルフ・ブラントと共に真っ先に火事の現場に駆けつけた。二人は炎と競い合うように家々を回り、住人が避難したかどうか確かめた。彼らは新車を置いていきたくないと言う女性を救助し、燃えている家を捨てたくないと拒む老人が「あまりにも激しく抵抗するので、仕方なくその老人を殴りつけ、気絶させて運び出すしかなかった」という。

やがてサンフランシスコから援軍が――フェリーに乗って湾を渡ってきた消防隊が――到着したが、そこには混沌《カオス》と水の涸れた消火栓しかなかった。湿った海風のおかげで火が消し止められたころには、六〇〇を超える建物が破壊され、四〇〇〇〇人が家を失っていた。死者が出なかったのは奇跡だった。

キーラーは燃え盛るガレージからトラックを拝借し、避難者とその荷物を大学のキャンパス内の安全な場所まで運んだ。それから数日間、一九歳の青年は父親の救援活動を手伝い、焼け野原となった地域の警官たちに伝言や物資を届けた。

町が復興に向かう一方で、砂埃や煙の粒子が何週間も空中を舞いつづけ、白く美しかった市庁舎のファサードをくすんだ灰色に変え、幼いころに感染症で死にかけて以来、炎症を起こしがちだったキーラーの副鼻腔にも大きなダメージを与えた。

このころキーラーは医師を目指して地元の大学に通いはじめたばかりだったが、予想どおり模範的な学生ではなかった。彼は頭が良く知的なのだが、授業に出るよりも、市庁舎の地下で嘘発見器と過ごしたり、森の中の小屋で機械いじりや風変わりな生き物の世話をしている時間のほうが長かった。彼はユニバーシティー高校で味わった人気ぶりを懐かしみ、「新入生のビーニー帽をかぶるのも、上級生にからかわれるのも、まわりに合わせなければならないというプレッシャーも、何もかも嫌がっていた」と妹のエロイーズは回想している。

そして、彼は孤独だった。高校時代の恋人は別の相手と結婚し、大親友の二人――ボーイスカウト時代から知っている、ラルフ・ブラントとエルウッド・〝ドク〟・ウルシー――は大学の「サザン・ブランチ」、現在のUCLA〔カリフォルニア大学ロサンゼルス校〕に移ったからだ。

ロサンゼルスに移り住んだのは彼らだけではなかった。ヘンリー・ウィルケンズ事件が劇的な幕引きを迎えつつあった一九二三年の春、オーガスト・ヴォルマーはロサンゼルス市の代表団から秘かに接触を受け、警察署長にならないかと持ちかけられた。彼らはバークレーでの仕事ぶりに感銘を受け、ロサンゼルスから「悪徳と悪党」を一掃するのに彼の力を借りたいのだという。

ヴォルマーは当初、あまり気が進まなかった。バークレーを見捨て、恋人のパット・フェルのもとを去ることに罪悪感を覚えていたからだ。彼女は昔の恋人で、前年の夏にサンフランシスコで開催された警察会議の準備中にばったり再会したのだった。迷いはしたものの、ヴォルマーは結局、一年間の出向という形で行くことに同意した。給料は今よりもずっと高く、もしうまくいかなければバークレーに戻る選択肢も確保されていた。

一九二三年八月一日、ヴォルマーは大改革を行なう覚悟でロサンゼルスに到着したが、彼を待ち受けていたものは、とてつもなく大きな課題だった。彼は人口四万人の町から八〇万人の大都市へ、わずか二四人の警察組織から二〇〇〇人超の組織へ踏み出そうとしていた。

最初の数カ月間で、彼は署の組織を再編し、総勢二五〇人の「犯罪《クライム》クラッシャー」班を創設した。また、警官を増員し刑務所を増設するために一六〇万ドルを調達した。一方で、市の権力機構からの抵抗にも遭った。腐敗した政治家や、金銭的利益のために犯罪者と癒着する怠慢な警察官、ギャング、組合、そして白人至上主義団体クー・クラックス・クラン〔KKK〕などが揃って彼の足を引っ張った。

嘘発見器がこの泥沼状態の突破口になるかもしれないと考えた彼は、一九二三年の冬にキーラーがカリフォルニアに移る気になったと聞いて喜んだ。暖かいところに行けば呼吸が楽になるだろうと医師から助言を受けたのだった。そして一〇月、キーラーは友人のウルシーとブラントと一緒に暮らすため、ハリウッドの空き地に建つ一室だけの掘っ立て小屋に引っ越した。部屋の棚には、ヘビの皮に本、キャンプ道具がひしめいていた。

キーラーは、ロサンゼルスは魅力的だが恐ろしいところだと感じた。都市というよりも「あたり一面にはびこる、育ちすぎた雑草のような村」だと彼は思った。そこは「悪党たちのパラダイス」であり、成金たちが家を建て無秩序に広がりゆく郊外から、彼がオークションハウスで遭遇した詐欺師まで、人間心理が学べる場だった。「人の頭脳の働きが知りたければ、そういう売り買いの場に行けばたった五分で、大学教授が書いた退屈な本から一年かけて学ぶよりも多くの知識を得ることができます」とキーラーは父親に語った。彼はまた、問題の一掃に取り組む警察署長の手腕にすら疑念を抱いていた。「市の役人が原因を根絶しない限り、ヴォルマーがその結果を根絶できるとは思えない」と彼は書いている。「腹痛の原因は虫垂炎なのに、湯たんぽで直そうとするようなものだ」

バークレーで過ごす最後の数カ月間、キーラーは嘘発見器の改良方法を考えていた。ウルシーとブラントの協力を得て、彼はよりコンパクトで精度の高い装置の構想を練った。それは持ち運びが容易で、インクペンと普通の白い紙を使ったものだった。

完成した設計図を持って見せにいくと、ヴォルマーはロサンゼルス市警の新しいオフィスで、マホガニーの机越しにそれを見て言った。「ぜひ作ってみなさい、ナード。試してみるチャンスをやろう」

それから何週間ものあいだ、三人の若者は——彼らは自分たちを「三銃士」と呼んだ——ヴォルマーが推薦するプロの機械工の助けを借りて装置づくりに励んだ。「みんなで手伝ったとはいえ、ナードがひとりでこなした部分が圧倒的に多かった。これは明らかに彼の発明ですから」とウルシーは語った。

それは試練の時だった。家賃も払えず、食料や装置の部品を買う余裕もなかった彼らは、近所の家々から電気を吸い上げて装置のテストに使っていた。また、キーラーは母親の遺産を使い果たし、ウルシーとブラントはコインを投げて、どちらがアルバイトをするかを決めた（ブラントの負けだった）。だが最後は、キーラーの父チャールズが小切手を送ってやるしかなかった。

一九二四年の一月、ついに新しい嘘発見器が完成したが、それは絡み合うワイヤにティッカーテープをぐるぐる巻きにして、一方の端に裸電球をつけた代物だった。しかし外観はともかく、それは確かにラーソンのオリジナルモデルよりも改良されていた。血圧の相対値ではなく絶対値を示すため、検査官は特定の質問が引き起こした変化を正確に数値化することができた。

キーラーはその後の数年でさらに改良を重ね、筐体をなめらかで見栄えの良いものにし、質問に答えた時点で自動的にチャートにマークがつくメカニズムを追加する。さらにもうひとつ、もぞもぞした身体の動きを相殺するシステムも組み込まれることになるが、これは被験者が対照質問に対し、筋肉を緊張させてテストを欺こうとするのを妨害するためのものだ。

だがひとまずここで、キーラーはおずおずと作品をヴォルマーに見せ、このときヴォルマーは内心、あまり良い印象を抱かなかった。「ナードのあの最初のマシンは、ワイヤとチューブと古い警官バッジのおかしな寄せ集めのようだった」とヴォルマーは言った。「それでも私は約束を守った」

その日の晩、ヴォルマーはロサンゼルス市警本部の取調室にキーラーを案内し、殺人被疑者に彼の新しい装置を使ってみた。「我々はクロだと思っているんだが、今のところ証拠がないんだ」とヴォルマーは言った。

それは一九二四年一月二四日のこと、被疑者はバート・ヴァーノンという家主で、立ち退きをめぐって争いになり、借家人を撃ち殺した疑いをかけられていた。これはロサンゼルスで初めて行なわれるポリグラフ検査であり、興味をもった記者や警官たちが集まるなか、キーラーは新しい装置をヴァーノンに取り付けた。

彼は一連の質問をしながら、チャートに嘘が記録されたと思う箇所をひとつひとつ指摘していった。すると最後にヴァーノンがゆっくりとうなずき、「その通りだ」と言った。「私は嘘をついた」

人が「どっと部屋になだれ込んだ」。記者たちはキーラーとヴォルマーに質問を浴びせ、カメラのフラッシュが光った。署長はキーラーに二五ドルの手間賃を払い、「これからは彼が対応できる事件はすべて彼に任せる」と告げた。

「三銃士」にとって勝利の瞬間であり、エロイーズによると「特大ローストビーフのディナー」でお祝いをしたそうだが、おそらく誇張されたエピソードだろう。「彼らがレストランを出ると、新聞売りの少年が「号外！　号外！　嘘発見器の特集だ。殺人被疑者が自白した！　読めばぜんぶわかるよ！」と叫んでいた」とエロイーズは書いている。

警察署内に空き部屋がなく、ヴォルマーは拘置所の監房にキーラーの即席オフィスを用意したため、部屋を出入りするときはその都度看守を呼ばなければならなかった。キーラーはその場所で「殺人犯、強盗、強姦魔、酒の密売人、賭博場の所有者」の疑いがかかった者たちをテストした。「実験材料は豊富にあり、私は幸運にも、機械を欺き自由を手に入れようとする、南部で最も抜け目のない犯罪者たちを得ることができた」と彼は書いている。「サンタバーバラ、サンディエゴ、そしてベーカーズフィールドが、材料を増やす役目を果たしてくれた」

一九二四年三月八日（土）の午後九時ごろ、ある事件に取り組んでいたキーラーは帰宅し、お湯を沸かそうとコンロにやかんをかけ、ウルシーとブラントと話をしに外に出た。その日、彼らはずっと嘘発見器を修正しようとあちこちいじくり回していた。

数分後、キーラーは足元がピンク色に光っているのに気づき、顔を上げると、掘っ立て小屋の「中全体が」炎に包まれていた。火はコンロから燃え広がったか、もしくは装置をテストするのに電気を「密輸」したせいかもしれない。彼らの持ち物はすべて壊れ、そこには試作中の嘘発見器も含まれていた。その後キーラーはすぐに、新たな改良版の開発に取りかかった。しかし、このとき彼のまわりには貪欲なサメが群がりはじめていた。

ロサンゼルスに来た当初、友人たちと同居を始める以前、キーラーは家族ぐるみの友人でUCLAの物理学教授であるハイラム・エドワーズの家に滞在していた。エドワーズは嘘発見器の再設計に協力的で、呼吸を測定するチューブと結果を記録するペンとを連結する重要な部分である「タンブール」の改良版の組み立てを手伝った。しかし、エドワーズがこれを早く商業化したかったのに対し、キーラーはまだその準備はできていないと考えていた。彼はまた、「自分の」機械だという思いが強まりつつあるものに対し、他人に口出ししてほしくなかった。

「この研究はまだ始まったばかりで、商業的な何かを始めるにはまだまだ未熟だと思うのです。それに私が関心をもっているのは装置がもたらす結果であって、機械の仕組みではありません」とラーソンに書き送ると、彼は全面的に賛同した。「商売にしようというエドワーズの提案をしりぞけたのは正しい判断でしたね。それに乗ってしまえば、きみの科学者生命が台無しになってしまうからね」

火事のあと嘘発見器を再建するさい、キーラーは家族ぐるみで親交のある別の友人に協力を求めた。チャールズ・スローンは〈ロサンゼルス・タイムズ〉紙の犯罪記事編集長で有能な機械工でもあり、彼の作業場で一緒に仕事ができるように、キーラーはスローンと同居することになった。二人は協力して、交流電力で動く信頼性のより高い装置を組み立てたが、スローンとの共同作業を通じて、キーラーは嘘発見器がもつ不吉な可能性にも目を向けるようになったのである。

一九二四年四月、二人はおよそ二〇〇キロ北にある孤立したロスオリボスの村に車で向かった。隣人との確執、未解決の殺人事件、さらにＫＫＫがからむ、ある入念な計略で一役演じるためだった。村の郵便局長ウィリアム・ダウンズは、隣人であるジョン・マクガイアを殺害した罪に問われていた。マクガイアはむさくるしい鍛冶屋で、一〇〇人いる住民のほとんどと、かれこれ一〇年にわたり諍《いさか》いを続けていた。

この不人気なマクガイアが、ダウンズが自分の子どもたちに性的暴行を加えたという噂を流し、そのあとダウンズの店〔彼が営んでいた床屋〕で彼に銃を向けたことで事態は緊迫した。ダウンズは警察に通報し、マクガイアはサンタバーバラ拘置所で一カ月を過ごすことになった。

一九二三年の一二月、マクガイアが帰宅した三日後に大爆発が起き、家が破壊され、彼は脚を引き裂かれて死亡した。その状況は疑わしさの域を超えていた。約五〇キロ離れたサンタバーバラでも聞こえるほどのすさまじい爆発音がしたにもかかわらず、地元の人間は誰ひとりとしてマクガイアの救助に駆けつけなかったのだ。ダウンズの土地からマクガイアのところまで、掘られたばかりの溝が走っており、それが導火線を引くのに使われた可能性があった。マクガイアは亡くなる前に――彼は電話工事の作業員たちの手で瓦礫の中から引きずり出された――自分を殺そうと画策したとダウンズを非難していた。

しかし住民たちの協力が得られず、捜査は四カ月のあいだ停滞していた。そこで地区検察局は、ある罠を仕掛けることを決めた。新任検事補のウィリアード・ケンプは、その地域のＫＫＫ支部長でもあった。彼はダウンズに、訴追を免れるにはＫＫＫに入り地元警察に取り入るのが最善の方法だと吹き込んだ。だがそのためには、入会《イニシエーション》の儀式を行なう必要がある、とケンプは言った。

しかしそれは、ダウンズを嘘発見器にかけるための計略だった。キーラーとスローンはKKKのローブをまとい、偽物の儀式を行なうために二〇人の本物のメンバーと共にイニシエーションルームにいた。ダウンズが部屋に案内され、装置に縛りつけられた。「ミスター・ダウンズ、あなたの入会に対して反対意見が出ているため、この機械がロサンゼルスから運び込まれました」と、キーラーはいつもポリグラフ検査のときに使う低い声でゆっくりと告げた。「この部屋では秘密が厳守されるので質問にはありのままに答えてかまいません。この組織の記録に、信用ならない者の名をいっさい残さないために、我々は去る一二月のジョン・J・マクガイアの死に関する質問をしなければなりません。テストを受けることに異議はありますか?」

ダウンズは不意打ちを食らった。彼はテストに同意するしかなかったが、殺人に関しては何も知らないと否定した。そこでキーラーは、有罪知識質問法と呼ばれるテスト方式に切り替えた。

検査官がさまざまな選択肢を次々に提示し、正しい答えに近づくほど被験者の生理学的反応が強まるという論理に基づく方式だ。ラーソンがバークレーで、ホームレスの出身州を当てる練習を通じてこの方法に磨きをかけた。

キーラーはダウンズに対し、殺人への関与が疑われる二五人の住民の名を読み上げた。そしてチャートを調べ、さらなる取り調べのために五人の男を絞り込んだ。警官隊が派遣されて男たちを一斉検挙し、三六時間ぶっ続けで尋問を行なった結果、キーラーは裕福な牧場主ウィリアム・クロフォードと機械工場主ハーヴェイ・ストーンバーガーの二人から強い反応を得た。さらに三六時間の取り調べが行なわれたあと、ストーンバーガーは床に膝をついて泣きながら、ダウンズが父親と共に殺害計画を立て、自分は弾薬を仕掛ける手伝いをしたとキーラーに打ち明けた。これは「嘘発見器なしにはけっして解決しなかっただろうと地区検事も認める事件だった」と、ズローンはラーソンに語っている。

ところが、男たちは裁判で無罪になった。証言台に立ったストーンバーガーは供述内容を撤回し、嘘発見器を使った検察側を「非人道的な第三度」を用いたと非難した。キーラーは自分が悪いことをしたとは思っていなかったが、ラーソンは弟子の「ふざけた作戦」に戦慄を覚えた。

ラーソンに言わせれば、そうならないようにするために彼は嘘発見器を開発したのだ。彼はその取り調べを拷問にたとえ、「そんな使い方をするくらいなら、いっそないほうがましだ」と書いている。

一九二四年の秋までに、ロサンゼルスではオーガスト・ヴォルマーへの歓迎ムードは尽き果て、ヴォルマー自身もまた、部下である警官たちとの絶え間ないバトルに疲れ、政治にも辟易し、気力が尽き果てていた。

「九月の始まりは八月《オーガスト》の終わり」――街のあちらこちらに、ヴォルマーをあざ笑うかのように、彼が撲滅しようと努力してきた裏社会の大物たちが資金提供する看板が掲げられた。敵はシャーロット・レックスという女性がらみのセックススキャンダルまででっちあげ、その女性はヴォルマーに結婚の約束を反故にされたと訴え、五万ドルの賠償を求める裁判を起こした。こうして彼はバークレーに戻った。

その後まもなくキーラーもロサンゼルスを離れたが、いちばんの理由は、ヴォルマーがいなくなり貴重な収入源を失ったからだった。三銃士は揃ってUCLAからスタンフォード大学に移籍し、そこでウルシーとキーラーは学費をまかなうために一風変わったビジネスを立ち上げた。

自分たちの小家屋《コテージ》の裏にある廃墟となった給水塔の二階で、彼らは三〇匹の大きなガラガラヘビをケージに入れて飼育した。キーラーは自転車用のポンプを使ってヘビたちにハンバーガー用の肉を与え、二週間に一度、丁寧に毒を「搾り出し」た。二股になった棒でヘビの口をこじ開け、やっとこを使って粘性のある黄色い毒をガラス瓶に搾り出す。彼らはそれをある会社に売り、毒は解毒剤の材料になった。

キーラーはまだ医師を目指していたが、依然として学業を疎かにしていた（ＵＣＬＡでの成績があまりに悪かったため、父親が学長に手紙を書いてスタンフォード大学に移籍させてもらわなければならなかった）。彼は授業をさぼり、飛行機の操縦を習ったり、雪に覆われたシエラ山脈で映画撮影に挑んだりと、多彩な課外活動に精を出した。

また、新車のフォードに女性を乗せて長い時間ベイエリアを巡り、頻繁にスピード違反、飲酒、もしくはその両方を犯した。あるとき、映画を見たあと車に乗り込もうとする友人のアグネス・デ・ミルに、彼は「気をつけて」と言った。「後ろの床に置いてある袋には、生きたガラガラヘビがいっぱい入っているからね」

それでも、スタンフォード大学心理学部の教授ウォルター・マイルズはキーラーに興味を抱き、嘘発見器を研究する場所と機材を与えた。こうして彼は装置と尋問技術の改良を続けることができたのである。

彼はパロアルト退役軍人病院で睡眠不足の学生や精神病患者をテストし、ジョン・ラーソンがバークレーに残していったものを基準に自身の装置を調整した。彼はまた、亜硝酸アミル（医師であるおじから調達した）の影響下にある状態の友人たちをテストした。唯一、彼がマシンにかけることができなかったのは彼自身だった。最初にそれを試みたとき、彼は心臓の異常を発見した――それは子どものころにかかった病気の後遺症で、ストレスを感じると出現した。

尋問の環境や手順を打ち立てたのはキーラーであり、それは今なお多くの尋問で使われている。静かで飾り気のない部屋、マジックミラー、さらに再テストの前に被疑者にチャートを見せ、異常な反応を示した部分について釈明させる試験手順もそうだ。「この手順は、被験者の意識を目の前の問題に集中させ、嘘をつくことの危険性を自覚させて、自ら釈明しなければならない立場に追い込むために考案された」とケン・オールダーは書いている。「このような状況に置かれると、驚くほど多くの人が、彼の知りたいことをすべて話すようになるとキーラーは気づいた」のだった。

キーラーは徐々に自白を引き出すエキスパートになっていった。それは装置のおかげでもあるが、それだけではなく彼のスキル、魅力、あるいは人格の力がポリグラフの存在と相まってもたらされたものだった。しかしロスオリボスのＫＫＫのケースと同様、ジョン・ラーソンはかつての助手が取り入れた手法に満足していなかった。

たとえばそのひとつが「カードテスト」――キーラーが尋問の冒頭で使ったトリックだった。誰かを嘘発見器につないだあと、彼は八枚のトランプを見せ、それを覚えておくようにと告げた。「私には見せないで。見たら戻してください」

次にキーラーは一枚ずつカードをめくっていき、選んだカードが出てもそれではないと否定するよう被験者に求めた。どれが選ばれたカードかをポリグラフが正しく認識するという発想だ。

カードテストには二つの目的があった。ひとつは、その被験者が明らかに嘘をついている場合、それがどうチャートに反映されるかを知ること。もうひとつは嘘発見器の威力を示すことで、こちらのほうがより重要だった。被験者が思い浮かべているカードを正しく言い当てられるのなら、それ以外のこともできるはずだ。

これは今でも一部のポリグラフ検査技師が用いるスティム・テストと呼ばれるテクニックだが、キーラーはアマチュアマジシャンとして身につけた手先の器用さを生かしたいんちきで、テストを確実に成功させた。装置に縛りつけられた被験者にはポリグラフが心を読み取っているように思えたかもしれないが、実際はすべてキーラーがひとりで行なっていたことだ。

ある人物が、彼のトリックを見破った。一九二六年の夏、キーラーはケイ・アップルゲートを嘘発見器にかけた。彼女はワシントン州の片田舎から出てきた、ウェーブのかかった金髪とバラ色の頬をもつ、若く勝気な女子学生だった。

アップルゲートは大胆で独立心が強く、「おっとりとした語り口」だが刺激《アドレナリン》を好んだ。ある日の夜遅く、彼女は友人と二人で大学生らしいいたずらをした——心理学研究室に忍び込んで、筋反射を測定する装置にマネキンを取り付けたのだ。

大学当局が嘘発見器を使って犯人探しをすると脅しをかけると、二人は再び研究室に忍び込み、マネキンに紫色の下着を着せて装置につないだ。「大騒ぎになって、私たちは激しく疑われているけれど、うまい具合にかわして、今のところはお咎めなしです」。アップルゲートは両親に宛てた手紙にそう書いている。

キーラーはそれまでに何十回とカードテストを行なってきたが、騙されなかったのは六〇人の被疑者のうち二人だけだったと自慢したことがある。つまり、アップルゲートがテストを欺いたとき、彼の注意を引いたのは間違いない（キーラーがカードを見せたとき、彼女はそれを見たふりをしただけだった）。

二人はすぐに親しくなって、キーラーはアップルゲートを長いドライブに誘い出し、彼のヘビ園や、山への遠征旅行で撮った写真を見せた。彼はアップルゲートを「驚くほど聡明」だと感じ、「僕も彼女くらい頭が冴えていたらなあ」と父親に語った。

ジョン・ラーソンがキーラーの戦法に不満を抱いたのは、ひとつには嘘発見器を科学界の仲間たちに認めさせたいという気持ちがあったからだ。安っぽい手品やセンセーショナルな裁判は嘘発見器の立場を弱め、自身の信望にも傷がつくと感じたのだ。

生い立ちも人生観もまったく異なる二人だが、嘘発見器を持ってカリフォルニアじゅうを巡るうちに友情を深めた。「あなたは発明ではエジソンに劣らず有名になり、犯罪の世界ではヴォルマーに劣らず偉大な存在になりますよ」と、キーラーはかつてラーソンに言った。

一九二三年に移り住んだシカゴから、ラーソンはキーラーに励ましの手紙を何通も送った。「その調子でがんばってください。根気強く、たゆみなく、あらゆる既知の方法を試し、実験をして検証する、そういうきみのような努力家が、最終的には最も建設的な研究を成し遂げるのだということを忘れないでほしい」と彼は書いた。

キーラーがさらに多くの事件で嘘発見器を使いつづけると、ラーソンは警鐘を鳴らし、検証にはまだ入念な作業が必要だと説いた。だが遅すぎた。魔神《ジーニー》はすでに瓶から出ていた。フライ基準が定められて以降、法廷で証拠として採用されることはなくとも、レナード・キーラーのおかげで、ポリグラフはまもなく司法制度における他のほぼすべての側面に入り込み、さらに実業界や政治の世界にも浸透していくのである。

数年のうちに、ラーソンとキーラーは次第に疎遠になっていった。キーラーは秘かにポリグラフを市場に出す算段をし、特許申請の準備を進め、製造業者と会って大量生産について話し合った。しかし管理権を譲り渡すのは難しかった――たちの悪い捜査官に嘘発見器の名を汚されないために、販売されるユニットごとに許諾を求めたからだ。彼はまた——公言こそしなかったが——ポリグラフがもつ有効性の大部分は自身の経験とスキルに由来することを知っていた。

ヴォルマーは二人に協力し合うよう促しつづけたが、キーラーからの連絡はますます減り、ラーソンはヴォルマーに手紙を書いてキーラーの進捗状態を尋ねなければならないほどだった。「手紙を書くようきみに伝えてほしいと頼まれるのは、これでもう三度目だ。この件に関してはきみに任せるから、好きなようにやってくれ」。一九二五年の五月、署長はキーラーにそう告げた。「だが私からアドバイスするなら、ラーソンとは連絡を絶やさないほうがいい。彼はきっときみの力になってくれるし、きみは間違いなく彼の研究に貢献できるからだ」

「はい、これまでラーソンに連絡せずにいたことを心から恥じています」とキーラーは答えた。「この研究で誰よりも力になってくれるのはラーソンだと、僕もよくわかっているんです。これからは定期的に連絡を取るようにするつもりです」

しかし、二人の協同的な関係は消滅しつつあった。嘘発見器に関する彼らの考え方は根本的に異なっていた。ラーソンにとっての成功は科学的、法的に認知されることを意味したが、キーラーにとっての成功は商業的収益と普及だった。

一九二七年三月、ラーソンはシカゴからキーラーに手紙を書き、再び嘘発見器に関する近況報告を求めたが、必死に苛立ちを隠そうとするようすがうかがえる。「この手紙を受け取って、きみはうれしくないかもしれないね。もう何週間もきみから便りがないと、私が叱っているように見えるかもしれないから」と彼は書いた。「つまり私は、誰が誰で、それぞれが何をしているのかを知りたいんだ。以前のきみは嘘発見の実験と装置の組み立てに一〇〇パーセント邁進していたが、スタンフォード大学と彼らに出会ってから何かが起きたようだね」

キーラーは自分が道を外れたのを他人のせいにした。ハイラム・エドワーズ、チャールズ・スローン、ウォルター・マイルズのような人間は嘘発見器がもたらすはずの富ほしさに開発を手伝ってくれたにすぎない、と彼は言った。キーラーはさらに、マイルズは嘘発見器を公の場で見せるのを止めようとしたのだとラーソンに語った。

「これまで多くの親切、支援、助言をいただき、あなたのおかげで私はこの研究を始めたのですから、あなたには当然、私が何をしているのかをお伝えするべきです」とキーラーは書いた。「マイルズには、彼のもとで、あるいは彼の学部で私が何をしていようと、その進展をあなたに開示するのは自由なはずだとはっきり伝えました」

だが結局、かつてあれほど緊密に協力して装置づくりに取り組んだ二人は、その装置によって引き裂かれることになる。ラーソンは残りの人生をキーラーがポリグラフをアメリカ全土に広めるのを阻止しようとするのに費やし、一方のキーラーは名声と富を追い求めたが、彼が手にしたものは不幸と不信だけだった。

そして、シカゴが彼らを待っていた。

パート4

おとりバト

マックス・デントは、暮れゆく街を幽霊のように通り抜けた。一九三五年一〇月八日（火）の午後七時三〇分過ぎに、三四歳の彼はタバコを買いに外に出た。

背が低く痩せ型、髪は黒い巻き毛で、少年のような風貌をしていた。「痩せこけた細い顔は骨と耳ばかり」と、ある記者は書いている。階段を上って地上に出て、陰鬱な夜の闇に踏み出した彼は、どこか警戒しているように見えた。妙に早足で歩いたかと思うと途中でしばらく立ち止まり、怯えるネズミのようにあたりを見回していた。

デントは両親のアニーとジョーと一緒に自宅で夕食を終えたばかりだった。一家が暮らす部屋は、シカゴのウエストサイド、サウス・ローンデール通り一八五九番地にある三階建てのグレーストーンの建物の地下にあった。心配そうな両親の顔がまだ頭から離れなかった。父親は背が低くでっぷりとして、もじゃもじゃの黒い髪、濃い口ひげの下で金歯が光っていた。母親はずんぐりした体型で白髪交じりの髪、息子が出かけると言い張ると、額のしわが深くなった。

一家は東欧からアメリカに移住した。デントはモルドク・トレリスキーとして一九〇一年一〇月一二日にキーウで生まれ、五歳のときに蒸気船メリオン号に乗ってアメリカにやってきた。これは安定を求めて新世界に渡る多数の移民用につくられた家畜運搬船並みの船で、乗客は自分の衣服に救命具を縫いつけて乗船した。一家は最終的にシカゴに定住し、ローンデール地区に広がりつつあったユダヤ人コミュニティで、ジョーは鍛冶屋を始めた。

シカゴは無慈悲で、騒々しく、悪臭漂う荒《すさ》んだ街だった。大陸を縦横に走る鉄道の合流地点にあるその街は、アメリカ全土から集まる腐敗の巣窟と化していた。シカゴは工業と過酷な労働の街で、製鉄所は冷たい夜空に煙霧を吐き出し、悪名高き家畜収容所には、毎年無数のウシやブタが屠殺されるためにやってきた。家畜は余すところなく使い切られ、食料や衣料にならない部分も接着剤や機械油、ロウソクになった。人もまた使えるだけ使われ――怪我や病気で苦しんだ挙句、最後はハゲタカに一掃された。

一九三〇年代半ば、シカゴは大恐慌の真っただ中にあった。製造業は崩壊し、一九二七年から一九三三年のあいだに労働力の半分が解雇された。給与額は七五ポイント近く減り、住宅の差し押さえは五倍に増え、一六〇以上の銀行が閉鎖した。商売でも醜い競争が起き――他店よりも値段を下げた床屋が窓を叩き割られるケースも多々あった。

レイク・ショア・ドライブ沿いの豪邸に住む大富豪も、「ぼろをまとい、生きるのに必死な」人々を黙殺するわけにはいかなかった。彼らは交差点で物乞いをし、配給所に列をなし、凍え死ぬまでベンチや橋の下で眠った。自暴自棄になり、組織犯罪に走る男たちもいた。

デント一家が暮らすローンデールでは、迫害を逃れて東欧から移り住んだユダヤ人の家族が狭苦しい部屋に詰め込まれていた。三階建てのグレーストーンの建物は、ひと棟が四つか五つの区画に分割され、何十人もの人が住んでいた。

その界隈はいつも屋外の活動でにぎわっていた。食べ物やミルク、氷、石炭などを売り歩く行商人が「ひっきりなしにやってきて」、ほかにも包丁研ぎや傘修理、ソーダ水やセルツァー炭酸水売り、「号外」と叫ぶ新聞売りの少年、保険の集金人、果てはキリスト教を広めようとする大胆な伝道師までやってきた。だがその晩は雨が降っていて通りはひっそりとし、艶めくアスファルトが電灯に照らされて輝いていた。街には冷たい霧がたちこめ、鉄の街灯を取り巻く部分が黄色に染まっていた。しかし、デントは外套を着ていなかった──身を切るような風の冷たさも、ローンデール通りを南に向かって歩いていく彼の顔にかかる冷たい雨粒も感じないかのように。彼はしばらく暗がりにいた。

その界隈を斜めに走る広い大通りオグデン通りまで来ると、彼は少し緊張を解いた。ユダヤ人向けの肉屋や町工場を通り過ぎ、高架鉄道の線路が頭上を走るローンデール駅の切符売り場を通過する。店々から漂う葉巻や洗濯洗剤の匂いが空気を満たしていた。デントはタバコを買いに、さっとドラッグストアに入った。

数分後、彼はサウス・ローンデール通りに引き返し、家に向かっていた。人がまばらになると彼はまた慎重な足取りになり、四方を見回して、人目を引かないようにしながらできるだけ急いで歩いた。

ブロックを半分ほど進んだところで、二軒の家のあいだの路地から黒い人影が現れ、彼の前に歩み出た。デントは凍りつき、身を翻し、よろめきながら走り出そうとした。と、そのとき、弾丸の雨が静かな夜を貫いた。

しばらくのあいだ、通りは静寂に包まれた。車が滑るように通り過ぎ、街を「鉄の冠」のように囲む高架線路を通勤列車が轟音を立てて通過した。その後、周囲が徐々に動き出した。家々の窓枠が上がり、ギイと音を立ててドアが開き、足音が木の階段をゆっくりと下りてきた。

デントは、サウス・ローンデール通り一九一八番地の前のコンクリートにうつ伏せに倒れていた。クエスチョンマークのように身体を丸め、頭は南西のシセロ――その地は当時、まだアル・カポネの手下たちが権勢を振るっていた――のほうを向き、両腕を上げ、その姿はまだ、襲撃者に向かって撃たないでくれと懇願しているかのように見えた。自宅の方向に足を広げ、頭は血だまりの中にあり、血は舗装道路の雨水と混じり合って赤い筋となって流れ出していた。彼は背中を四度撃たれていた。

そこから七ブロック離れたローンデール地区の朽ちかけた警察署で、巡査部長の机の電話が鳴り響いた。彼は受話器を取った。「はい、こちら二四地区」と答えてしばらく耳を傾ける。「すぐに誰かを向かわせます」

巡査部長はウィリアム・フェンとアーサー・ヴァンダーポールという二人の警官を派遣した。二人は黒いセダンのパトカーに乗り込んでヒーターをつけたが、凍てつく寒さにはほとんど効果がなかった。「どうせまた家庭内のいざこざだろう」とフェンが言い、二人は大通りに出た。「こういう最悪の晩を狙ったように、ひと悶着起こすんだ」

午後七時五五分にパトカーが現場に到着したとき、通りには二〇人以上の人だかりができていた。スーツとベストは雨でびしょ濡れになっていたが、彼らは険しい顔をして、水のしたたる帽子の下から遺体を覗き込んでいた。

フェンとヴァンダーポールは制服の上に黒いレインコートを着て、車から冷たい夜気の中に踏み出した。「目撃者は?」と彼らは尋ねたが、警察に何かを話せばろくなことにはならない街の住人は、誰ひとり答えようとしなかった。現場に向かって歩きながら、数人が人混みからすっと抜け出ていくのを警官たちは見た。雨はまだ激しく降っていた。

二人の警官のうち、より経験豊かなほうのフェンは、スレンダーな身体つきをした四〇代後半の男で、土砂降りの雨に濡れて茶色の髪が額に張りついていた。彼は野次馬たちを歩道と車道を仕切る木のフェンスの後ろに追いやった。それからデントに歩み寄ると、身をかがめ、脈を測ろうと手首に指を巻きつけた。デントの皮膚はひんやりと冷たかった。

警官が遺体のそばにかがみ込むあいだ野次馬たちは息をひそめ、聞こえるのは「コンクリートに打ちつける雨の音」だけだった。フェンは険しい表情で立ち上がると相棒のほうを向き、「きみは電話してくれ」と告げた。「私はここで見張っているから、さあ」

ヴァンダーポールはうなずき、署に電話をかけて検視医と殺人捜査課を現場に呼べるよう、交番か電話のある家を探しにいった。一方のフェンはレインコートを脱いで遺体にかぶせたが、頭の上まで伸ばしたデントの青白い両手が上から突き出ていた。フェンは再び身をかがめて屍衣を直した。

整え終えると、彼は「さて」と人だかりに向き直った。「この人は？　彼が誰か知っている人はいませんか？」

答えはなかった。「では、よそ者かな。このあたりの住人じゃないのかな？」

ギャングのしわざかもしれない、とフェンは思った。それとも走っている車から遺体を捨てたのか。彼は答えを探すように、周囲の不安そうな顔を覗き込んだ。そのとき小さな声がして、金髪で好奇心の強そうな青い目をした一三歳の少年が歩み出た。「マックス・デントだと思います」と少年は言った。

少年はクラレンス・スタチョウィアックといい、デント一家の近所に住んでいた。彼は銃撃を目撃していないが、マックスの母親アニー・デントが通りを歩いているのを見て、その数分後に銃声を聞いていた。

「たぶん五発か六発」と彼は言った。「それほどはっきりした大きな音じゃありませんでした」

フェンは再び人だかりを見渡し、「ミセス・デントはどこに？」と訊いた。

「ここに走ってきたけど、銃撃のあと、家かどこかに駆け戻っていきましたよ」と誰かが答えた。

「あっ、来ましたよ」と別の誰かが言うと、野次馬たちは揃って北のほうを向き、青白い顔に白髪頭の女が、ずんぐりした脚で足早に近づいてくるのを見た。集団が二つに分かれると、女はそのあいだを通って、まだフェンが遺体のそばに立っている場所にたどり着いた。彼女はコートの端を持ち上げて覗き込み、それからコートをめくり、顔をそむけた。その顔は苦痛に歪んでいた。「私の息子です！　私のマックス、私のマックスよ！　マックスが死んでしまった！」

フェンがそっと肩に手を置くと、アニーは目を丸くして彼を見上げた。「落ち着いて」とフェンは言った。「我々に協力してください」

アニーは姿勢を正した。

「あなたは見たんですか？」フェンが訊いた。

アニーはうなずいた。街灯の明かりに照らされた顔はこわばり、引きつっていた。鼻先からぽたぽたと垂れ落ちる水が涙なのか雨なのか、フェンにはわからなかった。

「そのときのことを話してください」と、フェンはできるだけ柔らかい口調で言った。

「彼を見ました、息子のマックスです」とアニーはゆっくりと答えた。「こっちに向かって歩いてくるところでした」

あたりが騒がしくなり、けたたましいサイレンと大声で指示を叫ぶ声が聞こえ、パトカー数台と救急車が到着した。やってきた検視医と助手はさっそく遺体の検分に取りかかったが、始める前にアニー・デントを不思議そうにちらりと見た。

しかしアニーはまわりのことなど気に留めず、息子の身に何かが起きているのではないかと心配でたまらず、彼を追いかけて家を出たのだとフェンに語った。

南に向かって歩き、一九番通りを越えたところで、高架列車の明かりに照らされ、マックスが線路の下をくぐり自分がいるほうに歩いてくるのを彼女は見た。「そのあとこっちに向かって早足で歩きはじめて、それから駆け出しました」

すると路地から二人の男が現れて息子に近づいたのだ、とアニーはフェンに語った。それともひとりだっただろうか？　はっきり思い出せず、彼女は苛立ちはじめた。「私――私、すっかり頭が混乱してしまって――」

「当然ですよ」と辛抱強くフェンは言った。「大丈夫、落ち着いて」

そのあとわずかな沈黙があり、フェンの耳に野次馬たちのざわめきと検視医が見習いのひとりに「反対側が見えるように身体を少しひっくり返してくれないか」と言う声が聞こえてきた。

アニーが再び語り出した。「ローンデールを突っ切って走るマックスを男が追っていました。私も追いかけました。ここまで走ってきたら、男が銃を撃ちはじめて、マックスが倒れたんです」
五、六発の銃声が聞こえ、マックスが倒れると男は撃つのをやめ、かがみ込んで彼の頭に銃を当て、再び引き金を引いたという。「撃っていたのはマックスと同じような若い男で、背が高く、痩せこけていて、黒いロングコートを着ていました」とアニーは言った。フェンがもっと詳しく聞き出そうとしたが、彼女はショック状態で話にまとまりがなく、今にも倒れそうだった。雨の中、近所の人が家まで送っていった。
ほかの警官たちが捜索を始めた。銃撃からだいぶ時間がたっているからおそらく無駄だろうとフェンは思ったが、やってみる価値はある。警察は付近に非常線を張り、駅員から話を聞き、列車の発車を止めた。道路を封鎖し、要所にパトカーを配置すると、警官たちは徒歩で捜査を始め、網をどんどん狭めていった。オグデン通りでは通行人の顔をじっと見つめ、背が高く痩せこけた男というアニーの描写を頼りに、レストランや居酒屋、ドラッグストアを捜索した。

現場にいるフェンは、予備調査を終えた検視医から話を聞いた。マックス・デントは首、胸、腹部を撃たれ、皮膚の火薬やけどの状態から、最後の一発は首の後ろから至近距離で発射されたようだった。「プロの仕事だな」と警官のひとりが言った。これは処刑だ。

シカゴはギャングが暗躍する腐敗した街だった。アル・カポネは脱税の罪で有罪判決を受けアルカトラズ刑務所で服役中だったが、権力の空白を埋めるギャングはほかにもたくさんいた。デントがその中のひとりと間違えられた可能性は十分にあったが、また別の可能性もあった。

検視医が手招きしてフェンを死体のそばに呼んだ。そして懐中電灯をつけ、光度をいっぱいに上げて死んだ男の顔を照らした。光を浴びた顔が青白く不気味に光る。「何か気づいたかね？」と検視医が尋ねる。

フェンは死体を覗き込み、首を横に振った。検視医は片手で懐中電灯を持ち、もう一方の手の親指と人差し指でデントの片方のまぶたを持ち上げ、生気のない目を剥き出しにした。「瞳孔が開いているのがわかるかな？」

「ジャンキーか」と言ってフェンは顔をしかめた。

「そうだと思う。この男は麻薬常習者だ。何かぴんとくるものが？」

「まだ何も。いずれ何かとつながるかもしれない。これが重要な意味をもつかもしれない」

そこから一・五キロほど北の、インディペンデンス・ブールバードとハリソン通りの交差点にある高架鉄道の駅では、切符売りの女性が、落ち着かないようすの男が列車に乗るのを見たと警官に話していた。その男の風貌はアニー・デントが語った特徴と一致していた。「いま聞いた説明だけでは、その人とはわからなかったと思います」と、金属の檻のようなチケットブースの中から彼女は言った。「でも、なんだかとてもビクビクしているように見えたので覚えているんです。切符を買うあいだもしょっちゅう後ろを気にして振り返っていました。まるで誰かに追われているみたいに」

彼女は強盗に遭うのではないかと心配していた。「お釣りを受け取らずに行ってしまったので、呼び戻さなければなりませんでした。服装から見て、釣り銭を忘れるような人には見えませんでした」

「彼はどっちに行ったんですか？」と警官が訊いた。

「東のほうです」

「電話はありますか？」

まもなく市内全域で警察無線が鳴り響き、切符売りから得た詳細な人物像が伝えられた。警官たちは列車を調べ、時刻表と照らし合わせて、その男が乗ったと思われる列車を割り出した。車掌は落ち着きのない痩せた乗客を覚えていた。その男はしょっちゅう座席を移動しては、誰かが乗ってくるたびに恐る恐る見ていた。男は車掌に〈ホテル・シャーマン〉の最寄り駅はどこかと尋ねていた。それはランドルフ通りの角にある一二階建ての豪華なホテルで、有名人や政治家が好んで集まる場所だった。

「彼はそこで降りたんですか？」

「気がつきませんでした」と車掌は答えた。「ループのどこかで降りたのは確かですが」

ループは車やトロリーバス、混み合う歩道が大きな渦《うず》をなすシカゴの中心地で、そのまわりを囲むように線路が通っていた。ホテルの客室係は、捜している男の人相に当てはまる客を見ていなかった。しかし警備員が——すでにノワール小説ではおなじみとなった民間警備会社のガードマンだ——〈ホテル・シャーマン〉の壮大なロビーの片隅に、おかしな人物が少しのあいだ腰かけているのを見たことを記憶していた。

「長くはいませんでした」と警備員は言った。「じっと座っていられないようなようすで。私はその男を注意して見ていましたが、宿泊客には見えませんでした——身なりがあまり良くなかったのでね。それで、誰かを待っているんだろうと思ったんです」

「宿泊者でないのは確かなんですね？」

「はい、確かです」

「彼はどこに行ったんですか？」

「わかりません。外に出ていったので、あとは気にかけませんでした」

「ひとりでしたか？」

「そうです」

「その男について何か気づいたことは？」

警備員はしばしためらい、こう言った。「そう断言したくないんですが……その男にはどことなく、麻薬中毒者を思わせるものがありました」

手がかりはホテルで途絶えた。警官たちは外に停車中のタクシードライバーから話を聞き、近くのバーやレストランでも聞き込みをしたが、「暗中模索」状態だった。さらにローンデール駅では、さまざまな目撃者の証言によって事態は不透明さを増していた。

付近の住民は、デントの遺体が発見された場所から男がひとり逃げ去り、小型の２ドアセダンに飛び乗るのを見たという。また別の目撃者の証言は、アニー・デントの話と矛盾していた。犯人は背が高く痩せているのではなく、背が低く太っていたというのだ。また、分厚い毛皮を着たエステル・コーエンという若い女性は、男は二人いて、小型の黒い車で走り去ったと言った。

一方、警官たちはデントの過去を探っていた。彼は麻薬常習者《ジャンキー》とは思えない良い身なりをしていた。彼はもともと水兵で、そのあと訪問販売員、さらにタクシーの修理工として働いていたことがわかったが、一〇年近くのあいだにフルタイムの仕事に就いたことは一度もなかった。最近はほとんど何もしていなかったが、近所に住む友人たちによると、けっして金に不自由しているようには見えなかったという。

検視医もホテルの警備員も麻薬のことを口にしたため、ウィリアム・フェンは連邦麻薬局の三人の捜査官、フランシス・バーンズ・ケネディ、ジョセフ・ウォルシュ、エドウィン・クラインと会うことにした。その結果、彼らはマックス・デントをよく知っていることがわかった。

捜査官たちの説明によれば、殺人事件の被害者は彼らの「おとりバト」のひとりだった。おとりバトとは密告者であり、麻薬取引に関する情報を提供し、捜査官が待ち伏せているところで麻薬を購入し、売人の逮捕に協力する（おとりバトという言葉は、一羽の鳥をおとりに使って他の鳥をおびきよせる狩猟方法に由来する）。

フェンは唖然とし、捜査官たちを見つめた。「彼が？　彼は係争中の事件に関わっていたんですか？」

「そうかもしれません」とケネディが言った。「彼は私のために何度か証言しているし、ほかの捜査官の事件でも何度かあるでしょう」

デントは数年前から密告者として働いている、とケネディは言った。ケネディが初めて彼を州側の証人に転向させたとき、デントはかろうじて生活を維持している状態だったという。ケネディのオフィスの前で待っている姿が頻繁に見受けられ、一一番通りとステート通りの角にある市警本部の麻薬捜査班にもよく知られる存在だった。「彼とはしょっちゅう会いました」とケネディは言った。「ここ数年、私のオフィスによく来ていましたよ。一日に二度来ることもあった」

彼はよく、麻薬捜査班が聞いたこともない人物の情報をもたらした。その大半は、少量の麻薬を友人や知人に売っている下っ端の売人だった。だが彼は多産で、一九三五年二月八日にはグロスター・ウォーターズとホーレス・ワシントン、三月二六日にはエドワード・ヘンダーソン、四月五日にはウィリアム・ターナーとメアリ・ウィルソン、そして六月五日にはジョセフ・ピテルカを密告した。

結局、デントは麻薬捜査班の少なくとも三人の刑事と組んで、一五ないし二〇件の事件に協力していた。つまり、彼の死を望む動機をもつ人間が最低でもそれだけいて、それぞれが塀の外に、それを実行するのに十分な仲間を抱えていた。

この事件に関するある記述では、麻薬組織を無限の触手をもつタコになぞらえている。デントが協力した政府の捜査官がそうしたように下っ端の売人を摘み取っても、単にタコを怒らせるだけなのだ。さらにまた、警察と街にはびこる犯罪組織との時に親密な関係を思えば、シカゴで密告者になるのは賢明ではなかった。

この新たな情報を熟考するうちに、目の前にはとてつもない大仕事が待っていることにフェンは気づいた。デントが関与した事件をひとつひとつ入念に調べる必要があるだろう――それには数週間、あるいは数カ月かかるかもしれない。

警察はまず、複数の目撃者から寄せられた犯人の特徴とデントが刑務所送りにした人々を照合しようとしたが、すぐにあきらめた。「背が高く痩せている」も「背が低く太っている」もあまりに大雑把で、しかも矛盾していたからだ。その代わりに、警察はデントが密告したすべての被告人と、それらの裁判のすべての証人、さらに彼らが好んで行く場所をリストアップした。

裁判は一件を除いてすべて決着がつき、被告人は釈放されるか刑務所に送られていた。デントが密告者として関与した事件でいまだ係争中のものが一件だけあり、それはジョセフ・ラパポートという男に関するものだった。

囚人３２１４７番

殺人事件の翌朝は寒くどんよりと曇り、小雨が降るなか、警察は新たな第一被疑者を追っていた。ジョー〔ジョセフ〕・ラパポートは不安のあまり放心状態になり、両手をポケットに突っ込み、うつむいて雨を避けながら一晩中シカゴの街をさまよい歩いていた。

彼は身長一六八センチで細身の、身なりの良い三〇歳の男で、黒い髪はふさふさとして、満面の笑みを浮かべると口が目尻のあたりまで届いた。彼はロシア系ユダヤ人の一家にとって初のアメリカ生まれの子で、母親のエッタと姉のマーサ、妹のローズ、そして父親のイズリエルと一緒に、ダグラス・ブールバード三四三〇番地にある二階建てのグレーストーンの二階に住んでいた。

一家の生活は困窮していた。ラパポートの父親イズリエルは一〇年前まではシカゴでも名の通ったラビだったが、インフルエンザが重症化し、身体がほぼ麻痺してしまった。彼はパーキンソン病と診断され、かつては長身で堂々たる風采だった家長は、今や寝たきりで口もきけず、失禁するようになっていた。五七歳という年齢よりもずっと老けて見え、娘たちは自分たちの時間のほとんどを、やせ衰えた弱々しい父親の介護に費やしていた。

ラパポートはメディル・ハイスクールで四年間の教育を受けたが、中途退学を余儀なくされ、若くして一家の大黒柱になった。その後彼は帳簿係として四年間働き、配管工や衣料販売の仕事もし、しばらくはタクシーの運転手をして、週に三〇ドルから三五ドルを母親に渡し、そこから少額の小遣いをもらっていた。

空いた時間は以前通っていた学校の体育館で友人たちとバスケットボールをして過ごし、ダンスホールなどには行かなかったが、それでも女性との出会いはあった。ヘーゼル・ロメインという、演劇業界で働くニューヨーク出身の女性だった。だがラパポートの母親と姉妹は彼女との結婚に賛成しなかった。

ラパポートはまた、収入を補う別の方法を見つけた。一九二九年四月、彼は麻薬取引で有罪判決を受け、カンザス州のレヴェンワース刑務所での三年の刑を言い渡された。レヴェンワースは警備が中程度の刑務所で、銀行強盗やギャング、スパイなどが収容され、刑務所長トム・ホワイトの厳しい管理下にあった(彼はデイヴィッド・グラン著『キラーズ・オブ・ザ・フラワームーン』の主要な登場人物のひとりだ)。

彼は32147番の囚人番号を割り振られ、A－三一九番の監房に入れられた。判決後にニューヨークに戻った妻とは愛のこもった手紙のやりとりをしていた。彼女はたびたび巡業に出ては、国内各地から彼に電報を送って近況を知らせてきた。彼は家族とも密に連絡を取り合い、誕生日や特別な日には刑務所から電報を送った。ある年のユダヤの新年祭《ロシュ・ハシャハナ》には、母親にこう書き送っている。「神様が生命《いのち》の書に名が記されたあなたを思い出し、あなた自身のための、そして愛する者のための祈りをかなえてくださいますように」

看守たちは彼に厨房の仕事をさせ、ラパポートはたいてい目立たぬようにおとなしくしていたが、それも一九二九年一〇月一六日にモリス・バーンスタインの姿を見つけるまでのことだった。バーンスタインは裁判でラパポートに不利な証言をした男で、その日はバーンスタインにとって、デトロイトからレヴェンワース刑務所に移った最初の日だった。彼が食堂で席に着いていると、給仕として働いていたラパポートが、テーブルとテーブルのあいだの通路を通り過ぎざまに彼の顔をナイフで切りつけたのだ。バーンスタインは頬に一五針も縫う深い切り傷を負ったが、じつはラパポートは首を狙ったのではないかとの疑惑もあった。彼は隔離されて食事制限を受け、三カ月間は手紙のやりとりも月に一通に制限されたため、ホワイト所長のもとには心配した彼の家族からの電報が殺到した。

しかし、この一件がもたらしたより深刻な影響は、彼が三〇日間の「グッドタイム」〔模範囚に対する減刑〕をふいにしたことと、さらに初犯の場合の仮釈放の資格を失ったこと——つまり、刑務所にいる期間が六カ月伸びることだった。まだ一〇代の妹ローズはホワイトに必死の手紙を送りつづけ、どうか考え直してほしいと懇願した。

父親の健康状態は悪化の一途をたどり、母親はノイローゼになりグッドハート・サナトリウムに入院している、ジョーが逮捕されてからこれで二度目だとローズは手紙に書いた。「彼女は子どもたちが生きたまま業火に焼かれ、息子のジョセフは拷問を受けていると信じています」。窮状の証拠としてローズがホワイトに転送した手紙に、母親の主治医はこう書いていた。一家はまた、絶望的な経済状態にあり——「食べるパンもなく」友人たちから借金をし、高利貸しからも借りていた。

一九三〇年の一一月下旬から一九三一年の二月初旬の一〇週間で、ローズはホワイトに少なくとも一〇回は手紙を書いている。ある手紙には、「一家の唯一の担い手である兄が家におらず、私には助けを求める相手が誰もいないのです」とある。「ジョセフのいない一三カ月間は、一三年にも思えました」

ホワイトは返事を書き、ラパポートがしたことの重大さと仮釈放を認められない理由を説明した。「彼

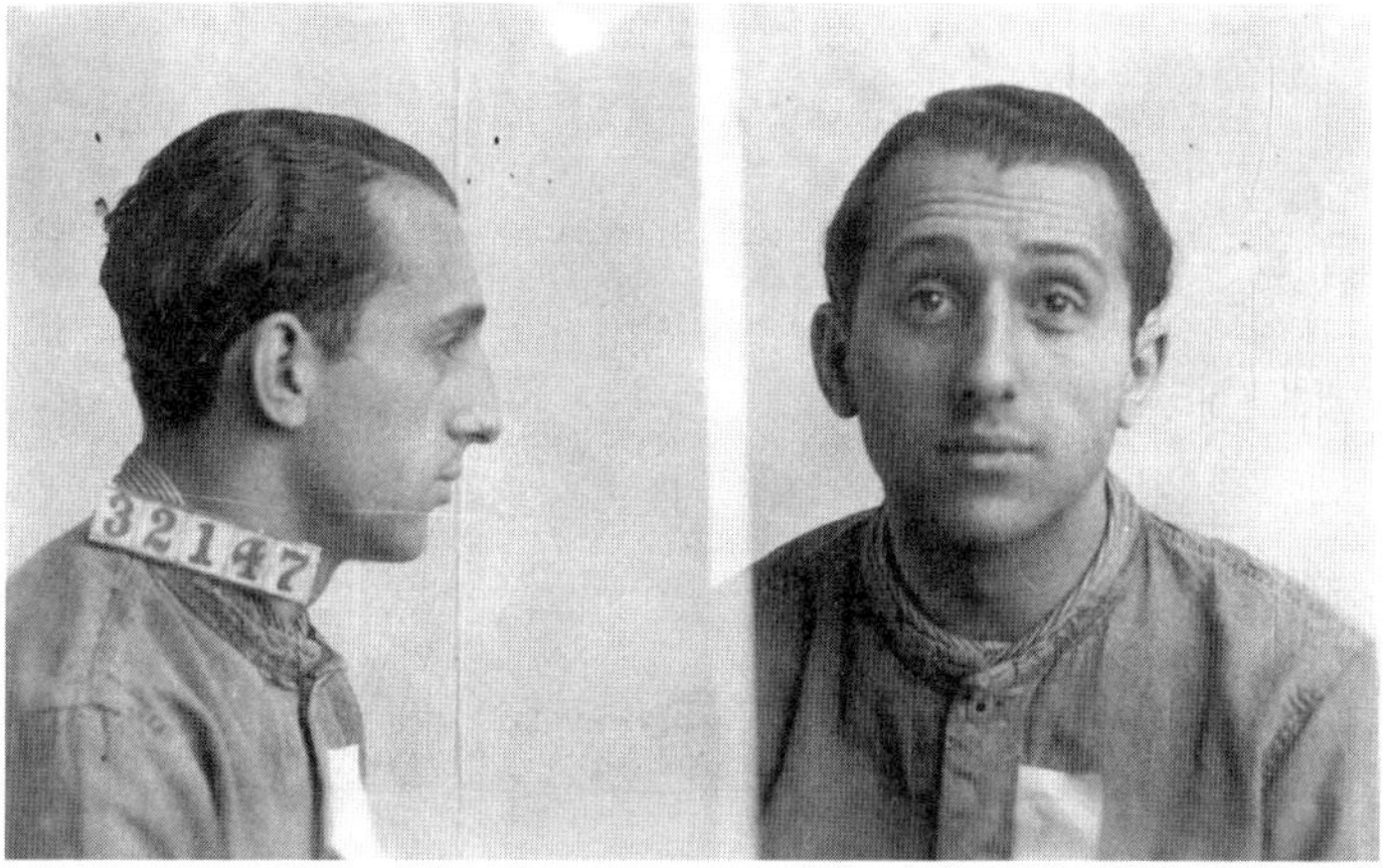

ジョセフ・ラパポート

は一見きちんとした男に見えるが、自分を抑える方法を学ばなければならない。そうしないと、いつかきっと非常に悪い結果を招くだろう」

だが結局、ローズの執念に彼は根負けした。社会福祉庁から一家が実際にローズが言うとおりの窮状にあるとの報告を受けたホワイトは仮釈放への異議を取り下げ、一九三一年八月にラパポートを家に帰した。しかし、それから四年たった今、彼は自由の身になれるかどうかを再び案じていた。

ラパポートは数年前からマックス・デントを知っていた。裁判でデントの母親アニーは、ラパポートが数カ月ごとに家にやってきて、数ドルと引き換えに息子にシルクの袋を置いていったと説明した。あるとき彼女が袋の中を覗いてみると、小さなカプセルが五、六個入っていて、中身は白い粉――ヘロインだった。けれども二人は単なるビジネス上の付き合いではなく、ラパポートはマックスを友人と見なし、一家のもとに二、三日滞在したこともあった。

その状況が変わったのは、一九三五年二月四日のことだった。ラパポートがデントに六二グレーン〔約四グラム〕のヘロインを二〇ドルで売ったとき、連邦麻薬局の捜査官ジョセフ・ウォルシュとフランシス・ケネディがどこからともなく現れ、彼を逮捕した。

デントは裁判でラパポートに不利な証言をするはずだったが、その裁判を数週間後に控えて銃殺された。地区検事補のメアリー・ベイリーは、ラパポートが以前にも自分に不利な証言をした証人を襲っていることを思えば、今回の殺害も「驚きではなかった」と語った。

デントが殺害された翌日の一〇月九日の朝、警察はラパポート一家が暮らす八部屋のアパートメントを訪ねた。室内は上質な調度品で埋め尽くされていたが、かなり傷みがきていた。この家庭は苦境におちいっているのだ。警官たちはラパポートの姉のマーサと弟のモリス――彼は故殺罪で再審が認められ保釈されたばかりだった――に話を聞いたが、ラパポート本人の姿はどこにも見当たらなかった。

警察は無線網で彼の人相を流し――オーガスト・ヴォルマーが導入した革新的なシステムは、今や当たり前のものとなっていた――ハリソン通りの駅から〈ホテル・シャーマン〉までの足取りを追った落ち着きのない男の人相と一致するようだと伝えた。

その日の夜、気温が下がり雨がにわかに雪に変わったころ、警察はついに彼を見つけた。午後八時三〇分、ラパポートはノースサイドのサマーデール署に現れ、「警察が俺を捜してるって聞いたんだけど」と言った。

彼はローンデール署のパット・ケリハー署長に引き渡され、取り調べが行なわれた。ラパポートはケリハーに、銃撃があった日は午後五時ごろに家を出たあと、北に向かって数ブロック歩き、ルーズベルト通り三六一三番地のレストランに入り、ピノクルを何ラウンドか見ていたと語った。ピノクルとはユダヤ系アメリカ人のコミュニティではおなじみのカードゲームだ。

その店を午後六時五五分に出たあと、ラパポートは恋人と会うためにルーズベルト通りとセント・ルイス通りの交差点に向かった（ヘーゼルとは出所後まもなく離婚していた）。ところが彼女は現れなかったため、ひとりで〈ローンデール・シアター〉に行き、ミュージカルのロマンス映画『浮かれ姫君』と、ムッソリーニのエチオピア侵攻を伝えるニュース映画、さらに黒人社会の英雄が元ヘビー級王者に挑んだジョー・ルイスとマックス・ベアのボクシングの試合のフィルム映像を見たという。

ラパポートが言うには、数時間後に映画館を出たとき、デントの殺害を報じる新聞の見出しが目に入り、係争中の麻薬事件があるため、これに巻き込まれるのは時間の問題だと気づき、「とっさに逃げようと思った」。ラパポートはインディペンデンス・ブールバードとハリソン通りの角で東行きの列車に飛び乗り、〈ホテル・シャーマン〉に向かった。けれども不安のあまりじっと座っていることができず、降りてループをさまよい歩いた。動揺し、いらいらしてじっとしていられなかったのは彼が置かれた状況のせいでもあり、一説によると、薬物の使用をやめようとしていたからでもあるという。彼はどうやら、切符売りと車掌が警察に語った落ち着きのない男だったようだ。

そのあともラパポートは寒さをしのごうと高架鉄道とホテルのロビーを行ったり来たりしていたが、警察が待ち構えているかもしれないと思うと怖くて家には帰れなかった。翌朝、新聞に目を通していた彼は、自分の人相が書かれているのを見て、自ら出頭するのが最善の策だと判断したのだった。

警察はラパポートに何度もくり返してこの話をさせ、細部でぼろを出させようとした。しかしぶれは「あってもおかしくない程度」であり、徹底的に裏を取ると警告してもラパポートは動じなかった。彼は嘘発見器にかけてもいいしパラフィン・テストを受けてもいいと応じた（パラフィン・テストとは、熱した蝋を皮膚に押し当て、そこに残っているかもしれない銃弾の残留物を取り出すものだ）。その後、ラパポートの口から驚きの言葉が飛び出した。

「とにかく、なんで俺がマックス・デントを殺したいと思うんだ？　俺に不利な証言はしないことになってたのに」

「そうなのか？」

「ああ。一週間くらい前に会いにきて、逮捕されたときは罠にはめて悪かった、麻薬捜査官に追いつめられてああするしかなかった、埋め合わせに街を出て証言はすっぽかすと言ったんだ」

「彼に密告されて、きみは相当腹を立てていたんじゃないのか？」

「もちろん。誰だってそうだろう？　あいつのことは友だちだと思っていたんだから。だけど証言はしないって言うから、それで帳消しにした」

警察が捜索していた列車の男がラパポートであることは確かだが、デントは証言しないつもりだったという話が本当ならば、彼には殺害の動機がないことになる。それはアニー・デントの証言とも一致した。彼女は銃撃の一週間前に息子の命乞いをしにラパポートの家を訪ねたことを警察に語っていた。彼女はエッタ・ラパポートに約束したのだ、マックスは証言をしない、シカゴを離れると。しかしマックスが死んでしまった今、アニーには誰のしわざかを疑う余地はなかった。

マックス・デントの別の友人も、彼は証言をせずに街を出るつもりだったと断言し、これでラパポートの容疑は晴れたかに見えた。

ところが、そのあとラパポートのアリバイが崩れた。彼の話の裏取りのため、警察が〈ローンデール・シアター〉の予約係ジェリー・フロストに話を聞くと、ルイス対ベアの試合は放映しておらず、ラパポートが劇場にしたと言った時間にその映像を見られたはずがないという。

その後、警察がデントの遺品を調べていると、ラパポートにとってさらに不利なものが見つかった。それはメモ帳の紙片に書かれたデント自筆のメモだった。

もし私の身に何かが起きるとしたら、それはジョー・ラポート［ママ］のしわざでしょう。私が彼に不利な証拠を握っている裁判を理由に、彼は何度も私を殺そうとしました。
マックス・デント

最初ラパポートは釈明を試み、話を変えようとしたが、ついに口をつぐんでしまった。「何も言わなくてもいい」とフェンは彼に告げた。「お前がデントを殺したのはわかっている。裁判で彼に証言されるのが怖くて殺したくなったんだろう」

警官はそこでひと呼吸おいた。彼の青い目がラパポートの黒い目と合う。取調室の明かりの下で、その目は怒りに燃えていた。「だが彼を殺してもなんの役にも立たなかったな、ムショ行きをパスして電気椅子に座ることになっただけだ」

警察の捜査は大きく動いたにもかかわらず、マックス・デント殺害のニュースを主要紙が第一面で報じることはほとんどなかった。「暗黒街で邪魔な証人が消されたニュースなど、シカゴではすぐに忘れ去られてしまう」と、ある記事には書かれている。この街は長年にわたり、アメリカにおける組織犯罪の中心地だった。禁酒法は終わったかもしれないが、それが生んだギャングとその組織員は依然としてシカゴの街と機関を掌握していた。対立するグループ間の縄張り争いは日常茶飯事、麻薬取引や人身売買も盛んに行われていた。

しかし犯罪者がいるところには犯罪学者もいて、ジョン・ラーソン、オーガスト・ヴォルマー、レナード・キーラーをはじめとする新手の捜査官も集結していた。そして彼らはまもなくラパポート事件に巻き込まれ、じつに有害な結果を招くのである。

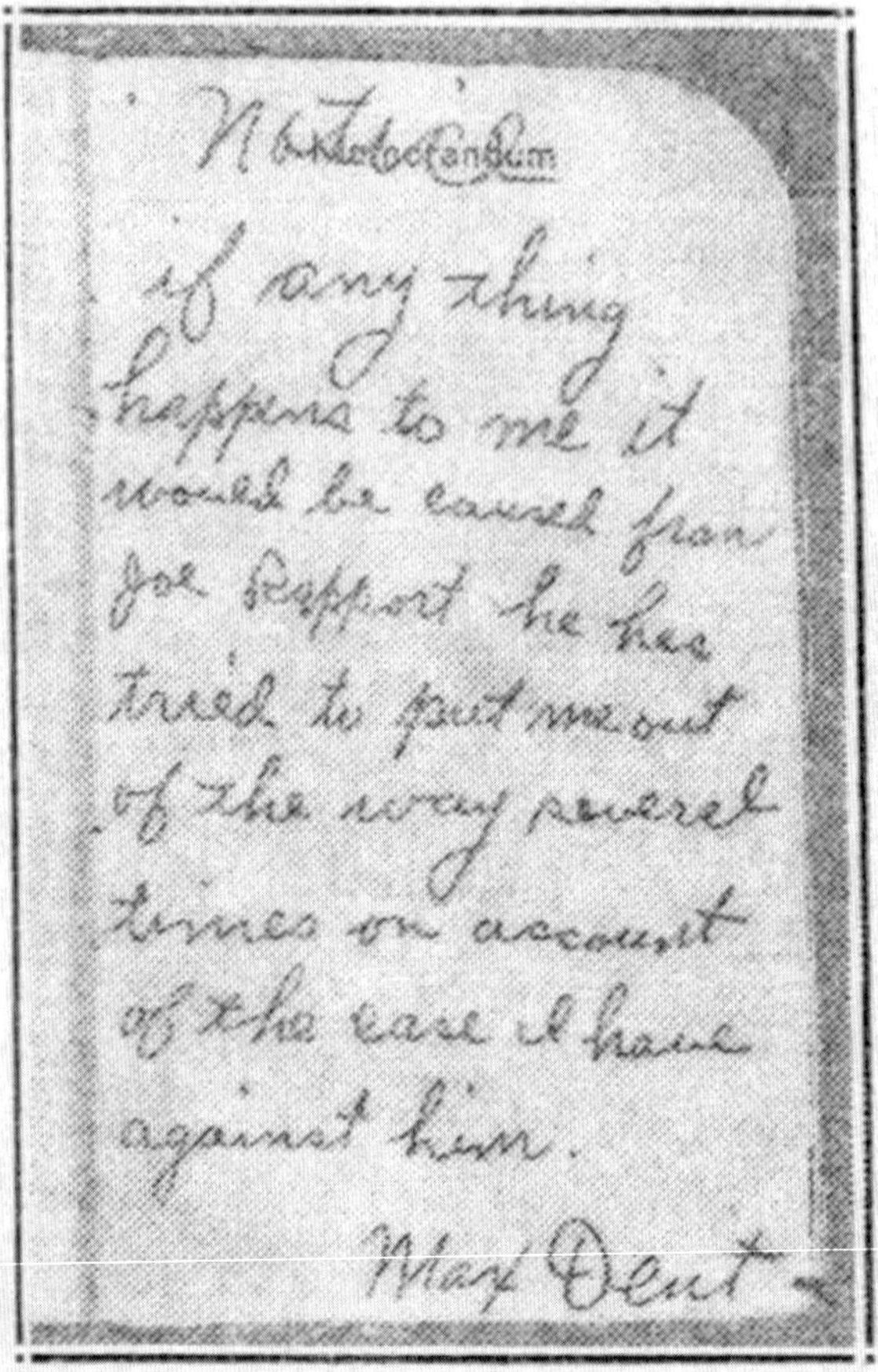

[TRIBUNE Photo.]

Page of Max Dent's notebook, made public last night, telling of his fear of Joseph Rappaport.

(Story on page 1.)

ダイヤモンドの原石

オーガスト・ヴォルマーはシカゴの夢を見ていた。目覚めているときはじつに穏やかで落ち着いた人物なのだが、寝ているときの彼は驚くほどひどかった。ある晩、犯罪者と取っ組み合いをする悪夢を見たヴォルマーが妻のパットをベッドから押し出して以来、夫婦は寝室を分けた。

一九二七年一一月、眠りに落ちた彼はサンフランシスコ湾の夢を見た。よく見慣れた海岸線が弧を描き、月明かりが暗い水面にさざ波を立てていた。そこはヴォルマーがこの世で最も好きな場所であり、爽やかな静寂に包まれて彼は浜辺を歩いていた。

起きているあいだは憂鬱な考えで頭がいっぱいだった。アル・カポネとその組織は酒の密売と恐喝でこれまでに一億ドル近くを稼ぎ出し、おまけにアメリカ国内のアルコール供給をめぐる熾烈な覇権争いで驚くべき数の死者を出していた。ジョン・ラーソンがシカゴから定期的に送ってくる手紙には、犯罪と腐敗に支配された街の惨状が綴られていた。

夢の中で、ヴォルマーの横ににんまりと不吉な笑みを浮かべる巨大な男が現れた。男は黒い山高帽をかぶり、胸には符号がついていて、たった一語、赤く輝く文字で「ギャング」と書かれていた。

ヴォルマーは話しかけようと口を開くが、男は「急に引っ込められた操り人形のように」忽然と消えた。するとかわって別の男が現れ、今度は腹のあたりに「泥棒」の文字があった。

そのあとも次々に男たちが現れ、それぞれに社会に対する脅威の印がついていた――それはバークレーの街に近づかせまいとヴォルマーが必死に努力した者たち、そしていまシカゴで猛威を振るっている者たちだ。強姦魔、強盗、詐欺師、誘拐犯、ゆすり屋。男たちはみな、せせら笑うような顔をして消えていった。

ヴォルマーはいま崖の上に立ち、月に照らされた海岸に打ちつける波を見つめていた。振り向くと、彼のほうに向かって歩いてくる男がいる。その男には目が痛くなるほどまぶしい符号がついていた――「殺人者」。

男は巨人だった。黒い服に身を包み、手に銃を持って近づいてくる。ヴォルマーは銃を奪い取ろうと前に躍り出た。銃は大砲のような音を立てて暴発した。男は巨大な腕でヴォルマーを抱え込み、これまで感じたことのない強い力で絞めつけてきた。まもなく彼は仰向けに倒れ、攻撃者は大きな拳で強烈な打撃を浴びせてきた。ヴォルマーは両腕を上げて顔を守ろうとした。胸の中に潮が満ちるように怒りがこみ上げてきて、「ほとばしる超人的な力」でヴォルマーは巨人を押しのけ、両者はさっと立ち上がった。

今や形勢は逆転した。彼が怪物のような顔に拳を打ちつけると、男は後ずさり、とうとう崖のふちから下の湾に転落した。ヴォルマーは声を聞いた。かすかだが執拗なその声は次第に音量を増していった。

「オーガスト、目を覚まして」

彼は寝室の床に膝をつき、拳で壁を叩いていた。激しく打ちつけられた両手が疼いた。

「頻繁に夢を見るほうじゃなくてよかったよ」と彼は同僚に冗談を言った。「犯罪がらみは昼間だけでたくさんだからね」

それから一年半たった一九二九年二月一四日の寒い朝、バグズ・モランと呼ばれるシカゴのギャングは手下と共にクラーク通りの倉庫の中で、強奪したウイスキーを積んだトラックの到着を待っていた。すると外に黒い大型車が止まって五人の男が降り、倉庫に入ってきた。そのうち二人は警官の格好をしていた。男たちはモランの手下たちを壁際に並ばせ、機関銃を乱射して殺害した。

流血の惨事の前にこっそり逃げ出したモランは、ライバルであるアル・カポネのしわざだと考えた。このときまで、この有名なギャングはシカゴで英雄視され、慈善事業で称賛を浴び、スポーツイベントでは拍手喝采で迎えられていた。しかしこのバレンタインデーの大虐殺は人々に衝撃を与え、法的措置を求める声が上がった。そして、そのあと引き起こされた一連の出来事によって、嘘発見器を生み出した三人は再び集結し、彼らの装置をたずさえシカゴの犯罪組織に立ち向かうのである。

ジョン・ラーソンはそのとき、すでにシカゴで数年を過ごしていた。彼が最初にシカゴにやってきたのは一九二三年の冬、ヘンリー・ウィルケンズの物語が完結した直後のことだった。青少年研究所で職を得た彼は、そこでポリグラフを使い、単に事件が起きてから解決するのではなく、犯罪を未然に防ぎたいと考えていた。

シカゴで過ごす最初の夏、ラーソンはごく私的な事件に見舞われ――彼の財布を盗んだスリの一団を突き止めようとしていた。高架鉄道のラサール・ストリート駅で、ラーソンが片手に嘘発見器の入った大きなスーツケースを持ち、もう片方の手で重たい教科書を抱えて混み合う列車に乗り込もうとしていると、二人の若者がすれ違いざまに彼にぶつかった。

道をふさいでしまったことを謝ろうとラーソンが振り返ったとき、閉まりかけたドアから二人がそそくさと降りるのが見え、そのとき彼はようやく、ポケットから財布を抜き取られたことに気づいた。財布の中身は一八九ドル——ほぼ給料のひと月分だった。

シカゴはラーソンの心に「猛烈な怒り」を呼び起こした。それは特に、刑事局の内勤警官に、犯人を見つけ出すために警察が協力できることは何もないと告げられたときだった。犯人は「無敵のエディ」と呼ばれる男が率いる「スリ集団」で、彼らはスラム街の子どもたちをスカウトし、目こぼしの見返りに警官たちに分け前を与えていた。ラーソンはヴォルマーへの手紙で、ループをくまなく捜し回ってスリを見つけ出し、自ら罰を与えてやると誓った。「連中が再び我々をカモにしようとしたら……そのときは訴えを起こす必要などないでしょう……骨を何本かへし折ってやれば、きっと教訓を得るでしょうから」

早く私的制裁を加えたくてじりじりしながら過ごす時間を除き、ラーソンは大学の医学部で学びながら青少年研究所で働いていた。彼は二部屋からなる研究室と、ギャングから酒の密売人、殺人者、不良まで、あらゆる犯罪者に好きなだけ接触する権限を与えられた。

犯罪はいたるところで起きていて、地下にあるラーソンの研究室の路地を挟んだ向かいにはカポネの倉庫があり、ラーソンは有名な〝アンタッチャブル〟のエリオット・ネスに手入れを無理やり手伝わされたこともあった。そのときネスは銃を持たずに突入し、ポケットに入れた手を銃の形に構えていた。

こうした話題が尽きないところがシカゴの唯一の「取柄」だとラーソンは思った。彼は「この街がもつ病——特に梅毒や犯罪、そのほか現代の文明に起きているあらゆる異変——の症例の多さ」に魅力を感じつつも、一方で強い嫌悪感を抱いていた。

市の公的機関もラーソンにあまり好意的ではなかった。嘘発見器のデモンストレーション中、この装置を使って腐敗した市の職員を尋問する方法について説明すると、彼は市長室から追い出された。警察署長はデモンストレーションへの出席さえ拒んだ。

彼はまた、上司である青少年研究所の所長ハーマン・アドラーと激しく衝突した。二人はカリフォルニアで一緒に虚偽テストを行ない共同で論文も執筆したが、ラーソンは一九二六年の時点で、アドラーは「とんでもない間抜け」だと考えるようになっていた。

アドラーはラーソンに医学の勉強をやめて研究所で常勤勤務をしてほしいと求めたうえ、一連の予算削減のひとつとしてラーソンの助手を解雇し、彼をさらに激怒させた。ラーソンはまた、アドラーが汚職にまみれたシカゴの政界に示す忠誠心にも不満を抱いていた。研究の一環として、ラーソンはジョリエット刑務所で受刑者を定期的にテストしていたが、所内の実態をありのままに伝えることは禁じられた。「名誉ある仕事など、すべて茶番でした」とラーソンはヴォルマーへの手紙に書いた。「ここの受刑者には二種類あって、一方は役人たちに濡れ衣を着せられた無実の受刑者で、その役人のことは暴けない、あえて暴いてはならないとアドラーは言っています。もう一方は実際に罪を犯した受刑者で、彼らは我々が知らないふりをしなければならないルートを通じ、金で自由を買おうとしているのです」

三〇〇回逮捕されながら一度も起訴されなかったギャングのフィクサー、ウォルター・スティーヴンズが、ポリグラフ検査で複数の殺人事件における共謀を認めたにもかかわらず仮釈放を認められたとき、ラーソンは自分が巨大な陰謀の片隅にいるのを感じた。彼はそれを放置できるような人間ではなく、公共福祉局長でアドラーの上司でもあるウォルター・ジェンキンスの関与を示す手紙のカーボンコピーを入手した。

アドラーは激怒したが、ラーソンは訴訟を取り下げようとはしなかった。彼はますます被害妄想的になり、身辺に陰謀や策略が渦巻いていると感じ、アドラーに対する非難に満ちた怒りの手紙をヴォルマーに書き送り、なかには反ユダヤ主義的な内容を含むものもあった。「彼の首を絞めてやりたかった」と彼は書いた。

ヴォルマーはカリフォルニアから、辛抱するようにとラーソンを説得した。「可能ならば、そこにいるあいだは面倒なことにいっさい関わらないほうがいい。確かに利己的かもしれないが、あと一年、医学博士号を手にするまでは自分のことを優先しなければいけない。まずは学位を手にして、そのあとすべてをぶちまければいい」とヴォルマーは書いた。彼に言わせれば、外交術という点で、ラーソンは「もう少し磨きが必要なダイヤモンド」だった。

一九二七年、医学博士号を取得したラーソンはついに、研究所から早めに手を引いてボルチモアにあるジョンズ・ホプキンス大学医学部で精神医学の特別研究員になる決心をした。シカゴを去るのは退却——犯罪者に勝利を与えたようにも思えた。しかしアドラーはすでに彼の後任を考えていた。

その年の四月に、アドラーはレナード・キーラーと会っていた。キーラーはウォルター・マイルズと一緒に、改良版の嘘発見器を製造業者候補に見せるために東海岸に向かう途中でシカゴを通過したのだった。

それは、キーラーの人生にとって極めて重要な日となった。彼は午前中にアドラーと会い、二年後に彼をシカゴに導くことになる仕事を確保し、午後には秘かにラーソンと会って新しい嘘発見器の図面を見せ、発明の特許の取り方について助言を得た。二人が直接顔を合わせるのは、一九二三年のバークレーの火事以来初めてだった。

最新の嘘発見器は、最初のモデルにかなりの改良が加えられていた。長さ二七メートルのロール紙を三段階に速さを変えて回転させることができ、以前は手でつまみをひねっていた調節も、ダイヤルとスイッチで行なえるようになっていた。さらにすべてが幅四〇センチ高さ二三センチのしゃれた木箱に収まり、血圧測定用カフとチューブを収納するスペースもあった。「装置は持ち運びが簡単で、いつでもすぐに使える」と、キーラーは『*The American Journal of Police Science*（アメリカ警察科学誌）』に書いている。

ジョン・ラーソンはジョンズ・ホプキンス大学で充実した二年間を過ごし、アドルフ・マイヤーという影響力のある精神医学者のもとで研究に励んだが、マイヤーは新任の部下が嘘発見器にかまけているのに我慢がならなかった。

一九二九年の暮れ、ラーソンはアイオワ州の精神病院で給料のいい職を得ていたが、すでに同僚たちとうまくいかなくなり、シカゴに戻りたい気持ちが高まっていた。そのころシカゴではちょうど、レナード・キーラーとオーガスト・ヴォルマーが街の浄化作戦に乗り出したところだった。

ペンキを塗ったスズメ

レナード・キーラーは学位を取得しないまま一九二九年の夏にスタンフォード大学を去ったが、ポリグラフ検査を何百回と経験し、頑として口を割らない被疑者がいたら呼ぶべき男として徐々に名が知られるようになっていた。

彼は腐敗を撲滅するという大志を抱いてシカゴの地を踏んだ。二五歳になった彼は、相変わらず自信家で無鉄砲だった。「僕は政治の汚職を破壊する銃が放つ一発目の弾丸なんです」と彼は父親に伝えた。

彼は青少年研究所でラーソンの元の仕事を引き受け、ジョリエット刑務所に住み込んで仕事をしていた。「僕は看守宿舎の広い部屋にいる」。初日にハーマン・アドラーに案内されたあと、キーラーは妹のエロイーズにそう伝えた。「ダブルベッドもあって、高級リゾート並みに便利だよ」。彼には奉仕してくれる囚人たちもいた。ある有名な強盗は彼の側仕え、泥棒は給仕、「自分の娘をレイプした感じの良い親切な男」は髪を切ってくれた。彼の研究は仮釈放に焦点を当てたもので——嘘発見器の仮釈放への使用は、こんにちますます盛んになっている。キーラーは受刑者を使って何千回ものテストを行ない、釈放すれば再犯する可能性が高いのはどの受刑者かを判定する信頼性の高い方法を考案するつもりだった。

彼はカリフォルニアが、そしてケイ・アップルゲートと築きつつあった親密な友情がなつかしかったが、「蒸し暑く、不潔で、悪臭のする」街に到着してまもなく、アップルゲートから手紙が届いた。彼女はボーイング社での仕事を辞め、シカゴに引っ越すという。この展望に彼は興奮と恐怖を感じた。「これはどういう意味なんだろう」とキーラーは妹への手紙に書いている。「いやな予感がする。こっちに来れば僕は彼女に責任を負わないといけなくなるだろう――そうしたら、どういう結果になってもおかしくない」

二人はまだカップルではなかったが、キーラーは自分がアップルゲートに――彼女の知性と、大胆さ、冒険心に――どうしようもなく惹かれているのに気づいていた。一九二七年の夏に大学を卒業したあと、アップルゲートとその友人はハワイ行きの遠洋定期船《オーシャンライナー》で職を得ようとしたが、それがかなわなかったにもかかわらず、その船にこっそり乗り込んだ。二人はすぐに見つかったが、そのままホノルルまで行くことを許され、アップルゲートは現地のレストランの陳列窓でパンケーキを焼き、パイナップルの缶詰工場で働き、第一次世界大戦当時の複葉機で飛行訓練を受けた。「この跳ねっ返りぶりはナードを驚嘆させた」とエロイーズは書いている。「彼はケイを、それまで出会ったなかでいちばん魅力的な女の子だと思った――美しく、知的で、大胆で、ユニークで」

ジョリエット刑務所で、キーラーは囚人たちから自白を引き出すのがラーソンよりもうまかった。彼のほうが感じが良く、相手の目線に合わせることもできたからだ。まもなく彼は看守候補の選別にも嘘発見器を使い、実際の事件にも再び取り組むようになったが、それは最強の嘘発見器は「握った拳」だといまだに信じて疑わないシカゴの多くの警官の猛反発を押し切ってのことだった。

一九二九年、キーラーはデキャスト・アール・マイヤーの事件に関わった。シアトル出身の三五歳の被告人で、ジェームズ・バセットという海軍将校から車を盗み、そのあと殺害した罪に問われていた。マイヤーと母親は盗んだ車を運転中に逮捕され、彼らの所持品からバセットの腕時計とカフスボタンが見つかった。

しかし殺害から数カ月たっても、マイヤーはまだ遺体の所在を突き止めようとする検察官ユーイング・コルヴィンに協力しようとしなかった。コルヴィンはヴォルマーに手紙を書き、ヴォルマーはジョン・ラーソンを紹介したが、ラーソンは世間の注目を集めるそのような事件には関わりたくないと断り、レナード・キーラーに回した。そのことをラーソンは悔やむことになる。

マイヤーはすでに、ヘンリー・ウィルケンズにも使われた「自白剤」スコポラミンを服用して尋問を受けていた。そこへさらにキーラーが、「魚釣り旅行」とラーソンが見下したやり方で圧迫を加えた。

キーラーは一週間かけて、古い裁判所に設置した取調室でマイヤーに質問を浴びせた。「遺体は湖の中ですか?」、「井戸の中ですか?」と彼は訊いた。マイヤーは最初のうち、このテストをジョークとして扱ったが、キーラーは労を惜しまず、マイヤーの古い家の近くにある墓地まで丹念に絞り込んでいった。そして彼がひとつひとつの墓について順に訊いていこうとしたとき、被疑者は不意に機材を剥ぎ取ると、「猫のように飛びかかって」装置を叩き壊した。キーラーは彼に突撃し、二人の保安官補がマイヤーを監房に引きずっていった。

その晩、キーラーは修理した嘘発見器でマイヤーの取り調べを再開した。拘束された男はやつれてぼんやりとし、両脚には「オレゴンブーツ」として知られる特殊な拘束具がはめられ、動こうとするときつく締めつけられた。翌朝、検察側との面談で、彼は自白を申し出た。キーラーはドア越しに聞いていて、そのニュースをシカゴに電報で伝えた。「実質的に自供が取れました。遺体もまもなく見つかるでしょう」

ところが、取調室に戻るとマイヤーは自白を撤回し、キーラーが新たに作成した遺体が埋まっていると思われる場所の地図を見ようとしなかった。マイヤーはきつく目を閉じ、保安官補が目をこじ開けようとすると、発作を起こしたように白目をむいて痙攣した。鎮静剤が注射され、落ち着くまでクロロホルムを染み込ませた布が顔に押し当てられた（コルヴィンは、それらは偽薬《プラシーボ》だったと主張した）。

翌日の新聞の第一面に載ったマイヤーの写真に、全国から激しい抗議の声が上がった。嘘発見器は第三度を終わらせるためのものだったはずだが、これ――いやがる被疑者、精神に苦痛を与える取り調べ、手錠、オレゴンブーツ――は拷問に酷似していた。警察活動に対するある調査報告書はこれを、「アメリカにおける最も顕著な第三度のひとつ」と呼んでいる。

バセットの遺体を見つけるため、捜査員が墓地の墓を片っ端から掘り起こすむなしい作業をしていたころ、マイヤーの弁護団は弁護士の同席なしに尋問することを禁止する差し止め命令を取得した。裁判官はマイヤーに対する取り調べをスペインの異端審問になぞらえ、「彼の憲法上の権利に対する重大な侵害」と表現した。

キーラーはこの事件と批判によって心身共に疲弊し、その後何週間ものあいだ高熱としつこい咳が続いた。ジョン・ラーソンはキーラーの「悪ふざけ」に怒り狂い、当惑した。「言われているように、もし被験者を鎖でつながなければならないのなら、テストを行なうべきではない」と彼は書いている。

「私個人も含め、人々はその事件の扱いに批判的だ――あれは私が定めた原則に従わないやり方だった」と彼はキーラーに苦言を呈した。「あの原則は私自身を、そしてあのテストを行なう人たちを守るために定めたものなのだ」

しかもテストはうまく機能していなかった。七年後、司祭になりすました警官に、マイヤーの母親はバセットの遺体が何カ所かに分散していることを打ち明けた。いずれも捜索した墓地の近くではなかった。嘘発見器が示した証拠は完全に間違っていた。

ガス・ヴォルマーもまた、運命に導かれるようにシカゴにやってきた。彼は警察行政を教える初の教授としてシカゴ大学に招かれていた。それは高校にも行ったことのない人間にとって大きな一歩であり、ヴォルマーはじっくり検討したうえで受諾を決めた。

仕事が山積みで、一九二九年の四月、五三歳の彼は軽い心臓発作を起こした。けれども、夢の中でシカゴが呼んでいた。変化は休養と同じ効果をもたらしてくれるだろうと考え、ヴォルマーはバークレー警察から七カ月の長期有給休暇《サバティカル》を取ることにした。

国の法執行改革の第一人者――「近代警察の父」――がついに登場し、犯罪が支配を強める街に独自の手法で立ち向かおうとしていた。シカゴは不穏な構造再編の真っ只中にあり――カポネのシンジケートが組織犯罪を強化し、警察から刑務所まであらゆる機関に食い込もうとしていた。

ヴォルマーと妻のパットは、ユニバーシティ通りのアパートメントに引っ越した。レナード・キーラーとケイ・アップルゲートはそこを頻繁に訪れ、ヴォルマー夫妻を里親のように――故郷から遠く離れた奇妙な街に住む家族のように思うようになった。彼らは一緒に劇場に行き、サウスサイドの伝説的な中華料理店〈環球大酒樓〉で定期的に食事をした。咳がひどくなったキーラーに、ヴォルマーは医者に行くよう口うるさく言い、ケイにプロポーズしようと考えていたとき、キーラーがそれを打ち明けたのはヴォルマーだった。

ヴォルマーは大学で教えるためだけにこの街に来たのだが、彼はやがて、汚職にまみれた警察の世界と、亡くなった女性と彼女の消えたカナリアが関わる奇妙な事件に深くのめり込んでいくのだった。

アナ・グスタフソンは、思い切って始めた新たなビジネスに大きな望みを抱いていた。キャス通り八一六番地に開いたカフェ〈ザ・シンギング・バード〉では、地下のキッチンで焼いた自家製ケーキを提供しており、すでに下宿人から得ている収入をそれが補ってくれると四五歳の彼女は期待していた。

このカフェのユニークなセールスポイントはニンブルという名のカナリアで、その「めずらしい高価な」鳥は歌って芸をするように訓練されていた。グスタフソンは一〇〇ドル払ってこの鳥を買い、その「陽気な歌声」はひどく憂鬱なシカゴの一日をも明るくしてくれた。彼女はティールームの家具をニンブルの羽毛と同じ明るい黄色に塗った。

しかし商売はふるわなかった。それは一九二九年、国の経済が大恐慌の崖っぷちに向かってよろよろと進んでいたころで、グスタフソンの気分も沈みがちになり、「ニンブルがさえずる歌声も、もはや彼女を元気づけることはできなかった」。

一九二九年一〇月六日、下宿人のひとり、フィリップ・ワインスタインという若い弁護士が、グスタフソンがキッチンの床に横たわり死んでいるのを発見した。彼女はガスコンロの栓を開き、自らの命を絶ったのだ。ワインスタインはすぐに警察に通報した。ガスを抜くために家じゅうの窓を開けて回ると、ニンブルは二階のティールームにあるかごの中で、まだ陽気に歌っていた。彼は鳥かごを自分の部屋の窓ぎわに置いて出かけ、その晩は帰らなかった。ちょうど彼が出るときに、捜査が完了するまで現場を警備するために四人の警官がやってきた。ところが翌日の晩にワインスタインが戻ってくると、鳥かごは空っぽだった。ニンブルがいなくなったのだ。

二日後、グスタフソンの友人リリアン・ワインバーガーが鳥に餌を与えようと家にやってきた。勤務中の警官がニンブルはいなくなったと告げると、ワインバーガーは家の中を探すと言い張った。そしてティールームの暗い隅っこに黄色いカナリアの死骸が転がっているのを見つけた。ワインバーガーはしゃがみこんで死骸を覗き込み、「この鳥はニンブルじゃないわ」と言った。「あの子はこういう黄色じゃなかった。ニンブルはもっと貴重な鳥よ。これはただの、普通のカナリアだもの」

その場にいた警官たちは、この鳥はニンブルだと主張し、きっとガスへの反応が遅れて出てきたのだろうと言った。しかし、友人の服や銀食器もいくつかなくなっているのに気づき、ワインバーガーの疑念はますます強まった。

どうやら、それは相次ぐ窃盗事件の最新の一件のようだった。もう何年も前から、亡くなった人の家を警察が警備しているあいだに物が消えていた。これは厄介な問題になりつつあり、ヘンリー・ホーナーという精力的な遺言検認裁判官は、今回の一件を見せしめにすることにした。

ホーナーは頭の禿げあがった五〇代前半の温厚な人物で、高潔さと、汚職や腐敗に対する厳しい取り締まりで名声を得た彼は、もはや法を犯しても罰せられずにいることはできないのだと警察に示したかった。そのため数カ月のあいだ――ウォール街大暴落で富が消滅し、アメリカが大恐慌時代に突入するまで――消えたニンブルはシカゴで最もホットな話題のひとつとなった。この事件には「本物《リアル》のカナリア殺人事件」というニックネームが与えられたが、その元となったのが、「カナリア」と呼ばれるショーガールが殺された事件を描いた一九二九年公開の映画『カナリア殺人事件』だった。

一カ月が過ぎても、グスタフソンの友人たちは死んだ鳥はすり替えられたものだと確信していた。一一月の初め、その友人たちは――〈シカゴ・トリビューン〉紙は「ニンブルの友人たち」と表現した――埋めた場所から（用務員によって死体安置所の外に埋められた）カナリアの死骸を掘り起こすよう強く求めた。そうすれば鳥類学者に調べてもらい、それが本当に歌える種類のカナリアかどうか確かめられるからだ（そもそもカナリアかどうか――ただの「ペンキを塗ったスズメ」ではないかと疑う者もいた）。

　ホーナー判事はついに、ニンブルが消えた晩に現場を警備していた四人の警官を突き止め、尋問した。そのうちのひとり、ウィリアム・トビンは、自分が勤務中に鳥は窓から飛んでいき、数日後に戻ってきたがすぐに死んでしまったと主張した。

　ホーナーは納得がいかず、成果のない調査を何カ月も続けたのち、オーガスト・ヴォルマー――シカゴ大学で警察学を教える新任教授――ならば、この事件の舵取りを手伝ってくれるかもしれないと判断した。ヴォルマーは喜んでレナード・キーラーと嘘発見器を推挙した。彼はこの事件がホーナーに「忘れ得ない印象を残し」、嘘発見器がスムーズに法廷に採用されることを期待したのだ。

　二月一三日、三人はホーナーの裁判官室に集結し、カナリアの消失と最も関わりの深い警官たちにポリグラフ検査を行なった。それがうまくいき、四時間後、ホーナーは自白を得た。トビンともうひとりの警官が共謀してカナリアを盗み、お粗末なやり方で隠蔽工作をしたのだった。これは、裁判官が嘘発見器を使って事実の究明を試みた史上初の事件となった。

　次の大きな事件で、ポリグラフの生みの親たちはさらにもう一歩踏み出そうとした。一九三〇年の四月、ラーソンは嘘発見器を証拠として用いることへの不安と、高まりつつあったキーラーの判断力への疑念を棚上げし、裁判で争われる事件で友人を手助けすることに同意した。

　シカゴから来た二人の取り立て人がウィスコンシン州ブラッククリークで銀行強盗の罪に問われたが、彼らは無実を訴え、キーラーのポリグラフ検査で無実の判定を得た。キーラーは、自分には正式な資格がないため、証言が許されたとしても反対尋問で苦労するのはわかっていたので、「計画を立てたあとは、経験豊富で数々の学位をもつＪ・ラーソンに大声で助けを求めた」と回想している。

裁判の二日前の晩、二人は裁判官に装置とその結果について説明した。ラーソンが科学的な話をして、キーラーはあざけるような笑みを浮かべる首席検事に対するカードテストを成功させた。「我々が彼の選んだカードを一発で当てると、あとは何も言わなくなった」とキーラーは書いている。

しかし裁判官はそれに動じず、嘘発見器の証拠を陪審員に提示することを許可しようとはしなかった。そして次の日、ミネアポリスに住む二人の男が犯行を打ち明けた。そのため裁判は取りやめになり、キーラーとラーソンの判定が正しかったことが立証された。

証言台に立つことはなかったが、嘘発見器の正当性が証明されて二人は喜んだ。彼らはその週末をシカゴで一緒に過ごし、街のあちらこちらにランチやディナーに出かけ、科学的な犯罪捜査方法を研究するために開設される独立系の研究所で職を得ようとした。

カナリア殺人事件のあと、ホーナー判事はキーラーと親交を深め、街のメンズクラブで会っては、ウイスキーを飲みながら語り合った。そして彼は嘘発見器の強力な支持者となったのである。

たとえば一九三〇年四月に、判事は〈トリビューン〉紙へのデモンストレーションをお膳立てし、自ら被験者となった。警察本部長、検視官、バート・マッシーというコルゲート・パーモリーブ社の重役を前に、キーラーはホーナーを相手にお得意のカードテストを披露し、みごと成功させた。

マッシーはバレンタインデーの大虐殺のあとの検死陪審で陪審員長を務め、そのさい自腹で弾道学の専門家を雇い証言を得ていた。

陪審員長として由々しき犯罪の証拠に触れたことで、マッシーはこの街の犯罪と闘うためには思い切った対策が必要だと確信するに至った。そこで彼は資金を提供し、ノースウェスタン大学法学部の学部長で証拠法の専門家でもあるジョン・ヘンリー・ウィグモアが場所を提供した。

科学捜査研究所は、アメリカで最初の民間犯罪学研究所だった。ウィグモアはこの研究所を警察組織から切り離すことにこだわり、扱う事件に少額の料金を課すことで費用をまかなうことになった。「警察に付属する研究所が市民から全幅の信頼と信用を得ることはないだろう」と彼は書いている。「そのような研究所がもつ力は絶大で、それは嫉妬や恨み、汚職の原動力となり、正義を真実からそらし、罪のない人々を傷つける。その権力が濫用される可能性は恐ろしく高い。その手の科学的検証法には抗いようがないからだ」。彼はポリグラフのことを言っていたのかもしれない。

ノースウェスタン大学のメインキャンパスはシカゴ北部の郊外エヴァンストンにあるが、科学捜査研究所はシカゴのダウンタウン、イースト・オハイオ通り四六九番地にある法学部内に置かれた。

そこは建物のワンフロア全体を占める広大なスペースで、手前には最新の科学機器を設置したオフィスがいくつもあり、奥には射撃練習場があった。

奇妙な趣きだが活気はあった。研究所の高い天井の下には工場のような雰囲気と静かな決意がみなぎり、男たちは顕微鏡を覗き込んで血に染まった繊維や土壌サンプルを調べ、そこに時々大きな機関銃の発射音が響いた。ほかにも講義用の教室がひとつと、写真現像用の暗室もあった。

キーラーは自分とラーソンがノースウェスタン大学の医学部に通いながら新設された科学捜査研究所で働けるよう、どうにか話をつけることができたのだが、ラーソンは面接で失態を演じてしまった。「あの哀れな男は、身なりなどまったくおかまいなしに、例によって異常にテンションの高い状態でやってきて、相手の質問などそっちのけで関係のない話をくどくどと語り、すっかり浮足立って、良からぬ印象を与えてしまいました」とキーラーはヴォルマーに報告した。

「僕は必死になってジョンを売り込んだのに――たった一回の面接ですべてが台無しになってしまいました。本当の彼を知れば彼らの意見も変わるのでしょうが――いま考え直してもらうことは無理です」。気まずい状況だった、自分が科学捜査研究所での常勤の仕事をオファーされ、ラーソンがされなかったときは特にそうだったと彼は語った。

それでもキーラーは研究所に入るチャンスに飛びつき、さらに所長のカルヴィン・ゴダードを説得し、ケイ・アップルゲートを秘書として雇わせた。彼女とキーラーはしばらく前から交際しており、一九三〇年八月に結婚した。ホーナー判事が式を執り行ない、グレンコーにあるレイク・ショア・カントリークラブで「趣向を凝らしたウェディング・ディナー」を開き、新婚夫婦は磨き上げられた大理石のベランダで、湖に沈む夕日をバックにダンスをした。

キーラー夫妻はウエストサイドにある二ベッドルームのアパートメントに引っ越した。ケイはフェンシングのレッスンを受け、裁縫を習って服も自分で縫えるようになった。晩には夫と彼の同僚たちのために料理をした。彼らは仕事帰りにやってきて、酒を飲み葉巻を吸いながら、無線で流れてくる警察の捜査報告を聞いていた。夫婦は広大な自然の中で休暇を過ごし、たとえば二週間の「婚前旅行《プレムーン》」では、カナダの森で狩りや魚釣りをして過ごした。

しかしケイ・キーラーはまもなく、この家庭的な生活に心底飽きてしまった。「彼女は女という〝性〟が自分に課すしがらみを断ち切り、いまだ男の世界とされている場所で対等に競争したかった」とエロイーズは書いている。ケイは自分のまわりで行なわれている先駆的な科学捜査に興味を抱きはじめた。その一方で、ポリグラフを使ったキーラーの仕事は科学捜査研究所の活動の中心となっていた。バート・マッシーの資産が大恐慌の打撃を受けたため、ポリグラフ検査は重要な収入源となり——収益はキーラーと研究所が均等に分け合った。彼がいなければ研究所は廃業に追い込まれるだろうと、所長のゴダードはある内部文書で認めている。

一方で、まだチームを再結成させたいと切望していたヴォルマーは、一九三〇年六月にハーマン・アドラーが青少年研究所を辞任すると、ジョン・ラーソンを推薦した。

ラーソンは一九三〇年一〇月にシカゴに戻り、半年のあいだはすべてが順調だった。その時期に撮影された写真には、キーラー、ヴォルマー、ラーソンが満面の笑みを浮かべて互いの肩に腕を回す姿が写し出され、そこには本物の思いやりと友情があった。三人はいくつもの楽しい晩を共に過ごし、嘘発見器について話し合ったり計画を立てたりした。

ついに彼らはアメリカの犯罪の中心地に集結し、意気揚々と、腐敗と虚偽の撲滅に乗り出そうとしていた。そして彼らが手がける次の事件は、三人の男たちとその装置を犯罪の街シカゴの闇の中枢へと送り込んでいくのである。

新聞記者

一九三〇年六月九日（月）の午後、〈シカゴ・トリビューン〉紙の花形記者ジェイク・リングルは、ランドルフ通りのイリノイ・セントラル駅に向かって歩いていた。彼はそこから列車に乗ってホームウッドのワシントン・パークに行こうとしていた。

カンカン帽をかぶり競馬新聞を小脇に抱え、通り過ぎる車に乗っていた仲間たちに手を振りながら、彼はミシガン通りの下を通る歩行者用の短い地下道に入っていった。

地下道は混み合っていたため、背後から二人の男が近づいてきたことにも、そのうちのひとり――シルクの手袋をはめた背の高いブロンドの男――が銃を取り出したことにもリングルは気づかなかった。彼は後頭部を撃たれ、前のめりに地面に倒れ込んだ。帽子が転がり落ちて遺体から約三〇センチ離れたところで止まり、群衆が散り散りになった。撃った男はきびすを返して立ち去り、現場には打ち捨てられた手袋と凶器が残された。

〈トリビューン〉紙は社員が殺されたこの事件をギャングによる新聞社への口封じと非難し、リングルは真実を語ろうとして殺されたのだと主張した。〈トリビューン〉紙の編集者たちは他紙六社と連携し、犯人逮捕につながる情報への報奨金として六万ドル以上を集めた。リングルはシカゴの警察本部長ウィリアム・ラッセルとも懇意にしていたことから、ラッセルは捜査に総力を投じ、彼の部下たちはその後の数週間で六〇〇人以上を逮捕した。

しかし、リングルの葬儀が終わってまもなく――マーチングバンド、正装をした警察隊のパレード、何千人もの会葬者と、至れり尽くせりの葬儀が行なわれた――彼の秘められた真実が明るみに出はじめた。じつはリングルは新聞記者であると同時に、犯罪組織のフィクサーでもあった。

仕事柄、彼は「警官や強盗と浮かれ騒ぎ、情報源をもぐり酒場で働かせ」――政治家や警察、ギャングと親しくしていた。アル・カポネは彼を「仲の良い友人」と見なし、ダイヤモンドをちりばめたベルトのバックルを贈ったこともあった。リングルはジャーナリズムを隠れ蓑にして私腹を肥やし、ミシガン湖を見下ろす〈ホテル・スティーヴンズ〉のスイートルームで驚くほど贅沢な暮らしをしていた。経済状況を調べたところ、彼は年間六万ドルも稼いでいたが、〈トリビューン〉紙の給与は週六五ドルだった。

警察本部長との交友関係から、リングルは手入れの情報を事前に入手し、もぐり酒場を営むギャングに売った。さらにギャングから保護料を徴収するようになり――、特定の賭博場や酒場を摘発しないことを条件にラッセル本部長に分け前を与えていた。だがやがて、アル・カポネならば「彼の頭は大きくなりすぎて帽子がかぶれなくなった」とでも言ったであろう事態が生じる。報道によれば、リングルが殺される前の週、かの悪名高きギャングの親玉は、新聞記者が敵のためにも動いていたことを知り、彼からの電話に出るのをやめたという。

ラッセルは友人を殺した犯人を必ずや見つけ出そうと決意し、研究所を捜査に参加させ、あらゆる科学的捜査方法を動員することにした。最初に現場に駆けつけた警官は、指紋を採取できるよう配慮し、ハンカチを使って銃を扱ったが、犯人は手袋をはめていた。そこでカルヴィン・ゴダードは――研究所の所長である彼は、バレンタインデーの大虐殺の検死陪審で証言をした弾道学の専門家だった――ゴミ箱に向かって銃を撃つと、顕微鏡を使ってリングルの脳から取り出した弾と比較し、その銃が殺人に使われた凶器であることを証明した。

また、銃のシリアルナンバーはやすりで削り取られていたが、研究所の科学者たちはその下の金属の結晶構造の変化からナンバーを解読し、銃がノースサイドのスポーツ用品店で買われたものであることを突き止めた。

捜査中、キーラーが研究所にある自分のオフィスにいると、「こわもての男」が二人ふらりと入ってきてドアを閉めた。キーラーが顔を上げ、「何かご用ですか?」と尋ねると、二人は彼を睨みつけた。「あんたに提案がある」とひとりが言った。

「ジェイク・リングルを殺した弾と引き換えに、五万ドル払おう」もうひとりが言った。

弾丸は研究所の別の場所にある金庫に保管されており、いずれ開かれる裁判で重要な証拠になることをキーラーは知っていた。彼は男たちを引き留めておこうと、金庫の鍵を開ける数字の組み合わせがわからないとつぶやいた。助手に聞いてくるから「ここで待っていてほしい」と彼は言った。「すぐに戻る」

胸を高鳴らせながら、キーラーは外のオフィスにいる同僚たちのあいだを素早く巡り、「射撃場に行って!」とささやいた。「行ったら機関銃を撃つんだ! 急いで!」

とまどう捜査官たちが射撃練習場に向かうと、キーラーは深呼吸をして男たちの待つオフィスに戻った。彼は机の奥の椅子に腰かけ背もたれに寄りかかると、「悪いけど、弾は渡せない。あれは殺人事件の証拠品として我々が預かっているものなのでね」と告げた。

男たちがキーラーのほうににじり寄ろうとしたとき、銃声が響き建物が揺れた。すると彼らは凍りつき、不安げに視線を交わした。今のは警察か？　ギャングの抗争か？　そして二人はこそこそと部屋を出て、建物からも出ていった。キーラーはニヤニヤしながら射撃練習場に向かい、同僚たちに撃つのをやめるよう告げた。

同じころ、窃盗容疑で逮捕されていたフランク・ベルという男が、リングルを殺した犯人が誰か知っていると警察に語り、リチャード・サリヴァンの名を挙げた。ベルによると、サリヴァンは他の数々の事件で彼の共犯者だった男で、ギリシャ料理店のオーナー、クリス・パトラスが殺害された事件もそのひとつだった。

ベルが語った内容は、実際に起きたある未解決殺人事件の詳細と合致したが、サリヴァンはその事件についても、リングルの殺害についても、ベルが彼の関与をほのめかしたその他の犯行についても自分はまったく知らないと否定した。

一方、警察はリングル殺害の真犯人を見つけたと確信していた――レオ・ブラザーズと呼ばれる、セントルイスの殺し屋だ。しかし事を進める前に、ベルの証言を排除しておく必要がある。そこで彼らは嘘発見器を使うことにした。

最初のテストはキーラーがひとりで行なったが、ヴォルマーとラーソンに結果を見せると、二人は彼の解釈に賛同しなかった。「少し話し合い、それでも合意に至らなかった」ため、三人揃ってベルをテストすることになった。

彼らは事件について頻繁に連絡を取り合い、結果についても意見交換していたが、三人が一緒にテストをすることはめったになかった。今回はヴォルマーが質問をし、キーラーとラーソンは装置から送り出されるロール紙に刻まれた山や谷を確認しながら、ヴォルマーの低音の声が静かな部屋に響くなか、ひそひそ声で話し合った。

今回は三人の判定が一致した。ヴォルマーが「サリヴァンはリングルを殺しましたか？」、「サリヴァンがリングルを殺したとき、あなたも一緒にいましたか？」といった質問をするたびに、チャートに刻まれる線は特有のジャンプをした。ベルは嘘をついていた――それは報奨金目当てでもあり、ベルが刑務所に入っているあいだに恋人を追い回し、彼を「嫉妬に狂わせた」サリヴァンに濡れ衣を着せるためでもあった。

しかし、ベルは致命的な誤算をした。レオ・ブラザーズは組織のコネを使い、リングル殺害で科されたのは懲役わずか一四年だったが、ベルとサリヴァンはギリシャ料理店の店主パトラス殺害の罪に問われ、クック郡刑務所での電気椅子による死刑を宣告された。

ベルのポリグラフ検査はヴォルマー、キーラー、ラーソンが直接顔を合わせる最後の機会となったが、それはヴォルマーが困難に見舞われていたからだ。大学での講座は好評だったが、健康には負担となっていた。彼は心臓発作から完全に回復しておらず、胸の痛みを抑えるために、壜に入ったニトログリセリンの錠剤をつねに持ち歩いていた。遠く離れた場所からバークレー警察の運営も続けようとしていたため、仕事量は増える一方で、パットは彼の身を案じていた。

ヴォルマーはまた、しょっちゅう衝突するジョン・ラーソンとレナード・キーラーの仲裁役でもあったが、二人のあいだには嘘発見器をめぐって深刻な意見の対立が起きはじめていた。以前ならば、ラーソンはキーラーの逸脱を彼らの友情に免じて大目に見ていたが、彼の我慢も限界に来ていた。

ある少女がキーラーの尋問中に失神したとき、ラーソンはすべてのテストに医師を同席させるべきだと主張した。そしてキーラーが使えるように前口上を書き、テストを望まなければ断れる選択肢を被験者に与えた。

彼はキーラーに、マイヤーの事件のときのような曖昧な探り出しは避けるよう主張し、自白した者には「手荒な手法」は使われていないことを確認する書面に署名させるよう求めた。

しかしキーラーは際限なく彼を失望させ、ラーソンはバークレーで彼を装置に近づけたことさえ後悔しはじめるのだった。「ヴォルマーに無理やりキーラーを押しつけられた」と、数年後にラーソンはある友人に愚痴をこぼした。「キーラーは仕事をしっかりこなしたためしがない」

彼はキーラーを「基本的な価値観が欠如して」いる、嘘発見器を指紋証拠と同列に扱っていると非難した。ラーソンはすぐにヴォルマーに手紙を書き、キーラーがポリグラフは絶対確実なものだと喧伝し、準備が整う前に商業化を急いでいると苦情を述べ、彼の手綱を引いてほしいと頼んだ。

「キーラーに会ったら、ポリグラフが確実なものだと言うのをやめるよう注意してください。確実ではないことを私は知っているからです」。ラーソンは一九三二年一月にヴォルマーにそう語っている。「記録の解釈次第で起訴を免れたり、なんらかの法的措置がとられたりするような使い方をしてはならないと彼に言ってください。彼はすでに一度か二度、そういうことをしているのです」

一九三一年の初め、ヴォルマーは再び心臓発作を起こした。彼と妻は街を離れて過ごす時間が長くなり、そのたびに寒いシカゴに戻ってくるのが辛くなった。ヴォルマーはすでに、一九三一年三月に講座が終了したらもう戻ってこないつもりだと大学には告げていた。彼はカリフォルニア大学でも同じような仕事が決まっており、バークレーの警察署長としての役目と両立させるつもりだった。

彼のいないあいだに、ラーソンとキーラーの関係は完全に壊れてしまった。

悪意

一九三五年一一月一八日、ジョー・ラパポートはマックス・デント殺害の罪に問われクック郡裁判所にいた。デントに麻薬を売った罪で裁かれるはずだった本来の裁判期日の数週間後のことだった。シカゴは寒波の真っ只中にあった。初雪が降りはじめ、短い裁判が終わるころには芝生や屋根に白い毛布が敷かれ、足音や通り過ぎる車の音を鈍らせていた。

きちんとしたグレーのスーツに身を包み、ふさふさした黒い髪を後ろに撫でつけたラパポートは直立不動の姿勢で起立し、ジョセフ・バーク判事が入廷し開廷を告げた。バークは四〇代半ば、裁判官としてイリノイ州史上最長となるキャリアを歩みはじめたばかりだった（彼は一九九〇年に一〇一歳で亡くなった）。

バークは法廷を見渡した。木製の長テーブルの片側にはラパポートが、反対側には彼の弁護士サイモン・ハーがいた。ハーはその年に故殺罪で訴えられたラパポートの弟モリスの弁護士も務めていた。

検察側の最初の証人は、マックス・デントの母アニーだった。グレーの髪を黒いスカーフで束ね、裏に毛皮がついた厚手のコートを着ていたが、彼女はそれでも震え、息子が撃たれるのをその目で見たときの悲痛な話を語るあいだ、首のたるんだ皮膚がぷるぷると揺れていた。

ラパポートはそれを見ながら表情も変えず、椅子にもたれたり両手で顔を支えたり、長い指でしきりにこめかみを押したりしていた。検事補のジョン・ボイル――銀の鎖がついた懐中時計をぶら下げた身だしなみの良い青年――が法廷内を盛り上げていくあいだも、彼は感情をほとんどあらわにしなかった。

「息子さんを撃った男が、この法廷内にいますか?」ボイルがそう尋ねると、室内は緊張感に震えた。

「います!」とアニーは宣言した。その手に震えはなく、「ゆるぎない指」がまっすぐジョー・ラパポートに向けられた。

連邦麻薬局の捜査官が、デントが彼らのためにしていた仕事を説明し、彼の死を招いたと思われるラパポートに対するおとり捜査についても詳しく語った。エドウィン・クライン捜査官は、ラパポートは逮捕されたあと、デントを「殺してやる」と呪っていたと証言した。

ラパポートの弁護は、彼が殺人現場付近にいなかったと証明できるかどうかにかかっていた。ハーが用意した最初の証人はあるビジネスマンで、彼は銃撃があった時刻より少し前に、現場から一・五キロほど離れた〈ローンデール・シアター〉の外でラパポートを見かけたと証言した。

二四歳のビラ配りジョセフ・シューフェルトは殺害現場を目撃したが、犯人はラパポートではなかったと証言した。「私が見た男は背が低く太っていました。黒っぽいセーターに黒っぽいズボン、帽子をかぶっていました。ジョセフ・ラパポートではありませんでした」

二一歳のエステル・コーエンは、黒い髪をショートカットにした女性で、シューフェルトの話を裏付ける証言をした。「その男は太っていて、背はかなり低いほうでした。車に乗り込んで北の方に走り去った人は、ほかにいませんでした」と彼女は言った。「私はジョー・ラパポートを知っています。あの晩、そこで彼の姿は見かけませんでした」

ラパポート自身も証言台に立ち、すべてを否認した。デントに麻薬を売らなかったし、彼を脅していない、殺してもいない。銃撃があった時刻に、自分はその近くにすらいなかった、と。「デントを殺す理由なんかなかった」とラパポートは主張した。「俺に不利な証言はしないと言っていました。もし証言するとしても本当のことを――Gメンのために俺に罪を着せたと言うと」(Gメンとは政府職員《ガバメント》を指すスラングで、現在は特にFBIを連想させる。)

一一月二〇日にバーク判事が昼の休廷を告げたとき、裁判は白黒つけがたい状態に見えた。一方の証人はラパポートが明白な動機をもって現場にいたと証言し、もう一方はそれと相反する証言をした。ところが、昼の休憩のあいだに彼の弁護は破綻した。

裁判が再開される午後二時の一五分前に法廷に戻ってきたラパポートの弁護士サイモン・ハーは、依頼人に有利な証言をしたジョセフ・シューフェルトが逮捕されたと告げられた。

同じころ、弁護側のもうひとりの重要証人であるエステル・コーエンのところに廷吏がやってきて、電話が入っていると伝えた。コーエンは一一時三〇分に証言を終えたあとも法廷に残り、これからラパポートの姉妹マーサとローズと一緒に近くのレストランに食事に行こうとしていた。彼女はダグラス・ブールバードにあるラパポートの家の近所に住み、一家とは親しくしていた。

玄関ホールに出ると、壁際に電話ブースが並んでいた。コーエンが電話口で自分の名を名乗るとすぐに隣のブースのドアが開き、黄褐色の廷吏の上着を着た二人の男が近づいてきて彼女を逮捕し、裁判所の二階にある州検察局に連行した。これを見ていたマーサとローズが抗議すると、ジョン・ボイル検事は二人も一緒に逮捕するよう命じた。

コーエンはダン・ギルバート警部に尋問され、午前中に虚偽の証言をしたと非難された。嘘をついたと自白しなければ刑務所に行くことになると警部は言った。さらに彼女を同僚のケリー警部補のところに連れていき、警部補もまた同じトリックをくり返した。コーエンによると、白状すれば「うまくはからって、けっして害が及ばないようにしてあげよう」と二人は約束したという。

証言は本当のことだと彼女が主張すると、彼らは〝今流行りの〟尋問テクニックに切り替え、「よしわかった。きみの腕に血清を注射してあの機械にかけよう。もうひとつの部屋の椅子に掛けなさい」とケリーが言った。

結果的に、コーエンが証言を変えることを拒んでも無駄だった。弁護側のもうひとりの証人であるジョセフ・シューフェルトが同様の圧力にあっさり屈服してしまったからだ。彼はすでに下の階の法廷で、証言はすべて嘘だった、実際は銃撃のあった晩、自分は現場近くにいなかったと語っていた。

ハーは唖然とした。「それが被告人の勝算を台無しにするかもしれないと知りながら、あなたは私にも、この法廷にも、陪審員にも嘘をつきつづけたのですか？」と彼は訊いた。

「彼の家族のためでした」とシューフェルトは答えた。「そう証言してほしいと言われたので」

形勢は悪かった。彼が着席したあと、ハーはラパポートに身を寄せて「かなり困難な状況だ」と耳打ちし、ここは有罪を認め、「法廷の慈悲にすがるのが最善の策かもしれない」と告げた。だがラパポートはこれを拒絶し——自分は無実なのだから、何があろうと罪は認めない、偽証しましたと申し出る人間が何人いたとしてもそれは同じだと言った。しかし彼は「すっかり意表を突かれ、完全にお手上げ状態だった」とハーは書いている。

明るみに出た偽証は被告側にとって致命的な打撃となり、弁護はたちまち破綻した。〈ローンデール・

シアター〉の予約係は、ラパポートがその晩に見たと言ったボクシングの試合は上映されていなかったと断言し、ラパポートが映画のあとで行ったと語ったレストランの経営者ジョー・テラデシュもまた、彼の姿は見ていないと言った。

その日の午後八時、裁判官は陪審員に最後の指示を与え、次のように念を押した。ラパポートが麻薬を売った事実は殺人の裁判で有罪を証明するものではないこと、デントを殺害する動機をもっていた可能性があるのは彼だけではないこと、殺人で有罪判決を下すには高いハードルが必要であること。「犯意が示唆されるのは、考慮しうる挑発が見当たらず、殺人のあらゆる状況がよこしまな悪意を示す場合である」と彼は言い、陪審員に四つの選択肢を与えた――無罪、一四年以上の懲役、終身刑、そして死刑。

二時間後、陪審員が〔評決に至った合図として〕陪審員室のドアをノックした。陪審員長のデルバート・ホワイトが起立し、評決文を読み上げた。その下のほうには、彼とほかの一一名の陪審員の署名があった。「我々陪審員は、被告人ジョセフ・ラパポートを起訴状にあるとおりの方法と形による殺人罪で有罪とし、処罰は死刑とする」

短い裁判のあいだ、ラパポートは自分を「タフガイ」に見せようとしていたが、評決が下されたとき、その仮面が一瞬ひび割れた――と、ある記者が書いている。自らの運命が読み上げられると、ラパポートは身をこわばらせ、顔からは血の気が失せ、その後ようやく落ち着きを取り戻し、無理やり「引きつった笑み」を浮かべた。

家族はすぐに彼のもとに集結した。姉のマーサと妹のローズはエステル・コーエンと同様に逮捕され、弁護士も呼べないままひと晩じゅう警察の監房に監禁されていた。彼女たちは評決を聞き逃し、今は偽証罪の嫌疑をかけられていた。二人はシューフェルトに偽証させるよう仕向けたとされ、ジョン・ボイル検事もまた、シューフェルトが逮捕されたあと、州検察局でローズと彼がばったり顔を合わせ、そのときローズが彼に「言うことに気をつけなさい」と言うのを聞いたと主張した。翌日マーサがボイルのオフィスに連行されたさい、彼はさも嬉しそうに弟の運命を明かしたという。「ところで彼は極刑になったようだな。素直に我々の知りたいことを話さないと、きみもそうなるぞ」

ラパポートの上訴のために有力な弁護士を雇えるよう、姉妹はユダヤ人コミュニティにおける父親のコネに頼り、できるだけ多くの金をかき集めた。ウィリアム・W・スミスは有名なクラレンス・ダロウのパートナー弁護士で、一九二四年五月に、彼らはいわゆる「世紀の裁判」で組み、ダロウは一四歳のボビー・フランクスを誘拐し殺害したネイサン・レオポルドとリチャード・ローブを弁護した。この二人の学生は、完全犯罪を成し遂げることで自分たちの「知的優位性」を誇示したかったのだ。

ラパポートの裁判が巡ってきたころには、ダロウは七九歳の虚弱な老人だったが、彼は引退状態から抜け出し、元パートナーが有罪判決を覆すのに手を貸そうとした。

しかし一九三五年一二月三〇日、スミスによる再審理の請求は却下され、ラパポートの死刑執行が一九三六年二月一四日に決まった。

スミスは法廷の外で記者団に対し（彼は丸い縁なし眼鏡をかけた気難しそうな顔の中年男だった）、次のステップはラパポートの裁判をイリノイ州最高裁判所に持ち込むことだと語った。

ウォール街大暴落の直後、レナード・キーラーはあるアイデアを思いついた。それはポリグラフを取調室から引っ張り出して商業の世界に持ち込むというものだった。彼は胸を躍らせながらオーガスト・ヴォルマーに手紙を書き、ポリグラフ検査を百貨店に提案するプランを詳細に綴った。百貨店では従業員の窃盗行為によって年間何万ドルもの損失を出していた。

半年に一度ほど従業員をふるい《スクリーン》にかけて不正直な者を一掃する、というのが彼の提案だった。「その店を縄張りにしている〝万引き犯《リフター》〟や非行集団を即座に排除し、他の従業員にも〝畏怖の念〟を植えつけることができるはずです」と彼は書いた。一九三一年、キーラーは保険業界大手のロイズ・オブ・ロンドンと協定を結び、銀行各社にある提案をした。それは、彼のテストを従業員に定期的に受けさせれば保険料を一〇パーセント割引するというものだった。

この手の事業は嘘発見器の基本原則を「裏切る」ものだとして、ジョン・ラーソンは激怒した。一九三一年三月にオーガスト・ヴォルマーがシカゴを離れてから、ラーソンは装置が――彼がまだ自分の発明品だと考えている装置が――自身の手でコントロールできなくなっていくことに、それまでにも増して不満をつのらせていた。

スクリーニング検査を推進するほかにも、キーラーは独自の装置を「キーラー・ポリグラフ」という商標で売り出していた。数十年後に振り返り、ラーソンはそこがターニングポイントだったと考えた。「カーディオ＝ニューモ＝サイコグラフから所有者の名前のついた機械に名称が変わったことで、営利的な単なる機械としての面が強調されるようになった」と彼は書いている。

彼は手紙ではキーラー版のポリグラフをすっきりしたデザインだと称賛したが、内心では大したものではないと見下し、細かな部分を除けば全体として自分の装置と変わらないと友人たちには語り、キーラーを「模倣者」と非難し、生まれてこのかた独創的な発想などしたことのないはったり屋だとこき下ろした。

さらに悪いことに、キーラーはその装置を科学者にではなく、金を払うなら誰にでも渡そうとしていた。ラーソンは、ポリグラフ検査は「素人や、短時間の表面的な訓練を受けただけの人間に自由に使わせるべき技術ではない」とキーラーを叱責した。

「私はこの問題をかなりうまくコントロールできていた、きみが装置を売り出すまでは」と彼は続けた。「これまでこの種の仕事は研究室で訓練を受けた大学の人間しかできなかったからだ。今や、きみやきみの会社が装置を売った相手なら誰でもそれを使えるようになり、混乱が生じることになるだろう」

訓練を受けていない素人が検査に適さない被験者にポリグラフを使うことをラーソンは案じていた。「いずれ素人による検査が原因で死者が出ることになるだろう」と彼は警告した。

公正を期して言うならば、当初、キーラーはかなり慎重に商品化を進めていた。マスコミの注目度を思えば、彼は装置を組み立てるそばから販売し、そのたびに正味一二五ドルのロイヤリティを手にすることができただろう。しかし彼は装置の購入や操作を許可する相手をかなり厳しく管理し、販売を拒否する権利を保持していた。

心の底では彼もラーソンと同じ考えだった――間違った人間の手に渡れば、嘘発見器の評価は地に落ち、二度と回復できないかもしれないとわかっていたのだ。しかしラーソンは今や、キーラーこそがその間違った人間――資質に欠け、ルールを曲げたがる人間だと考えていた。

彼はキーラーの逸脱行為を数え上げた。同性愛やマスターベーションといった関係のない質問をしてテスト手順を複雑なものにしたこと、あるとき警察の保護に乗じて被疑者の顔を叩いたこと、三五ドルの料金を課して女性グループにポリグラフのデモンストレーションを行ない、おまけにカードテストでは、チャートの測定値ではなく観衆の反応を見てごまかしたこと。

「残念なことに、レナードは科学者の受けがあまり良くありませんでした。彼らはレナードのことを単に有能な技術屋と見なし、十分な学歴をもつ人間とは見なさなかったからです」とラーソンはヴォルマーに語った。彼は自分自身の信頼も一緒に失われていくように感じていた。

ラーソンは自ら重荷を背負った親の役目を演じ、未熟な弟子のあとを追いかけて走り回り、「本来ならば科学的調査であるべきものをキーラーが商品化し有料化してからは、彼の誤りを暴き、火中の栗を拾った」のだった。

彼は昼の仕事とうまく調整しながら、ヴォルマーが二人に与えた嘘発見器の科学的立証という課題に夜な夜な取り組んでいた。けれども調べれば調べるほど、そしてキーラーとその弟子たちがその装置を使うさまを見れば見るほど、ラーソンはポリグラフを犯罪捜査に使うのは適切ではないと確信するようになった。虚偽の科学という基礎理論がなければ――つまり、嘘をつくとなぜ生理学的活動が顕著なパターンを示すのかを的確に説明できなければ――装置は手品も同然だった。

同じ記録を見たキーラーとラーソンの判定が食い違うケースはそれまでも多々あった。「我々は誤りを犯してきたし、これからもきっと犯しつづけるでしょう」とラーソンはヴォルマーに伝えた。「ですから現時点では、そのような誤った情報を陪審員に評価させてみすみす誤審を招くようなことをする理由はありません」

ラーソンが急に態度を変えたことに、ヴォルマーはショックを受けた。彼自身はシカゴを離れたが、嘘発見器が街の浄化に役立つかもしれないとまだ期待していた。「これは私個人の意見だが、きみがこれまで苦労して成し遂げたものを投げ捨ててしまうべきではないと思う」とヴォルマーは返事を書いた。ラーソンもそう思わないわけではなく、彼はポリグラフを医療機器として使えるかもしれないと考えていた。十分な訓練を受けた精神科医が精神疾患の診断に使う——言わば心の聴診器だ。その過程でたまたま犯罪の解決につながればそれはすばらしいことだが、「嘘発見器」と見なされるべきではないと彼は考えた。

一九三一年五月、キーラーはポリグラフを再び法廷に持ち込もうとし、ヴァージル・カークランドのために一緒に証言してほしいとラーソンに持ちかけた。カークランドはインディアナ州ゲーリーの高校生で、フットボールのスター選手である彼は、密造酒を飲んで酔っぱらった夜に恋人のアーリーン・ドレーヴスをレイプして殺害した。今回、ラーソンは参加を拒んだ。彼は「法廷で行なうテストは科学的に価値がないと考え」裁判官に手紙を書くと、裁判官もそれに同意し——陪審員の前でのテストは許可されなかった。ウィスコンシン州で起きた強盗事件で嘘発見器を認めさせようと一緒に努力してからまだ一年しかたっていなかったが、テストに対する——そしてキーラーに対する——ラーソンの態度は一八〇度変わっていた。「ジョンは協力してくれませんでした。きっと何もかもが腹立たしいのでしょう」とキーラーは認めている。

ラーソンを何よりも苛立たせたのは、キーラーの向上心のなさだった。ラーソンは一生懸命に努力し、いくつもの仕事を抱えながら医学の学位を取得したが、キーラーは一九三〇年の夏にスタンフォード大学に戻りようやく学部の勉強を終えたものの、そこから先へ進もうという意欲はほとんど見せなかった。ラーソンはヴォルマーに手紙を書き、「レナードにあなたがお持ちの影響力をすべて行使」するよう促した。彼はキーラーに、約束どおり医学の勉強を終えてほしかった。基礎科学の素養ができれば彼の性向、特に「落ち着きがなく、決まった仕事を正確にこなすことができないところ」も変わるのではないかと期待していた。（キーラーは医学部をいくつも受験したが、成績が悪かったために入学できなかった。）

キーラーのせいで、国には「技能をもたない検査技師と、〝装置〟を購入し数百ドルかけて講習を受けることを義務づけられたセールスマンがはびこっています」とラーソンは書いた。

キーラーはラーソンの発明品の手柄の大半を横取りしたばかりか、ポリグラフに「身売り」をさせて「いかがわしい商売」同然にしてしまい、ラーソンはそれを必死に止めようとしていた。「私が何年もかけ精神症状や訓練方法について研究しているあいだに、［キーラーは］精神に与える第三度という形のフランケンシュタインの怪物を育ててしまったのです」

ラーソンの著書もまた怒りの種となった。本来それは共同プロジェクトとなるはずで、ラーソンは共著者としてキーラーの名を記載することを約束していた。ところが、執筆中にラーソンが寄稿を催促してもほとんど何も返ってこず――一〇〇〇ページに及ぶ本のうちキーラーが提供したものは五ページにも満たなかった。あるときラーソンが状況を尋ねようとキーラーに電話すると、妻のケイから折り返し電話があり、二人でインディアナの砂丘に旅行するところだと告げられた。ラーソンは「この仕事をしているあいだ、私は一度も旅行などしませんでした」と〔ヴォルマーへの手紙で〕憤慨している。

一九三二年にようやく本が出版されたとき、彼は共著者としてキーラーの名を記す気にはとうていなれず、単に協力者として挙げるにとどめた。ヴォルマーはラーソンがキーラーの名を削ったのは「背信行為」だと考えた。特にこの本が——全編にわたり古めかしい生理学の本から抜き出したような内容で、たまに事例が出てくるだけの無味乾燥な学術書だった——キーラーの製品に対する辛辣な言葉や批判に満ちているとわかったときにはそう思った。もちろん、キーラーもそれに気づかないはずがなかった。

「先日ジョン・ラーソンの本を受け取り、彼は事あるごとに僕をこき下ろすのが今まで以上にうまくなったように感じました」とキーラーはヴォルマーにぼやいた。「……僕から詳しい話を聞いて真相を知る代わりに、彼は僕に関して思いつく限りの誹謗中傷を書き立てました。もちろん、すべて僕が元の原稿を読んだあとに書き加えられたのです。ラーソンが面と向かって僕を批判するのではなく、それを公表する手段に出なければならないのは残念なことです。今後はもう彼を信頼する気にはなれません」

ヴォルマーの忍耐も限界を超えつつあった。「これを機に言うが、ラーソンが多忙な時間を割いてまできみの製品を批判したのは非常に残念なことだね」と彼はキーラーに伝えた。「彼の本は机の上に置いてあるが、中身はまだ読めていない。私が思うに、最近届いた二通の手紙の内容から判断して、ラーソンは少し気力を失っているのかもしれない。気の毒に、働きすぎなのだろう」

キーラーは溝を埋めようと最後の努力をし、和解を求める返事を受け取った。「便りをもらってうれしく思います。一緒ならば、かなり良い仕事ができると感じているからです」とラーソンは書いていた。

しかし一九三四年までに、二人は再び激しく対立し合うようになっていた。「我らが良き友人ジョン・ラーソンは、また以前と同じことをしようとしています」とキーラーは書いた。「僕はできる限り友好的に接し、彼のすばらしい仕事はすべて正当に評価し、可能なときはいつでも協力するよう全力を尽くしてきました。彼も僕の前ではいつも友好的ですが、陰では違います。人に対しても、講演や記事でも、彼は叩いたりつついたり、聞いたことがないようなとんでもない嘘をついたりするのです」

キーラーはラーソンを最悪の偽善者だと思うようになっていた。「彼はあるグループに、訓練を受けていない検査技師や不誠実な警察署に装置を売る僕は腐敗していると言い、また別のグループには、装置がほしい相手に売るのを拒んでいると僕を非難するのです」と彼は手紙に書いた。

ラーソンはまた以前のように被害妄想を抱き、キーラーが自分の仕事を奪おうとしていると思い込んだが、キーラーはそれを想像力豊かな脳が生み出した「途方もない」妄想だと一蹴した。そして超然と振舞うよう精一杯努めた。

「僕は今もジョンに快く話しかけるよう努めており、もちろん人前でもそれは同じで、彼の愚かさを気にかけないよう努力しています」と彼はヴォルマーに語った。「彼ともう一度だけ会う機会を設けて、どうにか問題を解決するよう最善を尽くすつもりですが、それでも彼の不快な態度が続くようなら、あとはもう勝手にすればいい。彼を完全な精神崩壊から救えると思うなら特許の権利を半分渡しますが、それさえ役に立たないでしょう」

ヴォルマーはそれを彼の生い立ちのせいにし、一九三三年にラーソンの同僚に宛てた手紙に「ジョンは遺伝と環境の犠牲者であり、機転が利かないために友人たちが離れていってしまうのは非常に残念なことだ」と書いている。「あなたにはぜひ、彼との友情を維持してほしい。というのも、状況を全体的に分析すれば、彼にはすばらしい資質が欠けているわけではないと気づくはずだからです。言うことをきかない子どものように、彼を膝に乗せて尻を叩いてやりたくなるでしょう。そして厳罰を与えたいと思うところには、彼にもいくらか愛すべき点があるとわかり、あなたの気も変わるでしょう。彼はただ並みの人間とは違うだけで、だからこそ、たまに並み外れたことをやってのけるのです」

　彼はキーラーに、ラーソンのことはただ無視すればいいと助言し、「ジョンが何を言っても気に留めないように」と書いた。「これまでどおり親切に接し、彼がきみの悪口を言いたくなるようなことはひと言も言わないことだ。きみやほかの誰かが何をしようと、彼を矯正することはできない。彼がああなのは、生まれる前からの事情によるもので、彼自身やほかの誰かが何をしても人が変わることはないし、行動パターンも微塵も変わらないだろう。彼が何か言っても、蚊が鳴いているくらいに思えばいい。耳障りだろうが、どうしようもないのだから」

　ヴォルマー自身も自らの助言に従い――ラーソンの著書を受け取ったあと、彼は短い礼状を送り、以来二〇年間、二度と言葉をかけることはなかった。ヴォルマーは手紙に返事を書くことも電話に出ることもやめ、ラーソンの態度は嫉妬によるものだと解釈した。「不運なことだが、彼はああいう性格なので、図らずも自分ではなくキーラーがスポットライトを浴びているという事実をけっして受け入れることができないのだ」と彼は書いている。

　シカゴのノースサイドで、キーラーはその後もドラマティックな事件で脚光を浴びつづけ、キーラー・ポリグラフの新たな検査技師たちを育成した。一方サウスサイドでは、ラーソンが不満を抱きつづけていた。親密だった二人の関係は嫉妬と憎しみへと変貌した。そしてキーラーにはすでに、名声と正義を共に追い求める新たなパートナーがいた。

E・ノーマス・ウェルス

一九三三年六月、ケイ・キーラーはケンタッキー州の丘陵地帯に到着した。「秘密の蒸留器と血なまぐさい確執のある人里離れたその土地」に、彼女は独自の捜査のためにやってきた。科学捜査研究所での秘書の仕事に退屈した彼女は、シカゴ大学でオーガスト・ヴォルマーの犯罪学の授業を受け、犯罪組織の脱税裁判でアル・カポネに不利な証言をしたハーバート・ウォルターのもとで筆跡鑑定と科学捜査を学んだ。「人に指示されて動くのではなく自分で決めたい、あらゆる物事において重要な役割を果たしたいと彼女は思っていた」と義妹のエロイーズ・キーラーは書いている。科学捜査を少しかじったケイはやがて犯罪捜査の道に転身し――科学捜査研究所で使われているさまざまな技術を検討した結果、筆跡鑑定の専門家になろうと決めたのだった。

嘘の検出と同様、筆跡の分析もまた科学的には疑問の余地があったが、これによりケイは世間の注目を集め、まもなく夫とその嘘発見器に負けないくらい新聞の第一面を飾るようになった。

最初は一九三一年の〈シカゴ・トリビューン〉紙に、二五歳の、アメリカ初の女性筆跡鑑定家として取り上げられた。シカゴの上流階級に属する四組の新婚夫婦のもとに、殺害を予告する脅迫状が届いた。ケイは四通の脅迫状がすべて同じタイプライターで打たれたことを突き止め、警察が恐喝者を罠にかけた。

ケイはマスコミの寵児となり、科学捜査研究所で写真撮影のためのポーズをとり、ウェーブのかかった髪を肩まで垂らしながら顕微鏡を覗き込んだり、カメラのレンズにピストルを向けたりした。ある記者はケイを、「犯罪との闘いという厳しい仕事にたずさわるにはあまりにも若く、美しすぎる」と大げさに書き立てた。当初、レナードほど認知されていないと嫉妬していた彼女も、やがて自分の名が「嫌気がさすほど過度に」新聞に登場していると思うようになった。

知性と勇気を併せ持つケイは、犯罪捜査の仕事に向いていた。彼女は百貨店〈シアーズ〉からの依頼でケンタッキー州に出向き、それまでで最大規模の事件に取り組んでいた。〈シアーズ〉では、アパラチア山脈のふもとにあるブレシット郡から振り出される、「E・ノーマス・ウェルス」〔enormous wealth（巨万の富）をもじったもの〕などと署名された偽造小切手によって年間百万ドルもの損失を出していた。

当初、〈シアーズ〉は不正な郵便局長らの犯行と見ていたが、ケイの筆跡鑑定の結果、少なくとも四〇人の人間によって書かれていることがわかった。〈シアーズ〉は現地に私立探偵──シカゴのギャングを扱い慣れた不屈の面々──を送り込んだが、「貧しい身なりの、無精ひげを生やした、うさん臭い目つきの連中」に銃を突きつけられ、彼らはすごすごと駅に引き返した。

だがケイには、ある計画があった。もしものことがあっても〈シアーズ〉に責任を問わないという権利放棄書にサインしたのち、彼女は友人のジェーン・ウィルソンと共にケンタッキー州に向かい、二人はそこで「純血の」アメリカ人について調査している博士課程の学生を装った（丘陵地帯の住人たちは、自分たちの血筋を非常に誇りに思っていた）。

二人は馬を借り、数日かけて丘陵地帯を巡っていたが、ピストルに手をかけたジーンズにジャケット姿の「山男たち」に遭遇すると、ケイは用意していた巧妙な作り話をした。「このあたりでは、初期のアメリカ人の直系の子孫に会えると聞いています――アメリカで唯一、外国の血に汚されていないのはここの人たちだけだろうと」

そういうわけで、二人は人々の家に招かれてトウモロコシのパンとサヤインゲンの食事を共にすることになり、怪しいほどピカピカの調理器具や最新型のミシン、あるいはガスや電気が通っていない場所にガスレンジや電動式のおもちゃの列車があるのを目にするたびに、調査書類に必要事項を書いて署名してほしいと住人たちに頼んだ。「そうしないと、教授は私たちがぜんぶでっち上げたと思うでしょうから」

数週間たって地元住民がいよいよ怪しみはじめたころには、ケイ・キーラーとジェーン・ウィルソンは何百もの商品の所在と、偽のマネーオーダーを大量生産している秘密の印刷機の存在を突き止めていた。二人はまた、偽造小切手と照合するための署名を何百も集めており――彼女たちの働きは、一五〇以上の有罪判決に貢献した。

夫と同様、ケイもまたシカゴの支配組織との知恵比べをした。一九三四年、彼女はクック郡に蔓延する選挙違反を証明する手伝いをした。票の集計係が使う集計用紙を調べたケイは、そこに記入された印が不揃いではなく、「連続して素早くチェックマークを入れたかのように」どれもみな角度も長さも同じであることに気づいた。再集計した結果、投票総数の二九パーセントが改ざんされていたことが判明したケースもあった。

キーラー夫妻はよく一緒に捜査を手がけ、ケイがもつ科学捜査の専門知識をナードが嘘発見器の技術で援護した。一九三五年、二人は協力し、イリノイ州南部ヴァリエの炭鉱で起きた大爆発の捜査を行なった。この炭鉱では張り合う二つの組合が危険な争いを繰り広げていた。ナードの推定では、一九三三年から一九三五年のあいだに約三〇〇件の暴力沙汰が起きており、炭鉱が爆破され、鉄橋と列車も吹き飛ばされた。

キーラーは最後に爆発が起きた現場をくまなく捜索した。その爆発では、炭鉱の立て坑に人や機材を下ろす重機を保管していたエンジンハウスが破壊された。彼はそこで爆弾のタイマーの残骸らしきものを発見した。それはばらばらに壊れた目覚まし時計で、銅線と粘着テープがついていた。そこで彼は二人の最重要被疑者で、爆破の背後にいると考えられている組合組織の分派〈プログレッシブ・マイン・ウォーカーズ〉に所属するミッチ・マクドナルドとロビー・ロバートソンにポリグラフ検査を行なった。するとロバートソンはテスト中も終わったあとも装置に手を通すさいに強い反応を示し、目覚まし時計についていたのと同じような粘着テープが自宅の救急箱にあり、使用されたものと同じタイプの銅線と釣り糸も持っていると認めた。

しかし、そのようなありふれた品を所持しているだけでは、彼の有罪を証明するには不十分だった。そこで、テープのぎざぎざした切り口を顕微鏡で五二九倍に拡大して調べることで、ケイは目覚まし時計についていたテープの糸の本数と織り目が、ロバートソンの自宅の救急箱から持ってきたテープとぴったり一致することを突き止めた。さらに別の捜査官によって、爆弾装置から回収された銅線と釣り糸についても同様の一致が確認された。犯人たちは懲役二五年の判決を言い渡され、こうして「隠れた真実が、化学、写真、顕微鏡、そして嘘発見器によって暴き出された」のである。

一九三五年二月、レナード・キーラーはついに、嘘発見器を証拠として陪審員に提示するチャンスを手にした。フライ裁判の先例によって連邦裁判所でのポリグラフの使用は禁じられたが、個々の州や郡ではまだ使用を認めることができた。今回は、ウィスコンシン州ポーテージで薬局強盗を働き、逃亡中に警官を殺害した罪に問われているトニー・グリニャーノとセシル・ロニエロの裁判だった。裁判官のクレイン・ヴァン・ペルトは、以前キーラーによる嘘発見器のデモンストレーションを見たことがあり、その有効性が証明されそうな事件を待っていたのだった。

テストに先立ち、ヴァン・ペルトは検察側と弁護側の双方に、結果がどうであれキーラーに証言を許可することに同意させた。二月七日、キーラーは三時間かけてテスト結果を説明した。二人の若者は嘘をついていたと彼は告げたが、嘘発見器への評価を普段よりも少し控えめにして、有効性は七五パーセントにとどまるため、その結果だけで判断するべきではないとも述べた。

しかし陪審員が有罪と判断すると、キーラーはまたすぐにいつもの調子に戻り、「つまり、嘘発見器の結果は指紋の証拠と同じように法廷で受け入れられるということです」と新聞に語った。

彼に任せておけば、陪審員などいらなかっただろう。一九三〇年、キーラーは「陪審員制度は廃止すべき」と題した挑発的な講演を行ない、ポリグラフを活用した司法制度について私見を述べた。陪審員はマスコミ報道にいとも簡単に惑わされてしまうため、専門の犯罪学者が彼らに取って代わり、ややこしい法的な問題が生じたら裁判官を呼んで判断を仰げばいい、というのが彼の考えだった。

だが内心では、今回のような裁判で世間の注目を集めることに対し複雑な思いが芽生えていた。マスコミは嘘発見器に熱狂し、おかげで彼は金持ちになったが、メディアの注目というものが、当初考えていたありがたいものなのかどうか、彼は疑問を抱きはじめていた。

「かつて注目されたいと思っていたのは、それが僕たちの研究に役立つと考えたからでした」とキーラーは父親に語った。「新聞記者も含め、僕は誰とでも仲良くしたかった。けれども今は世間の注目を浴びるのが心底嫌なのです。そうなると決まって、もっと価値のある人たちからの批判を招いてしまう、だから怖いのです。もう二度と自分の名が新聞に載ることがなければうれしいのですが」

キーラー夫妻はミシガン湖が一望できるゴールド・コースト地区の一八階の部屋に住み、表向きは天にも昇るような気分を味わっているかに見えた。

夫婦は冒険に満ちた生活を送り、いつもジャーマン・シェパードのチーフ（署長《チーフ》と呼ばれたヴォルマーにちなんで名付けられた）を連れていた。事件の手がかりやシカゴの犯罪者を追跡しているとき以外の時間を、二人は人里離れた森を散策したり星空の下でキャンプをしたりして過ごした。あるとき、キーラーはブルックフィールド動物園からループという名の生後六カ月のジャガーを家に連れて帰った。ループはその晩、椅子やカーテン、さらにはケイの脚を引き裂いたため、夫婦は翌日の朝、動物園に一番乗りでループを返しにいった。

二人はヨットを買い、ワシントン州のケイの故郷にちなんでワラワラ号と命名した。毎日仕事のあとで、彼らはチーフを連れて湖岸に行き、レイク・ショア・アスレチッククラブで泳ぐか、小さな洞窟や入り江を自分たちのヨットで巡った。

一九三六年八月、二人は一カ月かけて五大湖をクルージングし、毎晩停泊してキャンプをし、焚火で料理をした。「ケイとナードが一緒に過ごした本当に幸せな休暇は、おそらくあれが最後だった。それ以降、問題が山積しはじめた」とエロイーズは書いている。

彼らの自由奔放なライフスタイルは代償を伴った。キーラーが一〇代のときに偶然発見した心臓の異常が表面化しつつあり、さらに動悸とめまいの発作にも悩まされた。

彼はタバコを吸い、酒も大量に飲んだ。ケイの健康状態も良好ではなく、彼女もめまいを起こし、また不妊治療のためにメイヨー・クリニックに定期的に通っていたことから、二人は患者へのポリグラフ検査を頻繁な病院通いの口実に使った。「何が起きようと、僕たちはいつだって最高に幸せでいられるはずです」とキーラーは書いている。「彼女はすばらしい協力者です」。けれども、二人の関係もまた壊れつつあり――そしてラパポートの事件が、彼らの人生を大混乱の渦に放り込もうとしていた。

早すぎる終焉

一九三六年一月二八日、ジョン・ラーソンはジョリエット刑務所の廊下から聞こえてくる悲鳴を耳にした。彼は以前からこの刑務所で受刑者を使って研究を続けており、最近はリチャード・ローブのポリグラフ検査を定期的に行なっていた。ローブは、「世紀の裁判」でクラレンス・ダロウ弁護士が死刑から救った二人の殺人犯のひとりである。

彼らが刑務所で過ごした一二年間でラーソンは二人をよく知り、歴史と探偵小説に興味をもつ気さくで知的なローブに好感を抱くようになっていた。

そのため、廊下に飛び出したラーソンは、ローブが全裸のまま、ずぶ濡れで血まみれの姿でよろよろとバスルームから出てくるのを見て強い衝撃を受けた。ラーソンはその場に駆けつけた最初の職員だったため、ローブの元同房者ジェームズ・デイが折り畳み式のカミソリを持ち、死にかけた男を見下ろしているのを目撃した。彼の身体から、床に血と水がしたたり落ちていた。

ローブは五〇回以上も切りつけられていた。喉は後ろから切り裂かれたように見え、手や腕には防御創らしきものがあった。ラーソンは自分のオフィスでデイを尋問した。するとデイは、ローブが彼を自分専用のシャワールームに引き入れて性的な誘いをかけ、従わないとカミソリで切りつけると脅してきたのだと言った。デイによれば、どうにかロープの股間を蹴ってカミソリをつかみ取り――熱い湯と湯気で視界がぼやけるなか、がむしゃらに切りつけたのだという。

死んだ男はまだ国内で最も有名な受刑者のひとりであったため、刑務所側はスキャンダルを避けたかった。そこで彼らは、マスコミには言わないように、デイの裁判でも証言をしないようにとラーソンに指示をした。しかしその後数週間にわたり、刑罰制度の腐敗を非難し、二人の殺人犯がジョリエット刑務所内で維持していた贅沢な暮らしぶり――二人は専用のバスルームを与えられ、そこに「偏見のない」囚人たちを招き入れて、見返りに金銭や便宜を与えていた――について詳細に語ったラーソンの言葉が、シカゴの日刊新聞で広く引用された。

この記事はヘンリー・ホーナーに対する強力な攻撃材料となった。カナリア殺人事件を担当し、レナード・キーラーとケイ・アップルゲートの結婚式を執り行なった裁判官は、「ホーナーと共に我々は角《コーナー》を曲がる〔危機を脱する〕」をスローガンに華々しく政権を勝ち取り、今やイリノイ州知事の座に着いていた。そして今、彼は再選を目指し出馬していた。民主党の指名を維持するための熾烈な予備選の真っ只中にいたホーナーは、刑務所の管理者に圧力をかけて記事を差し止めたのだった。

この一件は、ラーソンのシカゴでの生活に終止符を打った。彼は解雇され、表向きは妻のいとこを弁護士として雇うようデイに勧めたのが理由だとされた（キーラーによると、そうしなければ精神病院に入れて「残りの人生をそこで過ごさせる」とデイを脅していた）。「哀れなジョンは」キーラーは悪意に満ちた手紙でヴォルマーにこう伝えた。「とうとうつまずき、つま先をひどくぶつけてしまいました」

そのころにはすでに、ラーソンはヴォルマーとの架け橋も燃やしてしまっていた。署長はかつて彼がキャリアをスタートさせるのを手助けしてくれたが、今では手紙への返事もくれず、電話をしても折り返しかけてくれることはなかった。

ラーソンは一年間シカゴ大学で非常勤講師をしながら嘘発見器の有効性をテストしていたが、ヴォルマーが口をきいてくれなくなったのは、一年の終わりに自分がレポートを提出し、ポリグラフのエラーの元となりそうな要素を、機械的なものも心理学的なものもすべて指摘したせいだと主張した。

しかしヴォルマーに言わせればそうではなかった。「ラーソンを私の文通者リストから削除しなければならないところまで来たのは、彼の専門家らしからぬ非倫理的な態度のせいだ」と彼はキーラーの友人であるチャーリー・ウィルソンに語っている。「これは私の意見だが、彼はレナードがしていたことをすべて歓迎するべきだったし、虚偽の発見に確かな基盤を築こうとする彼の努力を邪魔するのではなく、むしろ支援するべきだった」

ラーソンはデトロイトで精神科医の助手の仕事を見つけて家庭生活に落ち着き、神経質なエネルギーを生まれたばかりの息子ビルに注いだ。そして残りの時間をキーラーの「不正な金儲けの阻止」に捧げ、講演を計画したり論文を書いたりしながら、「嘘発見器の真実」を世間に公表するための証拠を秘かに集めていた。

ヴォルマーはラーソンの転落を避けがたいものだと考えていた。「ジョンはきっと早すぎる終焉を迎えるだろう」と彼はキーラーに言った。「以前の彼のように、仲間を裏切りつづけた人間に訪れる結末はひとつしかない」

ジョセフ・ラパポートは、一九三六年の最初の数カ月をクック郡拘置所で看守たちとピノクルをしながら過ごしていた。この壮大な建物は、サウス・ローンデールの二六番通りとサウス・カリフォルニア通りの角に建つ刑事裁判所の裏に鎮座していた。

最初にここにやってきたとき、彼はまるで要塞に足を踏み入れたような気がした。建物正面の受付窓口は防弾ガラスで保護され、中央にある八角形の鉄塔からは、「暴徒鎮圧用催涙銃」で武装した警備員が運動場や各監房棟への入り口を監視していた。さらに、脱走する収監者を白い帽子で識別するよう訓練された獰猛な犬たちもいた。

拘置所長のフランク・セインは、生え際の後退した青白い広い額に真っ黒な髪、ピンストライプのスーツを好んで着ている、葬儀屋のような風貌の男だった。第一次世界大戦で第三三一機関銃大隊の一員として戦った彼は、ジョン・トーマン保安官――眼鏡をかけた堅苦しいタイプの男で、衛生にうるさかった――と共に拘置所に軍隊式の厳格さを持ち込み、強権的に支配した。

通常、ラパポートのような死刑囚は何人か一緒に収容され、死刑執行の数日前になると地下にある特別な死刑囚監房に移された。そこにはグレーの清潔な床と色褪せた黄色のレンガ壁があり、鉄格子はクリーム色に塗られていた。

その監房にいるラパポートのもとに、物悲しいノコギリの刃の音とハンマーを打ちつける音が聞こえてきた。拘置所の錠前師で雑役夫でもあるチャールズ・ジョンソンが地下にある自分の作業場で、新しい改良型の電気椅子に最後の仕上げをしているところだった。

一九二七年に絞首刑から取って代わって以来、古い電気椅子は二七回使用された。しかし死刑囚を椅子に縛りつけるのに時間がかかりすぎた。ジョンソンは記者団に対し、死刑執行のプロセスをもっと「人間らしく」したいと語った。「椅子を改良し、処刑にかかる時間をできるだけ短くしたいと考えています」

と彼は言った。「私のアイデアの主眼は、電流を流すまでの苦悶に満ちた最後の時間を短くすることにあります」

バックルとストラップを使った従来のシステムでは死の準備に一分以上かかっていたが、ジョンソンのデザインではそれが一二秒以下に短縮されていた。「以前は看守がストラップをきつく締めて、そのあとバックルを絞める必要がありました」と彼は説明した。「たまにストラップの締め方がきつすぎたりバックルの締め方を間違えたりして怪我を負わせることもありました。それでは拷問も同然です」

一九三六年一月二四日、ジョー・ラパポートが電気椅子にかけられる予定の日の三週間前、イリノイ州最高裁判所は彼の上訴を受理し、死刑執行の停止を認めた。

一家は費用を捻出できず――彼の弁護団はすでに金銭面での救済措置を幾度も申請しなければならず、ジョーの上訴とマーサの偽証罪とで弁護士報酬は大きくかさんでいた。ちなみにマーサはこのとき、保釈金で釈放されたばかりだった。

ラパポートの弟モリスは慈善ダンスパーティーのチケットを売って資金を集め、娑婆にいるジョーの犯罪者仲間たちにも支援を求めて兄の弁護士費用を払おうとした。しかし、その金は役に立たなかった。

一九三六年六月、イリノイ州最高裁判所はついに判決を下した。ウォーレン・オア判事はラパポートのアリバイに納得がいかず、被告人の証言は「大いに疑わしい」と確信していた。そして彼は、新たな死刑執行日を一九三六年一〇月二三日とした。

ラパポートの弁護団はイリノイ州最高裁判所に執行停止の延長を迫ったが、それはヘンリー・ホーナー州知事に赦免を求めるか連邦最高裁判所に上訴する時間を稼ぐためだった。

そして一〇月九日、息子の死刑が執行される二週間前、ラビ・イズリエル・ラパポートはついに病に屈して世を去り、ジョーの運命への不安が亡霊のごとく死の床を覆っていた。

一〇月一六日に州最高裁判所が執行停止の延長を却下すると、家族はそのことを母親のエッタ・ラパポートには言わずにおくことにした。それは精神的な問題を抱えているエッタへの配慮でもあり、夫を失ってわずか数週間後に息子までも失うという事態に彼女がどう反応するかが怖かったせいでもある。「あるラビの寡婦が今日、木曜日の午前一時には息子が死ぬ予定になっているとは夢にも思わずに、郡拘置所にいる息子との次の面会を楽しそうに計画していた」とUP通信社は報じた。

看守たちはその週末を使って新型電気椅子の使い方を練習し、ひとりが囚人役になり、他の看守たちが急いで彼を椅子に縛りつけた。日曜日の夜には、それを六秒間でできるようになっていた。

その時点で、死刑囚監房にはラパポートのほかに三人の囚人がいた。ピーター・クリスーラスは漆黒の髪をもつ四〇歳のギリシャ人で、劇場経営者を射殺した。アンドリュー・ボガッキとフランク・コルチコフスキは警官をひとり殺害し、その裁判中に自由を求めて見事なダッシュをし、看守たちを圧倒し、手製の短剣で副保安官たちを切りつけ警棒で殴りながら、必死に裁判所内を突き進んだ。

自身の死刑執行日の三日前の一〇月二〇日（火）、午前一時を回って数分後、二人の看守がコルチコフスキを「半ば誘導するように、半ば引きずるように」して短い廊下を進み、白い金属製のドアを通って明るい長方形の光の中に入っていくのを、ラパポートは監房のクリーム色の鉄格子のあいだから見ていた。

ドアがガチャンと閉まる直前、死刑執行室がちらりと見えたが、ドアの向こうに何があるかは、彼自身がそこを通るまではわからない。ラパポートの運命は今、州の赦免仮釈放委員会の審査にかかっていた。彼の命はイリノイ州知事の手中にあった。

ラストマイル

死刑執行の翌朝の死刑囚監房には、当然ながら陰鬱なムードが漂っていた。フランク・コルチコフスキとアンドリュー・ボガッキの遺体は待合室に置かれた柳細工の棺に横たわり、誰かが引き取りに来るのをまだ待っていた。ピーター・クリスーラスは毛布にくるまって震えており、分厚いオーバーに身を包んでいても、いっこうに身体は温まりそうになかった。ほかの受刑者たちが「そんなに震えるなよ」と彼をからかった。「もうすぐ電気椅子で焼かれるんだ。二度と寒くなくなるぞ」

ジョー・ラパポートは延々とカードゲームを続けながら、スプリングフィールドからの知らせを待っていた。彼の弁護士ウィリアム・スミスは一〇月二一日（水）にイリノイ州赦免仮釈放委員会にラパポートの減刑を求める予定で、それによって委員会から州知事に勧告が出される可能性があった。

州知事のヘンリー・ホーナーは積極的な死刑推進派ではなかったが、一九三〇年代のシカゴは犯罪に対し甘い顔ができる政治環境ではなかった。政治家として成功するには、犯罪グループや悪の巣窟を厳しく取り締まるように見せつつ、一方でそれを徹底しすぎると（資金不足、または殺害されることにより）再選が難しくなることも認識し、絶妙なバランスをとる必要があった。

ホーナーは気質的に、熾烈なシカゴの政界には不向きに見えた。温和で正直そうな風貌、一九三七年の時点ですでに〝博学なおじいさん〟のような雰囲気をかもしだしていた彼は、品のある話し方をする温厚な五〇代の男で、つるりと丸い禿頭、毛が逆立った口ひげ、丸い鼻にはつねに鼻眼鏡が乗っていて、唇からは葉巻がぶら下がっていた。

一九三二年に民主党系のイリノイ州知事に就任する以前、ホーナーは裁判官として高い評価を得ていた。州で最初のユダヤ人知事となった彼は、有権者と政敵の両方からの極端な偏見にさらされたが、職務に全精力を注ぐことでそれに対抗した。

ホーナーは罪人に恩赦を与える自らの権限をひときわ重く受け止め、決断を下す前に徹夜で判例集を読むこともあった。「そのような場合、彼はつねに両サイドの人間を考慮するよう自分に課していた。被害者とその家族だけではなく、加害者側とその家族、さらには加害者が置かれた悲劇的な境遇を物語る人間ドラマにも思いを馳せた」と、彼の伝記作家チャールズ・J・マスターズは書いている。

その審問は弁護団にとって最後の勝負であり、彼らは意外な証人を次々に呼んだ。スミスの狙いは、息子が銃撃される場面をアニー・デントが見たというのは嘘で、それがジョー・ラパポートの犯行であろうとなかろうと彼に罪を着せようとしたのだと赦免仮釈放委員会に納得させることだった。

確かに、アニーが証言した出来事は銃撃の晩の彼女の行動と符合しない点があった。マックスが撃たれるのを実際に見たのだとしたら、ウィリアム・フェンのレインコートの端を持ち上げてその下にいる息子を見たとき、彼女はなぜあれほどまでに驚いたのか？　また、銃撃のあと警察が現場に到着するまでのあいだ、彼女はどこに行っていたのか？

銃撃の前にアニー・デントがサウス・ローンデールの通りを急ぎ足で歩いていくのを見たと証言したクラレンス・スタチョウィアックは、それは本当の話ではなかったと証言を覆した。マックス・デントが銃撃された場所の数軒先に住むウィリアム・ワグナーも、すぐに家から飛び出したがその場でアニー・デントの姿は見ていないと証言し、通りの向かいに住むクララ・フランソンも同じことを言った。

サウス・ローンデール通り一八六三番地――そこからデント一家が暮らす地下の部屋が見えた――に住むマックス・シャーインは、銃声が聞こえたとき自分はポーチに立っていて、自宅にいるアニー・デントが見えたと語った。

銃撃のあといち早く現場を見にいったレスター・シーゲルとジョセフ・スターンシュタインという二人の若者は、アニー・デントを見たのはしばらくしてからだったと語った。彼らは州側の証人リストに入っていたが呼ばれることはなかった。

そして今シーゲルは、銃撃の四、五分後、遺体のそばに立ちながらアニー・デントとイディッシュ語で交わした会話を思い出した。彼は最後に、アニー・デントが銃撃を目撃したことは「人間的にも物理的にもあり得ない」と締めくくった。

答えの出ていない疑問点はほかにもあった。ジョー〔ジョセフ〕・シューフェルトはなぜ証言を変え、マーサ・ラパポートに偽証するよう頼まれたと告発したのか。ラパポートはなぜ、デントが不利な証言はしないと約束したにもかかわらず彼の死を望んだのか。ピラミッドの上層部にいる誰かが裏で糸を引いているのではないかとの疑念もあった――その年だけでも、デントはほかに六人もの人間を連邦刑務所に送り込んだのだから。

次の死刑執行まであと七時間となったとき、スプリングフィールドから執行延期の知らせが入った――

だがそれはラパポートではなく、同じくスミスが弁護するクリスーラスのためのものだった。このギリシャ人には精神鑑定が認められ、それは自動的に刑の執行が猶予されることを意味した。彼は喜びの涙を流し、「神様ありがとうございます！　神のお恵みだ！」と声を上げた。

しかし拘置所長室の時計が時を刻むなか、ラパポートの死の準備は続けられた。彼の監房の隣にある部屋では、拘置所の職員がワイヤをチェックし、電極につけるスポンジを生理食塩水に浸した。ラパポートの家族が到着し——エッタ、マーサ、モリスが監房に詰めかけ、高窓から射し込む最後のかすかな日の光に照らされた狭いベッドに腰かけるジョーを囲んだ。

午後六時、ラパポートが所長室の椅子に腰かけ剃髪を待っているところへ、妹のローズがスプリングフィールドからの知らせを持って駆け込んできた。州赦免仮釈放委員会とホーナーに事件を検討する時間を与えるため、ラパポートに再び一二月四日までの執行延期が認められたのだ。驚くべき土壇場での執行延期であり、二人の死刑囚が電気椅子から「さっと救い出される」という「どんなスリラー小説にも劣らずドラマティック」な出来事だった。

ラパポートは飛び上がり、妹を抱きしめ喜びの叫びを上げた。

赦免仮釈放委員会は一一月二四日に再び会合を開き、スミスがスプリングフィールドで働きかける一方で、ラパポート一家はシカゴにいる親類縁者に頼った。州知事公邸にいるホーナーのもとには、宗教指導者たちから寛大な措置を懇願する電話が殺到した。

だがホーナーはおそらく、ユダヤ人社会がロビー活動をするには誰よりも不向きな相手だった。彼は宗教に重きを置いておらず、ユダヤ人の利益のために自身の影響力を行使することにはつねに消極的だった。

かつて彼は、贖罪の日《ヨム・キプール》に予定されていたユダヤ人の男の死刑を減刑しなかったことを理由にユダヤ人社会から批判を受け、そのせいでユダヤ人若手弁護士協会は一九三六年の彼の再選を支持しなかった。あるラビは、彼は「本物のユダヤ人」ではない、自らの系譜を「恥じて」いると非難した。

一二月一日、ホーナーは最終決断を発表した。死刑に関する自身の「見解」とは裏腹に、彼は記者団に対し、赦免仮釈放委員会は彼に介入の権限を与えるような情報は何も得ていないと述べた。「ジョセフ・ラパポートは有能な裁判官の前で公正な裁判を受け、この州の最高裁判所はクック郡刑事裁判所の判断を支持した。本件の記録には、裁判所が科した刑罰への干渉を正当化するものは何も見当たらない」

この一撃を受け、ラパポートはとうとう望みを捨てたように見えた。いつもは陽気な彼の態度がついに陰鬱なものに変わった。彼は家族を再び拘置所に集め、聖職者と話をさせてほしいと頼んだ。死刑執行の日、彼は最後の食事をオーダーし、「ラストマイル」――監房から死刑執行室までの一七歩――を歩く支度を整えた。看守たちは再びラパポートとクリスーラスのために電気椅子の準備を始めた。クリスーラスの漆黒の髪は、死刑囚監房にいた一年間で白髪に変わっていた。

ところが食事の時間を迎える直前に、拘置所長室の電話が鳴った。ホーナーが思い直したのだ。「ジョセフ・ラパポートは公正な裁きを受けたと私は信じているが、このような状況であれば、弁護団が十分に準備を整え連邦最高裁判所に上訴できる機会を与えるために執行を猶予するのが正当だと思う」と彼は述べ、これで三度目となる、一九三七年一月一五日までの執行停止を認めた。

ラパポートは監房の中で、この知らせを伝えにきた母親と抱き合った。新聞の写真用にポーズをとる二人は、どちらも輝くばかりの笑顔で、ラパポートは死に装束にするつもりだった白いシャツにスリムなネクタイを身につけ、母親は黒いスカーフで白髪を結んでいた。この逆転劇が起きたのはあまりに遅い時間だったため、翌日の新聞のうち少なくとも一紙は、誤ってラパポートの死を報じた。

しかしラパポートにとってもホーナーにとっても、つかの間の延期だった。連邦最高裁判所は審理を退け、州知事のもとには再び、何百人もの一般市民や司祭、ラビ、牧師たちから手紙や電話、電報が殺到した。

有名な弁護士だが、今や「下顎の肉がたるんだぼさぼさ髪のむさくるしい男」となったクラレンス・ダロウがスプリングフィールドに出向きラパポートのために弁明したと伝えられるが、その声は終始低く間延びして、だぶだぶのズボンのポケットは書類で膨らんでいた。これは彼の輝かしい経歴における最後の出廷であり、裁判に直接関与するのは、世間を騒がせたリンドバーグ愛児誘拐事件で死刑判決を受けたドイツ人の大工ブルーノ・ハウプトマンの控訴審以来だった。

「既知の事実を考慮すると、ラパポートの犯行とするには重大な疑問があります」。赦免仮釈放委員会に宛てた書簡にダロウはこう書いている。厳しい判決が下されたのは、公判中に浮上した偽証罪の申し立ての結果であり、それがなければラパポートに死刑判決が下ることはなかったはずだと彼は主張した。「ラパポートは妹の行動や言動の責任を問われるべきではなく、たとえ兄の命を救いたい一心で嘘をつくよう証人を誘導したのが事実であったとしてもそれは同じです」

しかし、赦免仮釈放委員会はその寛大さゆえに非難を浴びていた――少し前に、シカゴの警官三人が仮釈放中の犯罪者によって殺害される事件が起きたのだ。委員会は恩赦の訴えを却下し、一九三七年二月一八日の夜、看守たちは再び電気椅子の準備を始め、機材をテストし、囚人を監房から死刑執行室に連れていく憂鬱な段取りをくり返した。

来訪者は観覧席に入って木製のベンチに腰かけた。正面にあるガラススクリーンは、最初の数回の電気処刑が行われたあと、観衆のところまで死臭が漂うのを防ぐために設置されたものだ。ある新聞社は、記者が編集長室に経過を逐一口述できるよう、自腹を切ってこの建物内に電話回線を引いた。

今回、拘置所長室の電話が鳴ったのは夜の九時近くだった。スミスはアニー・デントの証言への攻撃材料となる新たな証拠が見つかったとして赦免仮釈放委員会に再び働きかけていた。銃撃が起きた時点でアニーが自宅にいるのを見た隣人がさらに現れ、彼女が主張するように事件を目撃したはずがないというのだ。不確かな証拠ではあったが、人を処刑することに明らかに抵抗感を抱くホーナーには十分だった。

彼はラパポートに一週間の執行延期を認める行政命令に署名し、書類の写しがハイウェイパトロールによって大急ぎで拘置所に届けられた。所長のフランク・セインが死刑囚監房に入りこの知らせを伝えると、ラパポートは「それは正式な話なんですか？」と安堵の表情を浮かべた。「俺は世界一幸運な男だ」

自分はもう死ぬのだとあきらめていた。「やっぱり神様はいるんだろうな」と彼は声を上げた。「きっと無実が証明される。まだ望みはある、そう思えるようになってきましたよ」

一週間後の二月二五日（木）、ラパポートは再びクック郡拘置所の地下に戻った。今回で五度目で、地下は混雑しつつあった。死刑囚監房には奇妙な三人組が詰め込まれていた。ラビの息子のラパポート、夫を書斎で射殺した中年の白人女性ミルドレッド・ボルトン、そしてホテルの部屋で二四歳の女性をレイプし殺害した罪に問われたアーカンソー州出身の黒人の大学生アスリート、ルフォ・スウェイン。

フランク・セインはこの状況に深く頭を悩ませていた。ボルトンを二人の男性と同じ監房に入れなければならないのが嫌だったのだ。しかしラパポートは気にすることなく、スウェインとトランプをし、ボルトンとも思いがけない友情をはぐくんだ。裁判中の冷ややかな態度からタブロイド紙で「大理石《マーブル》のミルドレッド」と呼ばれたボルトンは、「ジョー・ラパポートに会ったのは今夜が初めてで、まるで〝初対面の恋人どうし〟みたいだったの、最後まであきらめずにがんばってって」と記者団に語った。「少し前に、彼に励ましの手紙を書いたの、最後まであきらめずにがんばってって」

そして彼女は今、監房内をせわしなく歩き回る彼をなだめようとしていた。「勇気を失っちゃだめよ、ジョー」と彼女は言った。「堂々と胸を張って。あなたは無実だってみんな信じてるから、それがなぐさめになるはずよ」

ボルトン自身の身に迫る死は、死刑を宣告された当人よりもむしろセインのほうにストレスをもたらしているようだった。寝床の手配と同様、拘置所長は死刑執行のさい彼女に何を着せるかで思い悩んでいた。それは実用面の問題でもあった。通常、電極は頭と脚に取り付けられるため、執行前に男性のズボンは膝下で切り落とされた。

しかし電気椅子にかけられたときの痙攣はしばしば激烈で、ある男の場合、脚の痙攣が激しすぎて革のストラップが外れ、スリッパが部屋の反対側まで飛んでいった。「あの短いスカートで行かせるわけにはいかない」とセインは言った。「ブルマースーツを用意しないといけないな」(しかしたしなみへの強いこだわりは、執行場面の撮影を思いとどまる理由にはならなかった——映像は「最高の抑止力」になると彼は考えていたからだ。)

前の晩、ホーナーは深夜までラパポート、スウェイン、ボルトン、そしてアレン・ミッチェルとその妻ミニーの事件について話し合っていた。二人は黒人の夫婦で、保険金徴収計画の一環として殺人を犯し、イリノイ州南部メナードで死刑囚として収監されていた。「知事も辛い立場よね」とボルトンは言った。

「考えてもみてよ、彼はいま五人の命をその手に握ってる。それが執行延期と減刑要求でいっぺんに膝に乗っかってきたのよ」

死刑執行の時刻が近づいてくるにつれて、執行延期の可能性は薄れていった。囚人たちに手の込んだ最後の食事が振る舞われ、ラパポートにとってはこれで五度目の「最後の食事」だが、このときほどよく食べたことはなかった。

食事が終わるとラパポートとスウェインはトランプをし、時計を見た。そのころヘンリー・ホーナーはスプリングフィールドにある州知事公邸の書斎でひとり、道徳的ジレンマと葛藤していた。午後九時を回るとまもなく、彼は部屋から出てきたが、その顔には緊張と疲れがにじんでいた。「殺人の刑罰としての死刑については個人的に思うところがあるが、個人的な見解はともかく、それがこの州の法律であり、我々は法に従わなければならない」と彼は言った。「赦免仮釈放委員会の勧告により、私はジョセフ・ラパポートに関し、赦免や減刑を認めることを拒否した」

拘置所では、トーマン保安官がラパポートのトランプを中断させ、監房の入り口に手招きした。

「知事が減刑してくれたんですか?」とラパポートは訊いた。

「いや、残念だがそうじゃないんだ、ジョー」とトーマンが答える。「だが祭日ということで五日間の執行猶予を与えてくださった」

翌日はプリム祭、正統派ユダヤ教徒にとって三日間の断食が始まる日だった。ホーナーはラパポートにこれで最後となる三月二日までの短い執行猶予を与えたのだ。彼は以前いた監房棟に連れていかれた。

「そうそう、保安官、今夜のステーキディナーは極上でしたよ」とラパポートは冗談を言った。

ミルドレッド・ボルトンにも執行猶予が与えられた。そのとき彼女はすでに死刑用の「体操服」とブルマーに着替えていたが、ホーナーは九〇年ぶりに女性の処刑に踏み切ったイリノイ州知事になりたくなかったため、ボルトンとミニー・ミッチェルは禁固一九九年に減刑された。「私はむしろ死刑のほうがよかった」とボルトンはトーマンに語った。「ここを去るのは辛いわ。みなさんにとってても良くしてもらったから」

ルフォ・スウェインとアレン・ミッチェル――死刑囚監房にいた二人の黒人男性――は、それほどラッキーではなかった。三二〇キロ離れた場所で、彼らは真夜中に同時に処刑された。スウェインが電気椅子に連れてこられたとき、観覧席には二〇〇人もの人が詰めかけ、一部は木製のベンチに腰かけ、残りはベンチを丸く囲むように、部屋の後方にびっしりと並んでいた。

スウェインは顔に黒いフードをかぶせられ、監房から五人の看守に連行されてきたが、彼は看守たちを振り切るようにして、最後の数歩をひとりで歩いた。

それは恐ろしい死にざまだった。肉は真っ赤になり、腸が開き、口は大きく開いてフードの下から唾液がしたたり落ちた。電極が触れていた皮膚からは、鼻をつく煙が立ちのぼった。

午前〇時一二分、拘置所付きの三人の医師がスウェインの死亡を確認したころ、ジョー・ラパポートは元の監房に戻り、死の淵からの最後の生還に思いを馳せ、救われる道がまだ何か残されているだろうかと考えていた。

救いの手

ほとばしる蒸気と轟音とともに、〝二〇世紀特急〟がシカゴのラサール・ストリート駅に到着した。一九三七年三月一日（月）の午前九時――晴れ渡ったさわやかな朝――この有名な列車のまわりに白い煙がもうもうとたちこめた。

列車から降りて駅の雑踏に消えていく小ぎれいな身なりの人々の中に、ヘンリー・ホーナーの姿があった。彼は経済危機と雇用の急激な悪化について他の州知事たちと話し合うためにニューヨークに行き、州都スプリングフィールドに帰る途中だった。

ホーナーはひどく疲れたようすだった。彼の健康状態は悪化していた。再選を目指す一九三六年の過酷な選挙活動で体力を奪われ――肥満し、苦悩と失望を感じ、精神的に疲れ、心臓も弱っていた。

しかし、主治医にたしなめられても健康的な生活習慣を身につけようとはせず、タバコを吸い、遅い時間に食事をとり、バーボンを飲み、休むことなく働きつづけた。彼の気分は批判の影響を大きく受け、路上で野次を飛ばされると何日ものあいだ深い憂鬱に襲われた。夜も眠れず、真夜中にスプリングフィールドの通りを散歩しながら店々の窓を覗き込んでは、別の道を選んでいたらどうだっただろうと思いを馳せていた。

州都は汚染された極寒のシカゴからのいい気分転換となったが、一六部屋もある広大な知事公邸で執事のクラレンスと二人きりで暮らすホーナーは孤独だった。メンズクラブやレストラン、エイブラハム・リンカーンにまつわる記念品コレクションが置かれた単身者用アパートメントの心地良さが恋しかった。ラパポート事件や他の事件でひっきりなしに行なわれた赦免審問が彼にも重くのしかかり、しつこい空咳が出るようになっていた。

そして今、旅を続ける前にホテルのベッドで数時間の休憩をとるのを楽しみにしながら夜行列車から降りた彼は、若い女性に声をかけられた。黒いショートヘアに、鉛筆で描いたような細い眉、高い頬骨、高級そうな毛皮のコートに身を包んでいた。

ジョーの妹で二〇歳になるローズ・ラパポートは、ちょうど四年前にレヴェンワース刑務所からの釈放を求めて刑務所長にほぼ毎日手紙を書いたときと同様、兄のために「非常に積極的に」動いていた。裁判中も度重なる執行延期のあいだも、彼女は著名な実業家との面会を設定し、訪れるラビたちに熱弁をふるい、支援のメッセージを書いてほしいと迫った。真夜中に兄がついに死ぬと確定しても、彼女はあきらめようとしなかった。

その日の朝、ローズはラパポートの弁護士ウィリアム・スミスとともに、ホーナーを歓迎する群衆にまぎれてラサール・ストリート駅で彼を待ち構えていた。スミスはアニー・デントの証言の信憑性を覆す新たな宣誓供述書の束をたずさえ、これでようやく州知事は減刑を決めてくれるだろうと期待していた。

「我々としては、少なくともラパポートが無実である可能性は高いと考えています」と彼は言った。「赦免仮釈放委員会の審問で唯一の争点となったのは、アニー・デントが実際に銃撃を目撃したのかどうかという点でした。なんらかの理由で、彼女は一度も出席せず、尋問も受けていません」

ホーナーが駅構内を進んでいくと、ローズは群衆から飛び出し彼の腕をつかんだ。「お願いです、知事、どうか話を聞いてください」と彼女は懇願した。けれども面食らった知事はローズの訴えを無視し、かたくなに視線を前方に向けたまま彼女の手を払いのけた。ローズはイディッシュ語で悪態をついた。

ホーナーの一行は、二ブロック先の〈コングレス・ホテル〉に行くためタクシー乗り場に向かったが、ローズとスミスも人混みのなかを進んでいくホーナーの白い帽子を見失わないようにしながらついていき、ローズの靴のかかとが駅の堅い床をコツコツと打った。ホテルに着くと、二人はホーナーの部屋の外で待ち、知事はついに根負けして面会に応じた。

「私の考えを変えるようなことは何も起きていない」と彼は言った。ラパポートの減刑を行なわないという判断は、多くの時間を費やしてさんざん悩んだ末に決めたことであり、ローズの話を聞きながら同情心を抱きはしても――彼は目の端に涙を浮かべていた――ひと言も励ましの言葉はかけなかった。「感傷的になっては、この仕事はできない」と彼はのちに語った。

ローズは取り乱し、「あの人たちが今夜もし兄を殺したら、家族まで殺したことになるわ。私も一緒に死んでやるから」と脅しをかけた。ホーナーはぎこちなく彼女をなだめようとした。やがて二人が立ち上がって帰ろうとしたとき――ローズは目を真っ赤に泣き腫らし、がっくりと肩を落としていた――ホーナーがかすかな希望の光を与えた。

スミスが彼を部屋の片隅に連れていき、「知事、私は証人たちを信じています」と小声で伝えた。するとホーナーはこう言った。「ミスター・スミス、あなたはこの件にじつに誠実に取り組んでおられると思います。しかし我々の見解は一致していない。あなたはすでに法的な救済手段をすべて使い尽くしました。ただ、ひとつだけ別の方法があります」

「それはなんですか？」

「彼にポリグラフ検査を受けさせてみようと考えたことはありますか？」


一九三〇年に嘘発見器の力を借りてカナリア殺人事件を解決して以来、この機械に対するホーナーの評価はますます高まっていた。州知事に就任しても、彼はシカゴで起きる事件の多くをノースウェスタン大学科学捜査研究所に持ち込んでおり、いまそこの所長を務めているのは友人であるレナード・キーラーだった。彼らはちょうど、さらに連携を強化し、州が研究所に年間二万五〇〇〇ドルの資金提供を行なうことを取り決めたばかりだった。ホーナーには、ラパポートを嘘発見器にかけることで、彼を死に追いやることへのくすぶる疑念を払拭できるだろうという期待があった。

「それをするべきだとの助言または推奨ですか？」とスミスはホーナーに尋ねた。

「いや。そちらの判断にお任せします。ただ、そのようなテストの報告書が出されれば検討しましょう」

ホーナーはさらに続けた。「私は嘘発見器を心から信じています。ラパポートが真夜中までにテストを受け、デントを殺していないという彼の言葉が真実だという結果が出たなら、もう一度執行延期を認めるかもしれません。真夜中までに、私はスプリングフィールドの公邸に戻っているはずです」

ホーナーにしては異例の行動だった。フライ裁判によって法廷では嘘発見器を使えないという先例がつくられたが、ホーナーは自分の気持ちを落ち着かせるためならイリノイ州最高裁判所と自身の赦免仮釈放委員会を欺いてもかまわないと思っていた。「シカゴ史上――いや、おそらくどの場所でも――殺人犯の命を救うためにこのような措置が講じられたことは一度もなかっただろう」と〈シカゴ・トリビューン〉

紙は報じた。

ウィリアム・スミスとローズ・ラパポートに、それは待ち望んでいた小さなチャンスをもたらした。スミスは急いで自分のオフィスに戻ると、レナード・キーラーを探し出し、ポリグラフ検査をしてほしいと依頼した。

出だしは比較的簡単だった。キーラーは当初渋っていたが、かつて父親に語った言葉とは裏腹に、彼はけっして自分が注目を浴びそうな案件から身を引くような人間ではない。友人であるホーナーのために一肌脱いでやろうという気持ちだった。

ところが、スミスはクック郡拘置所で思わぬ壁にぶつかった。トーマン保安官が協力に消極的だったのだ。彼はラパポートのために五度も電気椅子を準備し、死刑囚監房に移動させ、最後の食事を手配した。

「彼は明らかに、六度目の頓挫には乗り気でなかった」

トーマンは署名入りの裁判所命令がなければポリグラフ検査をさせないと拒んだが、遅い時間でもあり、スミスは開廷中の裁判所を見つけることができなかった。彼は部下とともに市内を駆けずり回り、午後六時過ぎ、ようやくマッキンリー最高裁判所長官にたどり着いた。長官はミシガン湖のほとりに建つ〈エッジウォーター・ビーチ・アパートメンツ〉の自宅で特別法廷を開くことに同意した。

マッキンリーは自宅の机で裁判所命令に署名し、急きょ呼び出された廷吏と裁判所書記官は、法制史上前例のないこの瞬間を彼の肩越しに見守っていた。

クック郡拘置所の所長は、被告人ジョセフ・ラパポートに対するテストを許可し、州検察局の代表者および被告人の弁護士ウィリアム・W・スミスの立ち合いのもと、本日一九三七年三月一日に実施すること、なお当該テストは、一般的に嘘発見器として知られる、ある種の機械もしくは装置を使用して行なうことをここに命じる。

マッキンリーがその書面を読み返すあいだ、スミスは心配そうに時計を見た。あと五時間しかなかった。そのころスプリングフィールドでは、ホーナーが知事公邸の電話機のそばに腰かけ、連絡を待っていた。ローズは姉と母親とともにラパポート一家の自宅で、神様がもう一度救いの手をさしのべてくださいますようにと祈っていた。

スミスが車でキーラーを拾いクック郡拘置所に向かったときには、午後八時を回っていた。太陽はすでに街の陰に沈み、重大な使命を帯びた二人はスピードを上げてレイク・ショア・ドライブを南下し、リグレー・フィールドを通過し、ループを通り抜けた。彼らの左手に広がる湖はガラスのようにきらめき、右手に浮かび上がる超高層ビル群のシルエットは、さながらポリグラフチャートの線のように思えた。二人はジョー・ラパポートの運命を小さな黒い箱に入れて運んでいった。

裁判官と陪審員

紺色の空を背景に乳白色に輝く裁判所の壮大なファサードを通過し、レナード・キーラーとウィリアム・スミスがクック郡拘置所に到着したのは午後九時過ぎのことだった。高い鉄条網のフェンスのそばに警備員が待機し、二人を出迎えるため、トーマン保安官が荒々しく外に出てきた。彼はジョセフ・ラパポートの処刑に先立つこの不必要な余興を苦々しく思っているらしく、「スミスを中に入れて、さっさと済ませてしまえ」と言った。

寒さに備えて厚いダブルのコートを着ていたキーラーは、長身の身体を巧みに操り車から降りた。彼は三三歳になり、しなやかな青年はがっしりとした男となり、「良いコートを身に着け、上等な帽子をかぶり、靴を美しく履きこなしていた」。

以前はワイルドに乱れていた髪もきれいに撫でつけられ、顔はむくんで疲れているように見えた。過度な飲酒のせいだった。三週間前、彼はボストンから帰宅する途中、列車のなかで失神した。「交感神経系の接続が混乱をきたし、めったにない震えに襲われましたが、あのようなことは一生に一度であってほしいものです」と彼はヴォルマーに語っている。「その後も何度か発作が起きましたが、毎回少しずつ軽くなっています」

しかし、彼は再びストレスを抱えていた。数日前、父親のチャールズが不慮の事故で脚を骨折した――孫たちに手を振って別れを告げようと振り向いたときに小型犬につまずいてしまったのだ。チャールズは手術を受けることになり、キーラーは心配しながら知らせを待っていた。

さらに、漠然とした倦怠感もあった。キーラーはつねに相反する衝動と闘っていた。正義を追い求めて良い仕事をし、尊敬する科学者や思想家たちから一目置かれたいと思う一方で、彼は富と名声にも貪欲で――それがもたらす虚飾にも慣れてきていた。「罪を暴くのが彼の仕事だったが、暴き出した罪のその先に、ねじ曲がり重なり合う衝動が無限に広がっていることを彼は知り、苦悩をつのらせていた」とアグネス・デ・ミルは書いている。重要な答えは彼の手の届かない場所にあった――それは永遠に、医師や精神医学者の領域――彼がなりたくてもなれなかった人たちの領域にあった。

キーラーは身をかがめ、クルミ材の重い箱に入った嘘発見器を車から降ろすと、スミスとともにトーマンのあとについて拘置所の門をくぐり、埃っぽい中庭を横切って、ラパポートが待つ地下に下りていった。囚われの男は、穏やかな自信に満ちた状態で一日を過ごした。五度も死を免れた彼は、今度もきっとそうなると確信していた。「正義の女神が俺を死なせるはずがない」。前の晩、最後の〝最後の食事〟をオーダーし、看守たちに死刑囚監房に連れ戻されてもなお、彼はそう言っていた。「俺が死を考えるのは年をとってから――八〇か九〇になってからだ」

ラパポートは一年間も監禁されていたようには見えなかった。髪は切りたてで、シャツにネクタイを締め、黒いセーターに流行のチェックのズボンをはいていた。食事の途中、監房の錠に鍵が差し込まれる音がして、彼はぱっと顔を上げた。妹のローズか所長が、また執行が延期されたと伝えにきたのだろうと期待したのだ。

ところが、入ってきたのはキーラーと随行者たちで、彼らはラパポートの生死を決める機械を運んできた。突如、口の中の食べ物が灰のように感じられ、ラパポートは皿を片側に押しやり、無実を証明するチャンスのために最後の〝最後の食事〟はあきらめることに同意した。残された時間は、あと三時間。

キーラーは監房のテーブルに嘘発見器を置いた。それはジョン・ラーソンがつくった最初の機械とは隔世の感があり——優美でなめらかな、前面にダイヤルやスイッチがついた無線ラジオといった風情で、チューブやワイヤを通す穴が丁寧にあけられていた。そして、ケースには白いきれいな文字で「キーラー・ポリグラフ」と刻まれていた。

ラパポートは内なる動揺を押し殺してキーラーに穏やかな笑顔を向け、「俺の話が本当だって、これでわかるね」と言った。

監房の外の廊下には、さらに多くの人が詰めかけた。トーマン保安官、拘置所長のセイン、ラパポートの弁護士ウィリアム・スミス、州検察局からは検察官のジョン・ボイルとマーシャル・カーニー、拘置所の医師コンスタンティン・セオドア、そして赦免仮釈放委員会の委員長T・P・サリヴァン。彼がテストの結果を州知事ヘンリー・ホーナーに知らせることになっていた。

キーラーが嘘発見器を設置するのを、彼らは鉄格子のあいだから興味深げに覗き込んでいた。キーラーが箱の上面にあるヒンジ付きの扉を開けると、隠れていた中の機械——ペンを動かすアコーディオンに似たタンブール、適度なスピードでロール紙を回転させるゼンマイ仕掛けの装置——が現れた。

ラパポートはセーターを脱ぎ、シャツの袖をまくり上げた。キーラーは水銀の入った内径六・三ミリのチューブを彼の上腕に巻きつけ、空気を送り込む硬いゴムサックを取り付けた。そしてラパポートの胸には、ニューモグラフの黒いベルトが巻かれた。

キーラーはうっすらとグリッド線が描かれた薄い帯状の紙を調整し、装置の電源を入れた。被験者の心の動きを描き出す繊細な線にすべての視線が注がれた。「この奇妙なショーにおいて、ラパポート自身は重要視されていないようだった」と〈ニューヨーク・タイムズ〉紙は報じている。

一九三〇年に、キーラーは被疑者の心をなごませ、テストに適切な敬意を抱かせるための前口上を考案していた。それはすなわち、恐怖心がある前提でポリグラフ検査が行なわれてきたことを暗に認めたようなものだった。

「あなたが接続されているこの機械は数年前から被疑者に対して用いられ、これまでのところ、有罪か無罪かを見抜く非常に信頼性の高い手段であることが証明されていますから、あなたの場合もきっとそうなるでしょう」と彼は言った。「では、できるだけ身体を動かさないようにして、私の問いに「はい」か「いいえ」で答えてください」

キーラーはこれまで何百回とくり返してきたテストと同じように、そして何年も前にケイ・アップルゲートに行なった浮《うわ》ついた尋問と同じように、一〇代のころバークレー市庁舎の地下で友人たちとふざけ合いながら磨きをかけたスキルを使い、テストを開始した。今はそのころよりもはるかに勝算が高かった。

電灯の明かりが監房のレンガ壁にくっきりと影を投じた。キーラーはポケットからトランプを取り出し、一枚選んでラパポートの黒い目の前にかざした。

「これはカードですかと訊いたら、「いいえ」と答えてください」とキーラーは言った。

「わかった」とラパポートが不満そうに答える。

「これはカードですか？」

「いいえ」

キーラーが被疑者から機械にさっと視線を動かすと、「ギザギザした高さ二、三センチの山が、ゆっくりと回転する紙の上に広がっていた」。

キーラーは再びカードをかざした。

「これはカードですか？」

「いいえ」

この質問をさらに一〇回くり返したあと、これでラパポートが意図的に嘘をついたときに示す生理学的反応の基準値が得られたとキーラーは満足した。彼はカードを揃え、ポケットにしまった。いよいよ被告人に最終的な審判が下る時が来た。

「あなたの名前はラパポートですか？」とキーラーは訊いた。

「はい」とつっけんどんな答えが返ってきた。

「あなたの家はクック郡にありますか？」

「はい」

ペンは平たんな道をたどっていた。

「あなたはレヴェンワース刑務所に入っていましたか？」

「はい」

「誰がマックス・デントを射殺したか知っていますか？」

「いいえ」

質問が続くあいだ、ラパポートは微動だにせず、何も変わったようすはなかった。手がかりを探すかの

ように目は部屋じゅうをさまよっていたが、チャート上では小さな縦線が「切れたり跳ねたり」している
だけだった。

キーラーはさらに質問を続け、被験者とチャートに交互に目を向けながら、どのタイミングで対照質問をし、いつプレッシャーをかけてギアチェンジするかを感覚的に判断していた。

「あなたはデントを射殺しましたか？」

「いいえ」

「あなたは今回、拘置所に半年以上いましたか？」

「はい」

「殺してやるとデントを脅したことがありますか？」

「いいえ」

「今日は何か食べましたか？」

「はい」

「あなた自身が彼を撃ったのですか？」

「いいえ」

キーラーはチャートの一方の端を指で持ち上げてざっと目を通すと、また質問を続けた。

「デントが撃たれたとき、あなたはその場にいましたか？」

「いいえ」

「あなた自身がデントを撃ったのですか？」

「いいえ」

「麻薬を売ったことがありますか？」

「はい」

「デントは以前、あなたから買ったことがありますか？」

「いいえ」

「デントはあなたから麻薬を買ったことがありますか？」

「いいえ」

「デントが撃たれたとき、あなたはその場にいましたか？」

「いいえ」

記録針が踊り、逆波のように見える高く尖った山をいくつも描いていく。針は「震え、紙の上に描かれていく揺らめくギザギザの線――物言わぬ線が、殺人者の運命を決定づけた」。

監房の明かりも揺らめいた――隣の部屋で電気椅子のテストが行われていたからだ。セインはその日、ラパポートがポリグラフ検査にパスしなかったときのために、彼を椅子に固定するストラップと締め具を何度も点検していた。そして看守たちは今、皮膚との接触を良くするために電極のパッドを浸す生理食塩水を準備していた。

キーラーは三巡目の、そして最後となる質問をした。それらはラパポートのアリバイと、裁判で偽証罪に問われた証人たちの目撃証言に関するものだった。質問が終わると彼は立ち上がり、無言のまま嘘発見器を片付けはじめ、被験者から器具を取り外し、装置に組み込んである収納用の窪みに収めた。

ラパポートはキーラーを、次にスミスを見て、彼らの顔からポリグラフ検査の結果を読み取ろうとしながら、まだ無実を訴えていた。テスト中は「鉄の神経」を見せていた彼も、今では怯え、パニック状態におちいっていた。
キーラーは装置から記録紙を破り取ると、ひとりまたひとりと監房から出ていく男たちのあとに続いた。彼の背後で鉄の扉がバタンと閉まった。ラパポートの弁護士は険しい表情で、「これで終わりだ」と言った。

一九三四年に、キーラーは有効なポリグラフ検査の条件を入念に定めた。彼もラーソンと同様、嘘をつくたびにパッとライトがついたりベルが鳴ったりするかのように、ポリグラフを単純に描きすぎるマスコミに批判的だった。「嘘発見器などというものは存在しない」と彼は書き、正しく使わなければなんの役にも立たないのだと主張した。「血圧や脈拍、呼吸、皮膚電気反射など身体の変化を記録する装置で「嘘発見器」などという名にふさわしいものは存在しない。聴診器や体温計、顕微鏡付きの血球数計測装置を「虫垂炎発見器」とは呼べないのと同じことだ」

キーラーは内心、科学よりも自身の個人的な能力に重きを置いていたが、そうなると、いま起きたことはすべて彼自身にかかってくる。彼はこれまで何千回ものポリグラフ検査を実施し、じわじわとプレッシャーをかけていき自白を引き出す楽しみを味わってきた。それはどこか手品のトリックのような、スキルとごまかしが組み合わさった楽しいものだった。

しかし今回は違う。明白な結果がすぐ目の前にあった。ある新聞が書いているように、キーラーは「裁判官と陪審員の両方の役目を果たし」、隣の部屋には電気椅子があった。

ラパポートが受けたテストは、キーラーが定めたルールをことごとく破ったものだった。部屋は暗くもなければ、無人でも静かでもなかった。法律家で混み合い、外にも立会人や記者たちがたむろしていた。キーラーはのちに、「全体がサーカスのような雰囲気だった」と認めている。

ラパポートは外部の影響から遮断されなければならなかった――ところが、検査がうまくいかなければ彼の命を奪うことになる道具をテストしていたために、監房の明かりは点滅していた。さらに、彼はテスト前の数時間は食事をとらずにいなければならなかった――この世で最後の食事の途中などではなく。

ジョン・ラーソンがポリグラフ検査を行なったときは数時間かかった。彼はそれぞれの質問を事前に決めた順番で何度かくり返し、各質問のあいだはしっかり一分間空けて被験者の身体が基準の状態に戻るのを待った。これは現在でも妥当とされるプロトコルである。だがラパポートの検査では、キーラーは文字通りデッドラインを守ろうと急いでいたため、テスト全体で一時間もかからなかった。

拘置所長室には、これまで電気椅子の餌食となった者たちの肖像写真が掛けられていた。キーラーはその部屋で長さが二メートル五〇センチ近くあるロール紙をガラスのテーブルに広げ、さらに入念に検討した。

トーマンが隣に座り、紙が丸まらないようにチャートの片方の端を指で押さえておき、キーラーはまぎれもない虚偽の証拠と考えるに至った線――急激な血圧の低下や、呼吸の線が描く狭い「n」の形――を指し示した。

「テスト結果は、マックス・デントが殺害された場所に自分はいなかったと答えたときと、殺人については何も知らなかったと答えたとき、ジョセフ・ラパポートが明らかに嘘をついていたことを示しています」とキーラーは言った。「これが私の所見であり、あらゆる科学的臨床検査に劣らず信頼できると私は考えます」

午後一〇時五分、赦免仮釈放委員会のT・P・サリヴァンは拘置所長室からスプリングフィールドの知事公邸に長距離電話をかけた。ヘンリー・ホーナーは電話のそばで待っていた。サリヴァンから受話器を渡されたキーラーは、「私の所見では、ラパポートは有罪です」とホーナーに告げた。「こうした検査の性質上、私は法律に口出しするつもりはありません」

ホーナーは健康状態が思わしくなく、ベッドで仕事をするようになっていた。書類の山に囲まれて眠り込んでしまうこともよくあり、眠りに落ちた彼の手からペンが滑り落ちた。彼は拘置所からの知らせを何も言わず受け止め、受話器をフックに戻すと、しばらくのあいだ椅子に背中を預けて物思いにふけっていた。

死刑囚監房で、ラパポートはテーブルに腰かけ、震える手で葉巻に火をつけた。他の監房は一〇時に明かりが消えたが、噂は受刑者から受刑者へとささやかれ、階を越えて伝わっていった。「誰かが今夜焼け焦げるらしい。誰かが電気椅子《ホットシート》行きになる」

ある看守がやってきてラパポートのそばに座り、「最後の時間をできるだけ心安らかに過ごしなさい」と告げた。一九四六年に公表されたクック郡拘置所で執行された死刑に関する報告書には、「彼は運の尽きた男の気持ちに自分を合わせる」とある。「死刑囚のなかには話をしたい者もいれば、トランプをしたい者もいる。祈りを捧げて時を過ごす者も、黙って座っている者もいる」

拘置所の教戒師を務めるカトリックのオットー・アーンスト神父が監房に来て、隣の部屋で準備が進められるあいだラパポートに付き添った。囚人は母親に宛てて最後の手紙を出した。「連邦のやつらも、これでやっと満足しただろうね」と彼は書き、最後まで痛烈に無実を主張していた。

ラパポートの髪が剃られ、監房の床に黒い巻き毛が落ちた。チェックのズボンは膝のところで切り落とされ、シャツはボタンを外し喉元まで開けられた。

真夜中になる直前、アーンスト神父が監房を出ていき、青いシャツを着た二人の看守が入ってきた。彼らはラパポートの頭に黒いシルクのフードをかぶせ、二度と逃れることのできない闇に放り込んだ。

ラパポートには自分が乱暴に立たされて、死刑執行室までの一七歩を誘導されているのがわかった。所長のセインが鍵を手に先頭を歩き、教誨師が静かに祈りを唱えながらあとをついてきた。

看守と格闘し、この不気味な行進から逃れようとした者もいた。J・C・スコットという受刑者はマスクを剥ぎ取り、恐ろしさのあまり椅子から後ずさった。かたやラパポートの元同房者ルフォ・スウェインは看守の手を振りほどき、ひとりで部屋に入っていった。ラパポートは落ち着いていた。彼は背筋をぴんと伸ばし、まっすぐ前を見て進んでいった。

誘導されて死刑執行室の巨大な鉄の扉を通ったとき、ラパポートはフードの下からでも明るさの変化を感じることができた。舞台のように一段高くなった場所に頑丈な黒い椅子が置かれ、そこに照明が当てられていた。木製のアームは「餌食に向かって手を伸ばしているように見えた」。椅子の背後には、さらに三人の看守が立っていた。

壁の大きな時計にも不気味なスポットライトが当てられ、その針は〇時四分を指していた。照明のせいか、くり返し行なわれた椅子の点検のせいか、部屋は温まっていた。ラパポートの首筋を一滴の汗が流れ落ちた。

分厚いマジックミラーの向こう側には、一二五人を超える見物人が集まっていた。群衆は看守たちが作業をするようすを眺め、セインがマジシャンのような手さばきで電気椅子から埃よけの白いカバーをさっと剥がすのを見た。そして今、彼らはぎゅうぎゅう詰めで木製のベンチに収まり、あるいは部屋の後方に固まって立ち、フィナーレを待っていた。

看守が五人がかりでラパポートを椅子に座らせるのに、一〇秒とかからなかった。二人が彼を押さえつけ、残りの三人が腕と脚を固定してU字型の締め具をはめ込んだ。拘束具の冷たい金属がむき出しの皮膚に当たるのを、彼は感じたかもしれない。胸には太い黒のベルトが締められた。

「部屋に入ってきたとき、ラパポートの拳は握られていた」とある記者が書いている。「顔はマスクに隠れて見えなかった。椅子に縛りつけられると、彼は再び拳を握った」

ひとりの看守がラパポートの右脚に電極を押しつけた。もうひとりがフードの下にぐいと手を差し入れ、剃髪した頭に電極をつけた。生理食塩水が彼の顔を流れ落ち、目にしみた。

セインが最後の点検を行ない、金属扉の向こうの壁に設置された制御盤のところにいる男に合図を送った。クック郡ではこれが、責任の重圧がひとりの人間にのしかかる最後の電気処刑となった。以後、セインは四つのボタンを四人でいっせいに押すシステムを設けたため、誰が実際に命を奪ったかは彼ひとりにしかわからない仕組みとなった。

〇時五分、死刑執行人は制御盤についている磨き上げられた黒いレバーに手をかけ、スイッチを入れた。

「銅の刃が鋼青色《エレクトリックブルー》の閃光を放った」

一九〇〇ボルトの電気が全身を駆け巡り、ラパポートは前のめりになった。胸の太いベルトがぴんと張りつめる。肉の焼ける臭いが死刑執行室に充満した。

七秒、五秒、五秒と、電気ショックは三度加えられた。セインの黒い目は時計をじっと見つめていた。彼はのちに、「二分という時間がとても、とても長く感じられた」と語っている。

ラパポートの身体がぐったりと椅子に沈み込み、赤くなった皮膚から煙が立ちのぼった。

後方の部屋から三人の医師が現れた。彼らはラパポートの胸に聴診器を当て、鼓動を確認した。

エピローグ

ジョン・ラーソン、レナード・キーラー、オーガスト・ヴォルマーによる最初のぎこちない実験から一世紀の時を経ても、嘘発見器は死に絶えようとしない。アメリカではいまだに年間数百万件ものポリグラフ検査が行われており、他の国でも使用件数は増えつづけている。

イギリスでは、政府がすでに性犯罪者が仮釈放の条件に違反したかどうかを評価するのにこの機械を使っており、二〇二〇年一月には、有罪判決を受けたテロリストや家庭内暴力者に対しポリグラフ検査を実施する計画を発表した。

しかしポリグラフは役に立たない。血圧の変化が逮捕されることへの恐怖心によるものなのか、それとも濡れ衣を着せられるのではないかという不安によるものなのか、検査官にはそれを判断する術はない。誰にでも当てはまる嘘の動かぬ証拠――ピノキオの鼻のようなものは存在しないのだ。「それは嘘発見の聖杯であり、いまだ誰も発見していない」とエラスムス・ロッテルダム大学の法心理学者ソフィー・ファン・デル・ゼーは語る。

早くも一九四一年には、嘘発見器を出し抜く「対抗手段」に関する記事が雑誌に掲載されていた。それはたとえば舌を噛む、靴の中にひそませたピンを踏むなどして、対照質問に対し極端な身体反応を示す方法だった。

科学者がテストを評価する基準はおもに二つある。ひとつは信頼性――同じものを測定したときに常に同じ答えが出るかどうか。もうひとつは妥当性――測定すべきものを測定しているかどうかだ。

ポリグラフはどちらの基準も満たしていない。同じチャートでも、それを評価する検査官によって結果は食い違う。また、場所や人種、性別などによっても結果に大きな差が出てくる。

確かに、嘘発見器は極悪非道な犯罪者から自白を引き出すのに使われてきたが、一方で重大な誤審も犯し、殺人犯や強姦魔が野放しになった。ヘンリー・ウィルケンズとジョー・ラパポートの事件は、失敗と権力の不均衡、人権侵害の長く暗い歴史の初期に属するものだ。

「全米冤罪者リスト」には、ポリグラフ検査をクリアできず不当に収監された人が二〇〇名以上登録されている。しかもそれは有罪判決が覆った人だけであり、実際の人数はそれをはるかに超える可能性がある。コネチカット州で一九七三年に起きたある悪名高い事件では、一八歳のピーター・ライリーがポリグラフ検査中に母親を惨殺したと告白したが、実際は事件当時、彼は殺害現場から何キロも離れた場所にいた。けれども彼の潔白が証明されるのに二年かかった。

一九八〇年代から九〇年代にかけてワシントン州で多数の人を殺した連続殺人犯ゲイリー・リッジウェイは一九八三年に取り調べを受けたが、ポリグラフ検査をクリアしたのち釈放された。彼はさらに犯行を続け、少なくとも七人の女性を殺害した。二重スパイであったオルドリッチ・エイムズは、冷戦のさなかロシアに機密情報を売って贅沢な暮らしをしていた。CIAの工作員として働いていた当時、彼は二度のポリグラフ検査をクリアし、今は刑務所の中でこのテストをあざ笑っている。「多くの廃《すた》れないジャンク・サイエンスと同様（たとえば筆跡学、占星術、同毒療法《ホメオパシー》などが頭に浮かぶ）、その実践者たちが享受する有用性や利益のために、ポリグラフは今も存在している」と彼は語った。

ポリグラフが存続しているのは、それがうまく機能しているからではなく人々がそう考えているからだ。レナード・キーラーは、「真実を暴き出す機械」であるという可能性だけで自白をほぼ引き出せると気づいた最初のひとりだった。一九八〇年代まで、警官たちは被疑者の手をコピー機に置かせ、「彼は嘘をついている」とあらかじめ印刷された紙を吐き出させるだけで罪を認めさせていた。

ジョン・ラーソンは「第三度」を終わらせたかったが、彼が生み出したものは結局、精神的な拷問――目に見える痣を残さない警棒だった。しかし彼がそのことに気づいたときにはすでに遅かった。ラーソンもキーラーも純粋な気持ちで発明に臨んだのだが、その力に毒されてしまった。二人は嘘発見器をコントロールできると考えたが、機械は彼らの手から逃れ、その人生を破壊した。

ラパポート事件の後遺症はキーラーに重くのしかかっていった。新聞各紙は「正義に対する冒涜」と糾弾し、はるか遠くニュージーランドでも報じられた。〔カリフォルニア州の〕〈ザ・プレス・デモクラット〉紙は、「そのようなテストをされ、得体の知れないもののメカニズムによって自分の運命に審判が下ると知りながら、血圧が上がらない人間などいるだろうか?」と論じた。

キーラーにとってこれは「忌まわしく、忘れがたい」経験になった、と彼の友人アグネス・デ・ミルは書いている。「そのことを何度も目の前に突き付けられるのは、彼にとって耐えがたいものだった。レナードは常に自分が正しいと信じることをしてきたが、生々しい苦しみは避けて通っていたため、彼の神経も心も、この過度な重圧に耐えられなかった」

その後何年ものあいだ、ローズ・ラパポートはキーラーに毒のある手紙を送りつづけた。彼女はキーラーを呪い、きっと口がきけなくなるか身体が麻痺するだろうと、兄への仕打ちによって彼の身に降りかかるであろう惨事を事細かに書き綴った。長々と書かれた文章を読むたびに、キーラーの血圧はじりじりと上昇した。友人たちには頼むから手紙のことは放っておけと言われ、ローズに自分への接触をやめさせるよう当局にまで出向いてかけあったが、それでもなお「毎月きちんきちんと、何年ものあいだ、不吉な予言は届きつづけた」。

ジョン・ラーソンは「激怒」した。刑務所での仕事の一環として彼もまた電気処刑にたずさわらざるを得なかったが、「野蛮な処置」だと考えていた。キーラーがしたことに彼は戦慄を覚え、「彼にはブレーキがないのです」と書いている。ラーソンはその事件に関する新聞の切り抜きを集め、不平不満の長いリストに加えた。「精神医学の技能やその他の要素が欠如していたせいで……ラパポートは有罪か無罪かに関係なく死んだのです」

一九三八年、科学捜査研究所がシカゴ市に売却されたことで、レナード・キーラーとケイは二人とも職を失った。マジシャンの助手として見られることに嫌気がさしていたケイは自分の探偵事務所を開き、女性だけで運営するその事務所はたちまち大当たりした。キーラーも独自のポリグラフ会社を設立するが、じきに従来の二人分の収入をはるかに超える金を稼ぎ出すようになった妻に比べてぱっとしなかった。

彼女の成功は夫婦のあいだに亀裂を生じさせた。夫婦喧嘩は以前にも増して激しく、より頻繁になった。二人は仕事や政治問題について口論し、ケイが自由な時間をすべて飛行訓練に費やしていることについても言い争った。人を疑うことを土台にキャリアを築いてきたキーラーは、私立探偵に妻を尾行させ、彼女が「たびたび不貞を働いていた」とわかると悲しみに打ちのめされた。

二人は一九四〇年四月に別居した。ケイがいなくなると、キーラーの生活は少しずつ軌道を外れていった。彼はアルコール依存症になり、その年の一二月には、取り調べ中に「神経衰弱」になり四カ月間入院した。一九四一年、テストを受けていた男が八階にある彼のオフィスの窓から身を投げると、キーラーは取り乱し、酒の力を借りて「回復」するのに二週間かかった。

かつては部屋じゅうの注目を集めていた彼が、今やたじろぎ、逡巡していた。「彼の揺るぎない自信は朽ち果ててしまった」とデ・ミルは書いている。キーラーは新旧の事件の亡霊に取りつかれていた。そしてローズからは依然として、ひっきりなしに手紙が届いていた。

ケイはレネ・デュサックと再婚した。ボクサー、カヌーのオリンピック選手、ハリウッドのスタントマン、さらに深海ダイバーの顔をもつ、冒険好きのケイにはうってつけの相手だ。彼は六カ国語を操り、南米の国々の政府を転覆させ、二度の決闘を経験していた。二〇一六年に出版されたある本は、彼がキューバの二重スパイで、ケネディ暗殺に関与していたことを示唆している。

二人はワシントンDCに移り住み、ケイはそこで陸軍航空婦人操縦部隊（WASP）に入隊した。第二次世界大戦中、WASPは非戦闘要員として、男たちが軍務に専念できるよう補助的な任務に当たった。キーラーも兵役に就きたかったが、高血圧に視力の衰え、潰瘍の病歴、さらに失神傾向があることから健康診断で不合格となった。

その代わり、彼はアメリカ陸軍のためにポリグラフ検査を行なうという独自の方法で国に貢献した。これが軍と嘘発見との今なお続く長い関係の始まりだった。キーラーは戦争捕虜やオークリッジの核施設で働くスタッフをテストした。終戦後、キーラーがヨーロッパに渡り嘘発見器を使ってヒトラーの死の真相を調査するという話も浮上した。

しかし、戦時中ケイが工場から基地へ飛行機を運び、訓練演習用の標的を曳航していたのに対し、キーラーはおもに酒を飲み、若い女性をとっかえひっかえしながら浮かれ騒いで過ごしていた。女性たちは彼に不快なほど甘いラブレターや媚びた詩を書き送っている。

彼は深く落ち込み、自己嫌悪でいっぱいになっていた。一九四三年の大晦日にシカゴにいる彼を訪ねたデ・ミルは、その暮らしぶりをひと目見てショックを受けた。キーラーは四八時間飲みつづけ、ケイのことを考えてむせび泣いたかと思えば今度は激しい躁状態のようになり、それを交互にくり返していた。デ・ミルが酒を隠すと、キーラーは彼女をビッチと罵り、ドアに拳を打ちつけた。「アメリカ屈指の優秀な捜査官だった彼が、シンクの下にあるウイスキーの瓶すら見つけられなかった」と彼女は書いている。彼は担架に乗ってパーティー会場を去り、それから三週間入院生活を送った。

その一一カ月後、ケイは墜落炎上事故で命を落とした。いつも通りの補給飛行中、オハイオ州上空で燃料が尽き、濃い霧の中で夜間緊急着陸を試みなければならなかったのだ。これにキーラーは打ちのめされた。

一九四八年、彼はカリフォルニアの療養所で高血圧の治療を受けていた。物が二重に見える複視を患い、血尿も出ていた。オーガスト・ヴォルマーが助け舟を出し、バークレーで犯罪学を教える楽な仕事をオファーしたが、キーラーはそれを断った。

彼はむしろ、より広い名声を求めたのだった。警官殺しの犯人として冤罪に問われた男を描いた『出獄』というハリウッド映画でキーラーは自分自身の役を演じ、一九四九年には「最後の法廷」を共同創設した。これは法制度により不当な扱いを受けた人々が正義を求めて闘うのを支援する組織で、そこから派生したテレビドラマによって、エンターテインメントとしての嘘発見の長い伝統がスタートした。

しかしその裏側で、ビジネスのほうは悪戦苦闘していた。彼のポリグラフの売れ行きは低迷していた。市場には競合する機器があふれ、キーラーは手も足も出なかったようだ――彼は悪魔に、病魔に、そして自らが放った怪物に取りつかれていた。

医師には休養を取れと言われていた。一九四九年の夏に七週間の入院をしたあと、彼は一年間ポリグラフから離れて休息をとると誓ったが、九月七日に重い脳卒中を起こし、それから二週間、動くことも話すこともできず、一二年前にローズ・ラパポートが予言したとおりの状態が続いた。

そこから彼が回復することはなかった。一九四九年九月二〇日、レナード・キーラーは病院で息を引き取った。享年四五歳。彼の遺灰はオークランドのチャイムズ教会に安置され、骨壺にはひと言、こう刻まれていた。

「Ye Shall Know the Truth」〔ヨハネによる福音書八－三二「あなたがたは真理を知り、真理はあなたがたを自由にする」（聖書協会共同訳）の前半部分〕

オーガスト・ヴォルマーは、キーラーの早すぎる死に大きな打撃を受けた。「私は父親が息子に抱くような愛情を彼に注いできたし、彼もきっと父と息子のあいだにしか見られない誠実な愛情を私に向けてくれていたと思う」と彼は書いている。「彼の喜びも悲しみもすべて分かち合った。彼がひとりでは立っていられないほど弱りきったとき、私は彼の支柱となった」

そのときヴォルマーは七三歳、彼自身も健康上の問題を抱えていた。キーラーの死の数週間後、彼は腸の腫瘍を切除する大手術を受けた。「愉快な経験ではなく、ゴルフなど屋外の娯楽の代わりに友人たちに勧めたいものではない」と彼は書いている。

一九四六年五月に妻のパットが亡くなると、世界中の都市を巡り警察の調査を行なってきたヴォルマーの暮らしは、妻と二人で過ごしたバークレーのユークリッド通りにある小さな家での小ぢんまりとした生活に変わった。

彼はその家で、それまで全国で種をまき育成してきた志を同じくする全国の警察署長たちと手紙のやりとりをして過ごした。だがまもなく、手紙を書くことすら難しくなった。そして一九五〇年、パーキンソン病と診断される。彼はその状況にユーモアで対処し、ある友人と自宅でカクテルを飲みながら、病気のせいで材料を注ぐのは難しくなったが、「かき混ぜるのは最高にうまくなった」と冗談を言った。

彼は自己流の指使いでロイヤル製タイプライターを打ちながら、できる限り執筆を続けた。近代警察の父に関する本や紹介記事を書くために、インタビュアーたちが彼の自宅を訪れた。しかしヴォルマーが残したレガシーは、彼が晩年になって抱きはじめた異論の多い優生学的思想と、その導入に彼が貢献した法執行制度に対する昨今の逆風によってぼやけてしまった。二〇二〇年には、バークレー丘陵の最高地点である「ヴォルマー・ピーク」の改称を求める声が上がった。

健康状態が悪化するにつれて、ヴォルマーは自宅の庭で過ごす時間が増え、思考は警察活動やポリグラフから遠ざかっていった。彼は喉や胃、甲状腺、まぶたの手術も受け、行動は突飛に、ときに暴力的になった。失明して字が読めなくなるのを彼は恐れていた。

頭がはっきりしているとき、彼は計画を立てていた。「いずれ終わらせなければならない時が来る……私は長くしがみつきすぎた人間を数多く見てきたが、彼らは大失態を演じ、失敗から何も得ようとしない」と彼は書いている。

一九五五年、ヴォルマーはファイルの整理を始めた。犯罪学の蔵書はバークレー警察署に、大量の書簡は大学のバンクロフト図書館に寄贈した。一一月四日の朝、朝食をとり、家政婦が寝具を交換するのを手伝ったあと、彼は一階の書斎に行き、机の引き出しから銃を取り出した。それは保安官補たちから贈られたもので、ホルスターには「チーフ」と書かれていた。

庭に出るとき、彼はシーツを抱えて階段を下りてくる家政婦に向かって言った。「警察に電話しなさい、私はこれからピストル自殺するつもりだから」

朝日が花壇に照りつけていた。銃は彼の右手に握られていた。オーガスト・ヴォルマーは家に背を向け、銃口を頭に押し当てると引き金を引いた。

不名誉な形でシカゴを離れたあと、ジョン・ラーソンは次々と仕事を変えながら国内各地を転々とし、行く先々で退路を断ちつづけた。年齢と健康上の問題（視力、関節炎、潰瘍、腎臓結石）のせいで従軍できなかったため、彼はシアトルの精神科クリニックやコネチカット州の更生施設で働き、さらにニューメキシコ州の州立精神療養所の責任者やアリゾナ州の精神病院の医長を務めた。

彼は相変わらず熱心に仕事に打ち込んでいた。一九四七年に左足首に癌が見つかり、膝から下を切断したが、その二日後には木製の義足をつけて職場に復帰した。一九四九年からの八年間を、彼はインディアナ州ローガンズポートにある州の精神療養施設の医長として過ごしたが、不正を暴いて解雇され、その後はテネシー州、モンタナ州、アイオワ州、さらにサウスダコタ州に移り住んだ。

その間、彼は何千ドルもの私財を投じて資料を集め、嘘発見器の普及状況を記録した。ラーソンは執拗にキーラーの動きを追跡し、彼の成功を呪い、失敗を大喜びし、アルコール依存症になったという噂を聞けば、いい気味だとほくそえんだ。

残された数少ない友人からキーラーの悪行に関する報告が送られてくると、ラーソンは痛烈な評価を返した。「彼はそのうち首を吊るだろうから気楽に構えていろというきみの助言は、功を奏しているよ」とラーソンは元同僚に語った。「一流の心理学者たちは、彼のことを剽窃者、似非《えせ》科学者と見なしている」

キーラーが研究に加わったのはオーガスト・ヴォルマーに無理強いされたためで、あの「半ズボンをはいた高校生」のせいで、嘘発見器の背後にある科学が損なわれてしまったのだとラーソンは語った。「私は当初、機器を使った虚偽検出は正規の専門的な警察科学の一部になると期待していました。ところが単なる金儲けの道具になってしまった」。ラーソンは、あるインタビューでこう語った。「多くの場所で使われている嘘発見器は、自白を引き出すことを目的とした心理的な第三度も同然であり、かつての身体的暴力と変わらない。時々、私はその開発に加担したことを後悔するのです」

ラーソンは自分の時間を割いて嘘発見器の拡散を食い止めようとした。彼は反ポリグラフ法を支持し、長い手紙を書いて政治家や組合組織に訴えかけた。また、全国のポリグラフ検査技師に経験や技能を問う調査票を何千通も送付したが、得られた回答はわずか数件だった。一九五〇年代には「嘘発見器を救う会」を結成し、「欺かれた民衆から目隠しを外し」無謬《むびゅう》の神話を破壊しようとした。しかし彼は、キーラーの元上司カルヴィン・ゴダードがかつて言ったように「無人の荒野で声を張り上げている孤独な預言者」にすぎなかった。ラーソンは、もはや止めようのない潮流と闘っていた。

すでに嘘発見器は大衆文化に定着し、コミックやテレビ番組、広告にも登場していた。血圧に関する研究がラーソンの最初の装置に着想を与えたウィリアム・マーストンは、一九二〇年代から三〇年代の大半をタブロイド紙に淫らな「実験的作品」――たいてい若い女性が登場した――を掲載するのに費やした。フライ裁判で嘘発見器の証拠を法廷に認めさせることに失敗したのち、マーストンは努力の矛先を正義からマーケティングに転じた。「嘘発見器は、髭剃りがもたらす感情の動きを記録する」――マーストンが行なった実験に基づき、ある新聞の全面広告はそう謳った。「次から次へと、髭を剃る男たちが無意識に示す反応が嘘発見器に自動的に記録され、ジレットのきわだつ優位性を証明する」

マーストンは自己宣伝に余念がなく、チャールズ・モールトンという筆名でより有名になった。一九四〇年、エンターテインメント業界で心理コンサルタントをしていた彼は、オリーブ・バーンのインタビューを受けた。彼女は元教え子で、マーストン夫妻と奇妙な三角関係にあった。その記事がDCコミックを出版するマックス・チャールズ・ゲインズの目に留まった。

ゲインズは、当時アメリカ全土の親たちから悪者扱いされていたコミックの良い面を宣伝するため、マーストンをコンサルタントとして雇い入れた。そしてマーストンは、あるスーパーヒーローのアイデアを思いついた。彼はそのキャラクターを野獣のような強さではなく、もっと繊細なテーマ――愛や優しさといった感情に基づくものにするつもりだった。

ワンダーウーマンが初めて登場したのは翌年のことだった。彼女の見た目は、マーストンと家庭生活を営む二人の女性からインスパイアされたものだと伝えられる。マーストンが数十年前に行なった研究を反映してか、彼女が手にたずさえる武器は剣ではなく「真実の投げ縄」――その輪に捕らえられた者はみな真実を語るという金のロープだった。

ジョン・ラーソンの妻マーガレットは一九六〇年に他界し、妻を失った彼は途方に暮れた。彼の資料には、四〇年近く前にカレッジ・ホールに嘘発見器を持ち込んで行なった最初のテストの記録がまだ残っていた。

そのころのラーソンは「かなり小さく」なっており、脚を片方失った気難しい六八歳の彼は、見た目も行動もまるで八〇代のようだった。彼は一九六三年に引退してテネシー州ナッシュビルに落ち着き、社会保障の給付金とわずかな年金で暮らしていた。各地を転々とするたびに運んでいった膨大なポリグラフ関連資料をそろそろふるいにかけて自身の「最高傑作」としてまとめあげ、積年の恨みを晴らすつもりだった。しかし彼は本を書き上げることができなかった。一九六五年九月、手書きの原稿を整理していたときに突然の心臓発作に襲われ、ラーソンは亡くなった。七四歳だった。

レナード・キーラーの死去により嘘発見器の勢いが弱まることをラーソンは期待していた。しかし最後の数年間で、彼は恐ろしい事実を悟った。「嘘発見器はキーラーの、そしてヴォルマーの死を乗り越え、彼らの誰よりも長く生き延びるだろう」とケン・オールダーは書いている。「かつてキーラーはひとりだったが、今や何百人ものキーラーが現れ、それぞれが独自の装置を売り込んでいた。嘘発見器は増殖し、蔓延し、突然変異しはじめていた」

当然ながらラーソンはそれをキーラーのせいにしたが、彼自身にも非がなかったわけではない。二人はいずれもポリグラフの力に引き込まれ――そう、そしてキーラーはそれを手品に使い、ジョー・ラパポートのときのようにメディアのスポットライトを浴びながら慌ただしくテストを行ない、科学的根拠の価値を下げてしまった。

だがラーソンもまた、それを利用してマーガレット・テイラーを口説き、ヘンリー・ウィルケンズ事件に私情を挟むことで科学的公平性を放棄した。彼はキーラーが世間の注目を浴びたがるのを蔑みながら、自身もまた新聞各紙にいい顔をしていた。宣伝、従業員のスクリーニング、テレビシリーズ――キーラーを厳しく咎めたそれらのことを、彼もまた一度や二度は考えたことがあるのだ。彼は嘘発見器を嫌ったが、その発明者としての名声はほしかった。

亡くなる少し前、ラーソンは敗北感を味わいながら、数十年にわたる嘘発見器との闘いをこう総括している。「私の予想を超え、制御不能な数々の要素によって、この科学的捜査法は実利的な目的のためにフランケンシュタインの怪物と化してしまった。そして私はその怪物との闘いに四〇年以上も費やしてきた」

同じ年、アメリカの政府運営委員会はポリグラフに対する数多くの公式な反論のひとつを提出した。「国民はこれまで、捜査官の手中にある金属の箱が真偽を判別できるという神話に騙されてきた」

しかしこのような科学的警鐘はかき消され、ないがしろにされてきた。そしてこんにち、虚偽検出技術の新たな波が市場に到来しつつある。脳スキャンと人工知能を備えたそれらの装置を、真実を語るという偽りの約束に引きつけられた警察や政府がこぞって採用している。

結び

二〇一五年六月、リッキー・スミスはフロリダの古ぼけたホテルの会議室に入っていった。黒髪を短く刈った大柄な白人男性、悲しげな表情を浮かべた彼は、三〇年かけて忘れようとしたことを追体験するためにここにやってきた。

部屋の中でノートパソコンの前に座っている、ぱりっとしたブルーのシャツにネクタイ姿の男性はラリー・ファーウェル博士、自身が「脳指紋法」と名付けた嘘発見技術の発明者だ。

ファーウェルはハーヴァード大卒、少年のようなブロンドの髪と夢見るようなブルーの瞳をもつ彼は七〇代だが、セキュリティ上の理由から正確な年齢を明かそうとしなかった。「私には、強い動機と豊富な資金をもつ強力な敵が何人かいる」。私が尋ねると、彼はメールにそう答えた。「極悪人にとっては、私の存在そのものが脅威なのです」

彼が最初に嘘発見に興味をもったのは一九八〇年代後半、イリノイ大学の大学院生だったころだ。ファーウェルの指導教官だったエマニュエル・ドンチンに、地元の医師がある患者のことで相談を持ちかけた。その患者は穀物サイロから転落して首の骨を折り、「目玉から下が」が麻痺していた。

ファーウェルとドンチンは協力し、患者の少年が頭に思い浮かべただけで単語を綴れるシステムをデザインした。これに使われたのが脳波記録法（ＥＥＧ）、今では神経科学界で一般的となった、頭皮に非侵襲的電極を取り付けて脳の活動を測定する方法だ。

ＥＥＧにできることはもっとあると考えたファーウェルは、それから数年かけてあるアルゴリズムを開発した。それは脳内の隠れた知識を九九・九パーセントの精度で検出できるものなのだという。脳指紋法では、「P300-MERMER」反応と呼ばれる特定の神経活動パターンを探す。人が重要な意味をもつ何か――見覚えがありそうな何か――を見たときにこの反応が出るとファーウェルは主張する。

彼はこれを使って有罪知識質問法を行なう。ちょうどレナード・キーラーがポリグラフ検査でさまざまな殺人の凶器を見せ、最大の反応を引き出した凶器をひとつ見つけ出したように、ファーウェルは被疑者に対し、ある犯罪に関連する言葉のリストを示す。それが重要なものだと知っているのは犯人だけなので、脳の認識反応によって犯人だと露見することが期待されるからだ。

脳指紋法を使えば９・11は防げただろうと彼は本気で信じている。「犯人グループはすでに監視リストに入っており、テロ活動を行なう疑いがあったが、我々には十分な証拠がなかった」と彼は語った。「脳指紋法なら、犯人が実際に犯行に及ぶ前に、逮捕できる証拠を提供できたかもしれない」

かれこれ二〇年以上、ファーウェルはダニー・ハリスの事件に取り組んできた。ハリスは一九八六年にアイオワ州カウンシルブラフスで起きたクリスティーナ・ネルソン殺害事件で有罪判決を受けたが、冤罪だと主張している。

二〇一五年、ファーウェルは証人候補であるリッキー・スミスの所在を突き止めた。彼は名前を変えてフロリダで暮らしていた。「私はうまいことを言って彼の家に入り込み、脳指紋検査を受けるよう説得しました」とファーウェルは言った。これを聞いて、ジョン・ラーソンが事件解決のために一線を越え、ヘンリー・ウィルケンズと交友関係を築いた話を思い出した。

ネルソンが殺害されたとき一〇代だったスミスは、いま四〇代後半。メガネをかけ、ストライプのポロシャツを着て、ヤギひげを生やしていた。彼はファーウェルと向かい合う形で大きなモニターの前に腰かけた。スミスは緊張していた。話したら殺すと真犯人たちから脅されていた、と彼は語った。

ファーウェルはスミスの頭になめらかなヘッドセットをかぶせた。それはヘッドバンドがもう一本ついたヘッドホンのようなもので、白いプラスチックが茶色の髪にくっきりと映えていた。脳指紋法を使った有罪知識質問法では、被験者は三種類の刺激を目にする。犯人だけが知っている事件の詳細である「プローブ」、それと同等にもっともらしく見えるが事件とは関係のない「イレレヴァント」、そしてすでに広く知られている事件の詳細である「ターゲット」だ。

たとえば殺人の凶器が野球のバットなら、被疑者は「野球のバット」という言葉のほかに「鉛管」、「ロウソク立て」、「スパナ」といった言葉を見せられるかもしれない。「これらのアイテムが画面に表示されると、殺人に使われた凶器を知っている人なら、それが出てきたときに脳が『あっ、これだ』と言う」とファーウェルは説明した。「その人は気づくんだ」

ファーウェルはキーボードのボタンを押した。スミスがモニター画面を見つめていると、ブルーの背景に小さな白い「X」が現れ、そのあと間隔をおいて「燃やされた服」や「血まみれのオーバーオール」といったフレーズが表示され、それが何度かくり返された。ファーウェルのノートパソコンには、頭皮に設置されたいくつもの電極の測定値が、ちょうどポリグラフの線のように描かれていく。ブルー、ピンク、グリーンの山や谷は、それぞれ異なる周波数の脳波を表している。

テストが終わると、ファーウェルは各刺激に対するスミスの平均的な反応のグラフをパソコン画面に表示した。そこには「脳指紋検査結果」とあり、赤字で「情報あり、統計学的信頼性99・9%」と書かれていた。

「あなたの脳に保存された情報によると、誰が犯人なのかをあなたは明確に覚えています。そして事件後、彼らが犯行を隠蔽するのにあなたがどう加担したのかも」とファーウェルはスミスに告げた。

スミスは震えているように見えた。ファーウェルは優位な立場をうまく利用した。二人のやりとりは科学的なテストというよりもむしろ取り調べに近く、それが終わるころには、スミスは法廷で真犯人に不利な証言をすることに同意していた。彼は犯人たちが血まみれのオーバーオールを着てパーティー会場に入ってくるのを見ていた。また、殺人については何も知らないと否定したが、燃やしてしまえばいいと勧め、彼らが衣服を始末するのを手伝ったことは認めた。二〇一八年二月、ダニー・ハリスの控訴審で、スミスは彼の主張を裏付ける宣誓供述書に署名した。

脳指紋法は、ジョン・ラーソン亡きあと新たに開発された数ある嘘発見技術のひとつにすぎない。ポリグラフは今も存続し、多くの模造品が生まれた。技術の目覚ましい発展はつねに、虚偽を検出するための試みと連動していた。

一九六〇年代、アメリカ国防総省はポリグラフに対する市民権団体からの批判に対応し、より創意工夫に富む代替製品の開発に資金を投じた。この時期にボツとなったプロジェクトには、取り調べ中の身体の動きと体温を秘かに記録する「もぞもぞ椅子《ウィグル・チェアー》」や、呼吸数を測定するために、壁にあけた秘密の穴から唇に赤外線レーザーを当てるという手の込みすぎたシステムなどがある。

一九七〇年、二人の元軍人が声のストレス分析を売り込みはじめた。電話越しでも嘘を発見できるという触れ込みだった。ポリグラフと同様、この技術も何度も化けの皮が剥がれたがそれでも廃れることなく、二〇一二年に一〇代の少年トレイヴォン・マーティンを射殺したジョージ・ジマーマンの取り調べのさいに使われ、二〇〇七年にロンドンで行なわれた生活保護費の不正受給を電話で発見する試みにも用いられた。

最近では脳に焦点がシフトし、二〇〇〇年代半ばにセフォス（Cephos）とノーライＭＲＩ（NoLieMRI）という二つの企業がｆＭＲＩ〔機能的磁気共鳴画像法〕による脳スキャンをベースとした嘘発見技術を売り出した。これは「認知負荷」という概念――つまり、嘘をつくときは頭をより多く働かせなければならない、そして脳のさまざまな領域への血流のパターンでそれを検知できるという発想を用いた方法だ。その精度は九五パーセントだとセフォス社は主張するが、ｆＭＲＩによる嘘発見を裁判の証拠として認めさせる試みには失敗している。

二〇〇八年、インドの神経科学者チャンパディ・ラマン・ムクンダンが考案した（そしてファーウェルの脳指紋法と同様、ＥＥＧをベースとした）脳電気振動シグネチャー検査法がある女性への死刑判決に使われ、世界中で大きく報じられた。ラパポート事件を連想させるぞっとするような話だが、最終的にその女性の有罪判決は覆った。

９・11以降は資金投入にますます拍車がかかり、国境地帯は最新世代の嘘発見器を試す新たな実験場となった。二〇一四年、ハンガリーのブカレスト空港に到着した旅行者はＡＶＡＴＡＲというデジタル国境警備員に出迎えられた。複数の虚偽検出法がひとつのユニットに組み込まれている点は一九二〇年代にジョン・ラーソンが開発したポリグラフとよく似ているが、今回はそこにＡＩすなわち人工知能が加わった。

ＡＩと機械学習によって、大量のデータから以前は見えなかったパターンが発見されるようになり、虚偽研究は加速している。たとえばメリーランド大学のバーラット・シンと同僚たちはあるソフトウェアを開発し、それを使えば法廷に立つ証人の映像から八八パーセントの精度で虚偽を検出できるという。サイレント・トーカーと呼ばれるまた別の技術は、あるＡＩモデルを使って顔と頭部に現れる四〇種類以上のマイクロジェスチャー〔微表現〕を分析する。二〇一九年、私は〈ガーディアン〉紙の取材でマンチェスター中心部にあるその会社を訪れた。そこで私が見せてもらった映像は、模擬犯罪実験で若い男性が箱からお金を盗んだと嘘をつく場面で、画面の隅にあるダイヤルが緑から黄色、赤へと振れた。

この技術に必要なのはカメラとインターネット接続だけだ。理論上はスマートフォン上でもテレビのライブ映像（政治討論など）でも使える。だが共同創設者のジェームズ・オシェアによれば、同社はそのような路線に進むつもりはないという。キーラーと同様、彼がターゲットとしているのは法執行機関や保険会社だ。

ポリグラフの黒い歴史から教訓を得るどころか、私たちは人間の検査技師による主観的な採点を、それよりもっと悪いかもしれないもの――アルゴリズムというブラックボックスに置き換えようとしている。「どう機能しているのかが我々にはわからないのです」と、サイレント・トーカーについてオシェアは語った。「ＡＩシステムは、自分でやりかたを学習したので」

二〇一九年二月のある晴れた日、私は列車に乗ってエセックス州グレイズに向かった。イギリスで活動する約三〇〇人の民間ポリグラフ検査技師のひとり、テリー・マリンズに会うためだ。マリンズは六〇代後半、背が低くがっしりとした、温厚で実直な人物だ。以前は機械技師として働いていたが脊椎の疾患でデスクワークに就くことを余儀なくされ、その後、昼間のトーク番組『ジェレミー・カイル・ショー』に長年出演していたポリグラフ検査技師ガイ・ヘーゼルタインとの出会いをきっかけに嘘発見に興味を抱いた（ちなみにその番組は、嘘を暴かれたゲストの自殺を受け、私たちが会ってまもなく放送が打ち切られた）。

マリンズはすぐに米国ポリグラフ協会が提供する一〇週間で六〇〇〇ドルの養成コースを受講し、公認検査技師となった。こうして、ポリグラフは彼のキャリアにおける魅力的な第三幕となった。

グレイズの町の中心部、廃墟と化した一九三〇年代の映画館〈ザ・ステート〉の向かいの建物の一階にあるオフィスで、マリンズは大きな革のケースから最新の商売道具を取り出した。基本的な装置は一世紀前からほとんど変わっていないが、今は身体が発するシグナルが価格九〇〇〇ポンドのプロセッサに送り込まれ、コンピュータ上の線に変換される。赤い線は血圧、青は呼吸、緑は皮膚の伝導率、ピンクは動きを表す。彼は被験者が嘘をつくと心拍数が急激に上がるのを見せてくれ、なかにはテストを妨害しようとして息を止める人もいるのだと教えてくれた。

この一五年で彼は五三カ国を訪れ、汚職にまみれた政治家や有罪判決を受けた殺人犯、小児性愛者の司祭などをテストしてきた。失脚した軍事独裁政権のメンバーやドーピング疑惑のオリンピック選手、宇宙人に誘拐されたと主張する女性を調べたこともある。

二〇一〇年から一二年にかけて、マリンズはナイジェリアで働き、テロ組織ボコ・ハラムとのつながりが疑われる警官二〇〇〇人以上のスクリーニングを行なった。彼は刑事事件のほうが好きだが、毎年一月には、疑り深い配偶者たちから毎年ふんだんに供給される仕事に従事する――民間調査員の生活の糧だ。

だが彼は今、ポリグラフから別のものに鞍替えしようとしている。マリンズのオフィスの片隅に、上にウェブカメラがついた小さなモニターが置かれていた。下には半透明の黒く細長いバーが固定されている――アイトラッカーだ。

アイディテクト（EyeDetect）検査は、ユタ大学のジョン・キルヒャーの研究に基づいている。彼は何年もかけてポリグラフ用の客観的なデジタル採点アルゴリズムを開発したが、検査技師たちはそれを望んでいなかった。彼らはチャートを感触で読み取るほうを好んだのだ。

二〇〇二年、キルヒャーは同僚で読解心理学が専門のダグ・ハッカーとレーニア山に登るため、車でワシントン州に向かった。長いドライブのあいだに、二人は読解テスト中の目の動きを観察して嘘を見抜くというアイデアを思いついた。認知負荷が上昇する兆候を見つけるのだ。たとえば何かを真剣に考えているとき、瞳孔がわずかに開くことはよく知られている。

二人はアイトラッキング〔視線追跡〕の専門家アン・クックと認知負荷を研究しているダン・ウォルツをメンバーに加え、四人で「動眼虚偽テスト」を開発した。そして二〇〇五年の半ばまでに、模擬犯罪においてポリグラフと同等の精度をもつものをつくりあげた。

二〇一三年、スピンアウト企業のコンヴァラス（Converus：「真実と共に」を意味するラテン語に由来）が、採用スクリーニング用のアイディテクトテストを開始した。精度は八六パーセントで、対抗する手段はないという。「目に起きる不随意反応は自分でコントロールできるものではなく、実際、反応が起きていることにも気づきません」と社長兼CEOのトッド・ミケルセンは語った。

展示会でアイディテクトの実演を行なうために、コンヴァラス社は嘘つきテストをデザインした。レナード・キーラーがポリグラフの威力を示すのに使ったカードテストのようなものだ。

この技術のライセンスを得て企業に提供しているマリンズは私に一枚の名刺を手渡し、自分に見えないように2から9までの数字の中からひとつ書くようにと言った。私は名刺に青いボールペンで「7」と書いて丸で囲み、名刺をポケットにしまった。

私は画面の前に座り、高さを調整できる台に顎を乗せ、マリンズはディスプレイを前後に動かして、アイトラッカーが私の顔からちょうど六〇センチの位置になるよう調整した。私はドロップダウンメニューで自分の年齢と性別、読解能力、そしてメガネをかけているという項目を選んだ。数回クリックするとトラッカーが私の目をとらえ、目は小さな黒いボックスの中で動き回る不気味な緑色の楕円としてディスプレイに表示された。

テストは説明から始まり、続いて「私が選んだ数字は2です」、「私が選んだ数字は6ではありません」といった一連のシンプルな文章がスクリーンにくり返し表示された。

私はそれに素早く、できるだけ正確に答えなければならず、本当ならばマウスの左ボタンを、嘘ならば右ボタンをクリックするのだが、自分が書いた数字に関しては嘘をつかなければならない。プロンプトには二重否定が頻繁に出てくるため、何も考えずただクリックしつづけるのは難しく、それをした人は非協力的と判定され、テストに不合格となる。

私が文章を読むあいだ、アイトラッカーは私がどこを見たか、各文章をいつ読みはじめたか、特定の単語を注視したか、どれくらいの時間見ていたかを記録した。さらに私の瞳孔の直径を一〇万分の一ミリの精度で一秒間に最大六〇回計測した。その情報と応答時間、まばたきの頻度のデータを組み合わせることで、アイディテクトのアルゴリズムは認知負荷を推測し、それを一〇〇点満点のスコアに変換する。五〇点以上ならば正直という判定にはなるが――はたしてスコアが五五点の人を採用するリスクを負うだろうか？

アイディテクトはポリグラフに代わる安価で迅速な検査法として大成功を収めた。私が受けたナンバーテストは六分強だったが、本格的なスクリーニングテストでも通常は三〇分以内に終わる。ポリグラフ検査には五〇〇ポンドほどかかるのに対し、マリンズが一回のアイディテクトテストで請求するのは六五ポンドと付加価値税だ。現在、毎年何万件ものテストが四〇カ国以上で実施されている。

パナマのフェデックスやメキシコのウーバーがドライバーのテストにこれを用い、信用格付業者エクスペリアンもコロンビアの従業員にこのテストを受けさせた。イギリスでは、性犯罪者をテストするパイロット試験が進行中だ。性犯罪者はしばしば「犯罪学におけるテクノロジーの最先端をいっている」と『*Lie Detection and the Law*（嘘発見と法）』の著者アンディ・バルマーは語る。その他の顧客には、アフガニスタン政府、マクドナルドのほか、アメリカの何十もの地方警察が含まれていた。

二〇一八年五月、ニューメキシコ州の地方裁判所でアイディテクトが証拠として認められた。元高校教師が少女をレイプした罪に問われた裁判でのことだ。その教師は退役軍人でＰＴＳＤと心疾患がありポリグラフ検査には不適合だったが、アイディテクトテストは九〇点台のスコアでパスした。証拠としての許容性についてさらなるヒアリングが行なわれようとしていた。「さほど大がかりではなく賄賂も通用しない実用的なツールができたということで、関心が高まっている」とミケルセンは言う。

二、三日の講習を受ければ、誰でもこのテストができるようになる。

最初のポリグラフ検査が行われてから一〇〇年の月日が流れたが、〝嘘発見器〟と呼べるようなものはいまだに存在しない。私たちは科学的な大躍進を遂げたわけでもなければ、脳の中で嘘が生まれる根源を突き止めたわけでもない。

けれども嘘発見は存続している。分断と国境危機が高まるなか、私たちは必死に真実を求めて科学にすがろうとしている。ケン・オールダーが二〇〇七年に予見したように、かつてポリグラフが果たしていた役割には新たな技術が入り込みつつあり、一方で本来の装置は意外にも、不相応な復活を果たしている。

これは問題だ。なぜなら、嘘発見器の標的となるのはつねに社会の中で最も弱い立場にある人々——一九二〇年代の女性、疑惑をもたれた反体制派、一九六〇年代の同性愛者、二〇〇〇年代の給付金受給者、そして現在の亡命者や移民だからだ。「科学者はそのメソッドを誰が使うことになるのかをあまり考えません」。新形態の嘘発見への対抗手段を研究するジョージオ・ガニスはそう語る。「私はつねづね、人々はその意味を認識するべきだと感じています」

歴史は警告を発している。ジョン・ラーソンは第三度を終わらせようとしたが、単に堕落した警官たちに新たな弾圧手段を与えたにすぎなかった。レナード・キーラーは富と名声を求めたが、自身が有罪に追い込んだ男たちの悪霊に取りつかれ、苦悩に満ちた孤独な男として死んだ。ヘンリー・ウィルケンズは自らが妻の死に果たした役割に対する法の裁きを逃れ、ジョー・ラパポートの運命を最終的に決めたものは、裁判ではなく芝居だった。

私のアイディテクトテストが終わると、テリー・マリンズはパソコンに結果を表示させた。机に置かれた真実を見抜く装置の前にあるマウスパッドには、女性の目の画像と一緒に、過去からの言葉とも未来からの言葉ともとれるキャッチフレーズが書かれていた。「我々は神を信じる。他はすべてアイディテクトで検証される」

マリンズはメガネ越しに画面を覗き込んだ。そこには2から9までの各数字に対する私の反応がチャートで示されていた。ある欄には、各数字が述べられたときの私の瞳孔の直径の平均値が、小数点以下六桁までの精度で表示されている。あるグラフは、私がポケットの中の名刺に書いた数字をアルゴリズムが的確に言い当てていることを示していた。まるで手品のようだった。

夕方近く、ブラインドから射し込む太陽が、壁に囚人服のような縞模様をつけていた。マリンズは顔を上げ、にやりと笑った。

「何か白状することはありますか?」

謝辞

世界的パンデミックのさなかに大西洋の反対側を舞台とした本を書くのは骨の折れる仕事であり、多くの人々の協力やサポートなしには成し得なかっただろう。

世界中が変異種や再生産数に頭を悩ませているあいだ、私は幸運にも、夜ごと新聞保管室にこもることができた。めずらしい形の巣ごもりだが、かなりお勧めだ。私は政府の腐敗や疾病対策、地政学的混乱や燃料価格の高騰についての記事を見つけた。一九二〇年代から三〇年代は狂騒の時代だが、どこか親しみが感じられた。

C&Wの優秀なエージェント、リチャード・パイクに絶大な感謝を捧げたい。彼はこれを実現させてくれ、（再び）企画から出版まで私の手をたずさえ、思慮深いフィードバックとアドバイスでこの本をこのような形にしてくれた。また、ルーク・スピードにもお礼を述べたい。

この本を引き受けてくれた編集者ジョエル・シモンズには本当に感謝している。彼は初日から熱心にこの本に取り組んでくれた。サラ・ハモンド、サイモン・アームストロング、フィオナ・グリーンウェイ、アラン・クラックネル、スティーヴ・リード、ジョー・アイアソンをはじめとする、マッドラーク／ハーパーコリンズのみなさんにもお礼を申し上げる。

私がリモートで文書にアクセスできるよう協力してくださった方々に感謝している。インフォメーション・ディガーズのジンジャー・フレア、ニューヨーク公共図書館のマリサ・ルーイー・リー、ネイラ・ホームズ、そして親切にもジョン・ラーソンの書簡の抜粋を使わせてくださったケン・オールダー。彼の著書は、この本に多大な影響を及ぼした。

ようやく旅行ができるようになると、私はシカゴでマックス・デントが銃に倒れた場所に立ち、妻が殺害された晩にヘンリー・ウィルケンズが病院へと猛スピードで車を走らせた道をたどった。バンクロフト図書館では、オーガスト・ヴォルマー、レナード・キーラー、ジョン・ラーソンの遺品――膨大な量の書簡、卒業証書、指紋、写真――に目を通した。ご協力いただいたスーザン・マッケラスほか、バンクロフト図書館のアーキビストのみなさんにお礼を述べたい。私がそこでアクセスした資料は理解の助けとなる重要なもので、それを残した人々は複雑で欠点もあるが、魅力的だった。彼らの物語を、私はうまく伝えきることができただろうか。

友人たちと家族、とりわけ最初の読者であるエッド・ピカリング、ソフィー・ハインズ、トム・フェントン＝アンウィル、妹のリナ、父ジャルディープ、そして母アルカ、無秩序な初稿にすっきりと磨きをかけるのに協力してくれてありがとう。そして何よりも、尽きることのない愛と、支えと、忍耐、そして真実の泉である妻のサラへ、ありがとう。

訳者あとがき

多くの人にとって、嘘発見器とは聞いたことはあっても実際に見たことはないもの、興味本位でちょっと試してみたいオモチャのようなものかもしれません。けれどもこの本を読めば、そのイメージは覆されるでしょう。

本書は、イギリスの出版社 Mudlark から二〇二一年に刊行された *Tremors in the Blood: Murder, Obsession and the Birth of Lie Detector* の全訳です。著者のアミット・カトワラは、オックスフォード大学で実験心理学を学んだロンドン在住のジャーナリスト。巻末の「謝辞」にもあるように、この本が執筆されたのはいわゆる「コロナ」の世界的大流行の真っただ中で、作品の舞台であるアメリカに自由に取材に行くこともままならず、著者はほぼ〝巣ごもり状態〟で膨大な資料を頼りに書き上げました。

嘘発見器の開発に関する本としては、出典として本書にたびたび登場する、歴史学者ケン・オールダーによる *The Lie Detectors: The History of an American Obsession*（邦訳は『嘘発見器よ永遠なれ――「正義の機械」に取り憑かれた人々』青木創訳、早川書房、二〇〇八年）があり、そこでは嘘発見器の開発経緯とオーガスト・ヴォルマー、ジョン・ラーソン、レナード・キーラーの関係性が非常に詳しく語られています。では、その本を土台とした本書の特徴は何かといえば、嘘発見器の開発秘話に加えて、それが実際に使われた二つの殺人事件を大きく取り上げ、ドラマティックに描いている点です。ヘンリー・ウィルケンズの事件とジョセフ・ラパポートの事件――明暗を分けた二つの殺人事件は、嘘発見器の黒歴史《ダーク・ヒストリー》としてその名を残しました。捜査から裁判、結審後の展開はまさしくドラマのようで、本書の読みどころとなっています。けれどもそれは架空のドラマではなく、すべて現実に起きたことであるという事実が、深く胸に迫ります。

今から約一〇〇年前、犯罪捜査に「科学」が導入されはじめた時代に誕生した嘘発見器は進化を続け、人工知能を備えたものが普及しつつあると著者は警鐘を鳴らしています。「AI搭載のフランケンシュタインの怪物」によって、黒歴史がさらにダークなものにならないことを祈るのみです。

最後に、編集を担当され、丁寧なチェックと調べ物で支えてくださった青土社の山口岳大さんに心から感謝を申し上げます。

二〇二五年四月

五十嵐加奈子

*

出典等に関する註

この本は逆の順で生まれた。私が最初に嘘発見に興味を抱いたのは、ネットフリックスの『殺人者への道』という番組でラリー・ファーウェル博士が脳指紋検査をするのを見たのがきっかけだった。翌年、私は〈ガーディアン〉紙に脳スキャンと人工知能に基づく新形態の嘘発見技術に関する報告記事を書いた。

ジョン・ラーソン、オーガスト・ヴォルマー、レナード・キーラーの物語と初めて出会ったのは、その取材中のことだった。二つの事件——ジョン・ラーソンの1932年の著書『*Lying and its Detection*（嘘とその発見）』とケン・オールダーの『嘘発見器よ永遠なれ——「正義の機械」に取り憑かれた人々』に描かれた、ヘンリー・ウィルケンズとジョー・ラパポートの興味深いドラマチックな事件についても同様である。

私は事実にこだわりつつ、可能なかぎり鮮明に事件を再構築するよう努めた。おもな資料としては、何千もの新聞記事、何百冊もの書籍、学術雑誌、何千ページにも及ぶ裁判資料、拘置所の記録、加えてキーラー、ラーソン、ヴォルマー、そして彼らの知人たちの私信や遺品があり、その多くはカリフォルニア大学バークレー校のバンクロフト図書館に保管されている。

彼らの手紙や文書に目を通し、その人柄を感じ取ることができたのは非常にありがたい経験だった。無秩序だが極端なまでにひたむきなラーソン、厳格で几帳面なヴォルマー、ヘビの扱いから殺人事件の捜査まで手広くこなすキーラー。

以下は私の調査に非常に役に立った情報源の一覧であり、様々な事件に関する直接的な説明や、登場人物の背景情報、あるいは1920年代から30年代のサンフランシスコやシカゴの雰囲気を知るうえで非常に参考になった。続く参考文献のセクションには、各章に関する詳細な注釈や引用元を示した。

おもな文献一覧

Charles F. Adams, *Murder by the Bay* (Sanger: Word Dancer, 2005)

Ken Alder, *The Lie Detectors: The History of an American Obsession* (New York: Free Press, 2007)〔ケン・オールダー『嘘発見器よ永遠なれ——「正義の機械」に取り憑かれた人々』青木創訳、早川書房、2008年〕

Andy Balmer, *Lie Detection and the Law: Torture, Technology and Truth* (Routledge, 2019)

Ed Baumann, *May God Have Mercy on Your Soul: The Story of the Rope and the Thunderbolt* (Chicago: Bonus Books Inc., 1993)

Eugene B. Block, *Lie Detectors: Their History and Use* (New York: D. McKay Co., 1977)

Geoffrey C. Bunn, The Truth Machine: *A Social History of the Lie Detector* (Baltimore: Johns Hopkins University Press, 2012)

Irving Cutler, *The Jews of Chicago: From Shtetl to Suburb* (Urbana: University of Illinois Press, 1996)

Paul Ekman, *Telling Lies; Clues to Deceit in the Marketplace, Politics, and Marriage* (New York: W. W. Norton & Company, 2009)〔P・エクマン『暴かれる嘘——虚偽を見破る対人学』工藤力訳編、誠信書房、1992 年〕

Jerry Flamm, *Good Life in Hard Times: San Francisco's '20s and '30s* (San Francisco: Chronicle Books, 1977)

James L. Halperin, *The Truth Machine* (New York: Del Ray Books, 1997)

Dashiell Hammett, *The Maltese Falcon* (New York: Alfred A. Knopf, 1930)〔ダシール・ハメット『マルタの鷹』小鷹信光訳、早川書房（ハヤカワ・ミステリ文庫）、2012 年〕

Joseph Henry Jackson (editor), *San Francisco Murders* (New York: Bantam, 1948)

Eloise Keeler, *The Lie Detector Man: The Career and Cases of Leonarde Keeler* (Boston: Telshare Publishing, 1983)

Erik Larson, *The Devil in the White City* (London: Bantam, 2004)〔エリック・ラーソン『万博と殺人鬼』野中邦子訳、早川書房（ハヤカワ文庫）、2024 年〕

John A. Larson, *Lying and Its Detection* (Chicago: University of Chicago Press, 1932)

Clarence D. Lee and V. A. Leonard, *The Instrumental Detection of Deception: The Lie Test* (Springfield: Charles C Thomas Publishing, 1953)

David T. Lykken, *A Tremor in the Blood: Uses and Abuses of the Lie Detector* (New York: McGraw-Hill, 1980)

Charles J. Masters, *Governor Henry Horner, Chicago Politics and the Great Depression* (Carbondale: Southern Illinois University Press, 2007)

Pamela Meyer, *Liespotting* (New York: St. Martin's Griffin, 2011)〔パメラ・メイヤー『しょっちゅうウソをつかれてしまうあなたへ』高橋佳奈子訳、主婦の友社、2011 年〕

William Moulton Marston, *The Lie Detector Test* (New York: Richard R. Smith, 1938)

Willard M. Oliver, *August Vollmer: The Father of American Policing* (Durham: Carolina Academic Press, 2017)

Dominic A. Pacyga, *Chicago: A Biography* (Chicago: University of Chicago Press, 2011)

Alfred E. Parker, *Crime Fighter: August Vollmer* (New York: The Macmillan Co., 1961)

Alfred E. Parker, *The Berkeley Police Story* (Springfield: Charles C Thomas Publishing, 1972)

Michael Pettit, *The Science of Deception: Psychology and Commerce in America* (Chicago: University of Chicago Press, 2013)

Neal Samors and Michael Williams, *The Old Chicago Neighborhood: Remembering Life in the 1940s* (Chicago: Chicago's Neighbourhoods Inc., 2003)

Mick Sinclair, *San Francisco: A Cultural and Literary History* (Oxford: Signal Books, 2004)
Upton Sinclair, *The Jungle* (New York: Doubleday, Page & Company 1906)
James R. Smith and W. Lane Rogers, *The California Snatch Racket: Kidnappings During the Prohibition and Depression Eras* (Fresno: Linden Publishing, 2010)
Kate Summerscale, *The Suspicions of Mr. Whicher: or the Murder at Road Hill House* (London: Bloomsbury, 2009)〔ケイト・サマースケイル『最初の刑事――ウィッチャー警部とロード・ヒル・ハウス殺人事件』日暮雅通訳、早川書房（ハヤカワ文庫）、2016年〕
August Vollmer and Alfred E. Parker, *Crime, Crooks and Cops* (New York: Funk & Wagnalls, 1937)
Kate Winkler Dawson, *American Sherlock: Murder, Forensics and the Birth of American CSI* (New York: Putnam, 2020)〔ケイト・ウィンクラー・ドーソン『アメリカのシャーロック・ホームズ――殺人、法科学、アメリカのCSIの誕生』髙山祥子訳、東京創元社、2021年〕
Richard Wright, *Native Son* (London: Vintage Classics, 2000)〔リチャード・ライト『ネイティヴ・サン――アメリカの息子』上岡伸雄訳、新潮社（新潮文庫）、2023年〕

公文書記録

John Larson Papers (Bancroft Library at UC Berkeley – BANC MSS 78/160 cz)
Leonarde Keeler Papers (Bancroft BANC MSS 76/40 c)
August Vollmer Papers (Bancroft BANC MSS C-B 403)
Berkeley Police department Papers (Bancroft BANC MSS 72/227 c)
Charles Keeler Papers (Bancroft BANC MSS C-H 105)
Agnes de Mille Papers (New York Public Library – (S) MGZMCRes. 27)
Leavenworth Prison files on Joe Rappaport, prisoner #32147 from Kansas City, NARA
ラパポート事件の裁判記録 – case file 76623, People v. Rappaport, Circuit Court of Cook County Archives, and case file 18385 from Chicago NARA
California Digital Newspaper Collection at cdnc.ucr.edu
出生証明書、死亡証明書、徴兵カード、国勢調査記録、乗客名簿を含む、ancestry.co.ukを通じてアクセスした各種系譜的記録

参考文献

パート１

サンセット地区

アナ・ウィルキンズ殺人事件とそれに続く警察の捜査は、おもに *The San Francisco Examiner* 紙、*The San Francisco Chronicle* 紙、*The San Francisco Call* 紙に事件発生当時に掲載された記事および裁判の証言記録に基づき再構築された。

The San Francisco Call, 112:90 (19 October 1922)

アナとヘンリーの家族歴の詳細は、彼らの出生証明書および死亡証明書や乗客名簿を含む系譜的記録を参照した。アナの祈祷書の描写は彼女の親族によるもの。

Stefanie E. Williams, 'The Rise and Decline of the German-speaking Community in San Francisco, 1850–1924', The Argonaut, 31:1 (Summer 2020)

The San Francisco Call, 112:9 (17 July 1922)

The San Francisco Call, 112:95 (25 October 1922)

The San Francisco Examiner (6 March 1923)

The Oakland Tribune (4 June 1922)

The Santa Ana Register (31 May 1922)

The San Francisco Chronicle (31 May 1922)

The Woodland Daily Democrat (31 May 1922)

The San Francisco Call, 112:93 (23 October 1922)

The San Francisco Call, 111:129 (5 June 1922)

The San Francisco Call, 111:125 (31 May 1922)

The Oakland Tribune (6 June 1922)

The San Francisco Examiner (1 June 1922)

血塗られた人生

カスター兄弟の経歴については、系譜的記録および新聞報道を参照した。

The San Francisco Call, 112:13 (21 July 1922)

The Oakland Tribune (3 August 1922)

The San Francisco Chronicle (4 August 1922)

The San Francisco Examiner (12 March 1922)
The San Francisco Call (5 August 1913)
The San Francisco Chronicle (26 October 1922)
The San Francisco Call, 112:77 (4 October 1922)

口論とアリバイ

The San Francisco Call, 111:127 (2 June 1922)
The San Francisco Call, 111:128 (3 June 1922)
The San Francisco Call, 112:87 (16 October 1922)
The San Francisco Call, 112:27 (7 August 1922)
The San Francisco Examiner (19 July 1922)
The San Francisco Call, 112:73 (29 September 1922)
The San Francisco Examiner (10 February 1923)
The San Francisco Examiner (4 June 1922)
Kate Winkler Dawson, *American Sherlock: Murder, Forensics and the Birth of American CSI* (New York: Putnam, 2020), 103〔ケイト・ウィンクラー・ドーソン『アメリカのシャーロック・ホームズ――殺人、法科学、アメリカのCSIの誕生』髙山祥子訳、東京創元社、2021年〕
Charles F. Adams, *Murder by the Bay* (Sanger: Word Dancer, 2005), 153
The San Francisco Examiner (5 June 1922)
The San Francisco Examiner (7 June 1922)
The San Francisco Examiner (9 June 1922)

パート2

町の保安官《タウン・マーシャル》

オーガスト・ヴォルマーの経歴については、本人および「おもな文献一覧」に記載の著者による数々の伝記を参照した。

Gene E. Carte and Elaine H. Carte, *Police Reform in the United States: The Era of August Vollmer, 1905–1932* (Berkeley: University of California Press, 1975)
O.W. Wilson, 'August Vollmer', *Journal of Criminal Law and Criminology*, 44:1, article 10 (1953), 91–103
Frederick L. Collins, 'The Professor Who Cleaned Up a City', *Collier's* magazine (8 November 1924) https://babel.hathitrust.org/cgi/pt?id=mdp.39015056079406

Alfred E. Parker, *Crime Fighter: August Vollmer* (New York: The Macmillan Co., 1961), 22, 38, 41
Robert Shaw, *Forty Fighting Years: The Story of August Vollmer* (1938) – quoted by Willard M. Oliver in *August Vollmer: The Father of American Policing* (Durham: Carolina Academic Press, 2017)
August Vollmer and Albert Schneider, 'School for Police as Planned at Berkeley', *Journal of Criminal Law and Criminology*, 7:6, article 10 (1917)
Willard M. Oliver, *August Vollmer: The Father of American Policing* (Durham: Carolina Academic Press, 2017), 272
The Berkeley Record (13 June 1906), quoted by Ken Alder in *The Lie Detectors: The History of an American Obsession* (New York: Free Press, 2007)〔ケン・オールダー『嘘発見器よ永遠なれ——「正義の機械」に取り憑かれた人々』早川書房、青木創訳、2008 年〕
Gene E. Carte and Elaine H. Carte, *Police Reform in the United States – The Era of August Vollmer*, 1905–1932 (Berkeley: University of California Press, 1975), quoted by Willard M. Oliver in *August Vollmer: The Father of American Policing* (Durham: Carolina Academic Press, 2017)

学生警官

Albert Deutsch, 'America's Greatest Cop', *Collier's* magazine (3 February 1951)
Robert Shaw, *Forty Fighting Years: The Story of August Vollmer* (1938) – quoted by Willard M. Oliver in *August Vollmer: The Father of American Policing* (Durham: Carolina Academic Press, 2017), 215, 236
The Daily Californian (1 November 1918), quoted by Rex W. Adams in *The 1918 Spanish Influenza, Berkeley's 'Quinta Columna'* https://cshe.Berkeley.edu/sites/default/files/chron1_excerpt_adams.pdf
Alfred E. Parker, *The Berkeley Police Story* (Springfield: Charles C Thomas Publishing, 1972), 33
August Vollmer and Alfred E. Parker, *Crime, Crooks & Cops* (New York: Funk & Wagnalls, 1937), 224
Alfred E. Parker, *Crime Fighter: August Vollmer* (New York: The Macmillan Co., 1961), 100
Hans Gross, 1905/1911. *Criminal Psychology: A Manual for Judges, Practitioners, and Students* (Boston: Little, Brown and Company), quoted by Susanne Weber in *The Hidden Truth: A Sociological History of Lie Detection* (London: London School of Economics and Political Science, 2008)

新米《ルーキー》警官

ジョン・ラーソンの経歴については、カリフォルニア大学バークレー校バンクロフト図書館（Bancroft Library）に所蔵されている彼の私文書や書簡、1932 年に出版された彼の著書 *Lying and Its Detection*（嘘とその発見）(Chicago: University of Chicago Press, 1932)、およびケン・オールダー著 *The Lie Detectors: The History of an American Obsession* (New

York: Free Press, 2007)〔『嘘発見器よ永遠なれ——「正義の機械」に取り憑かれた人々』早川書房、青木創訳、2008 年〕による。

Ken Alder, *The Lie Detectors: The History of an American Obsession* (New York: Free Press, 2007), 4, 24〔ケン・オールダー、前掲書〕
The Oakland Tribune (6 January 1921)
The San Francisco Chronicle (23 May 1920)
'Faked Hold Up' – John Larson Papers, Bancroft Library, carton 1, folder 9

“あの装置”

ここで語られる出来事は、さまざまな伝記で公表されたオーガスト・ヴォルマーの話に基づく。ジョン・ラーソン側の話はそれと異なり、彼の私文書には、体調がすぐれず家にいたときにビル・ウィルトバーガーが訪ねてきて、カレッジ・ホールの事件とマーストンの論文に関する情報を伝えたと書かれている。

Daniel Defoe, *An Effectual Scheme for the Immediate Preventing of Street Robberies and Suppressing All Other Disorders of the Night* (1731)
W. M. Marston, 'Systolic blood pressure symptoms of deception', *Journal of Experimental Psychology*, 2:2 (1917), 117–163. https://doi.org/10.1037/h0073583
Alfred E. Parker, *The Berkeley Police Story* (Springfield: Charles C Thomas Publishing, 1972), 69, 70, 71
'Faked Hold Up' – John Larson Papers, Bancroft Library, carton 1, folder 9
William M. Marston, 'Psychological Possibilities in the Deception Tests', *Journal of the American Institute of Criminal Law and Criminology*, 11:4 (February 1921), 551–570
The San Francisco Examiner (10 June 1922)
August Vollmer to John Larson, 21 January 1924 – John Larson Papers, Bancroft Library, box 1, folder 18
Alfred E. Parker, *Crime Fighter: August Vollmer* (New York: The Macmillan Co., 1961), 108, 109

胸の奥の秘密

カレッジ・ホール事件については、相矛盾する話が複数伝えられている。捜査に嘘発見器が使われた女子寮の盗難事件が何件かあり、これが最初の事件であるという事情も影響しているのだろう。ここで取り上げたバージョンは、ケン・オールダーによる記述、ヴォルマーの伝記、およびジョン・ラーソン文書に基づいている。テスト後にヘレン・グレアムに起きたことについて、ヴォルマーとラーソンの見解には食い違いがある。

John A. Larson, *Lying and Its Detection* (Chicago: University of Chicago Press, 1932), 339, 341
Alfred E. Parker, *Crime Fighter: August Vollmer* (New York: The Macmillan Co., 1961), 110, 113
Ken Alder, The Lie Detectors: *The History of an American Obsession* (New York: Free Press, 2007), 7, 12〔ケン・オールダー『嘘発見器よ永遠なれ——「正義の機械」に取り憑かれた人々』早川書房、青木創訳、2008 年〕
David Redstone, 'The Case of the Dormitory Thefts', *Reader's Digest* (December 1947), 19
Larson's police report (7 May 1921), quoted by Ken Alder in *The Lie Detectors: The History of an American Obsession* (New York: Free Press, 2007)〔ケン・オールダー、前掲書〕
The San Francisco Examiner (9 August 1922)

マジシャン

レナード・キーラーの若年期については、妹エロイーズ・キーラーによる伝記 *The Lie Detector Man: The Career and Cases of Leonarde Keeler* (Telshare Publishing, 1983)、バンクロフト図書館に所蔵されている彼の私信等、*Polygraph* 誌に掲載された死亡記事、および引用された情報源による。

Charles Keeler, *An Epitome of Cosmic Religion* (1925), quoted by Ken Alder in *The Lie Detectors: The History of an American Obsession* (New York: Free Press, 2007)〔ケン・オールダー『嘘発見器よ永遠なれ——「正義の機械」に取り憑かれた人々』早川書房、青木創訳、2008 年〕
Charles Keeler to Leonarde Keeler (17 August 1930) (quoted by Ken Alder in *The Lie Detectors: The History of an American Obsession* (New York: Free Press, 2007)〔ケン・オールダー、前掲書〕
Charles Keeler to Leonarde Keeler (29 January 1936), Charles Keeler Papers, Bancroft Library, box 3
Eloise Keeler, The Lie Detector Man: The Career and Cases of Leonarde Keeler (Boston: Telshare Publishing, 1983), 2, 4, 9, 13
'A Tribute to Leonarde Keeler' – Leonarde Keeler Papers, Bancroft Library, carton 2, folder 21
Biographical sketch of Leonarde Keeler in Agnes de Mille Papers, New York Public Library, 94
Charles Keeler, 'Friends Bearing Torches', essay, Charles Keeler Papers, Bancroft Library, carton 5, folder 38
Letter, August Vollmer to Viola Stevens (21 April 1950), Leonarde Keeler Papers, Bancroft Library, carton 2, folder 10
Leonarde Keeler, 'The Lie Detector', *Cub Tracks* magazine (April 1926)

パン職人と司祭

この話は、Joseph Henry Jackson 編 *San Francisco Murders* (New York: Bantam, 1948) に収録された John Bruce 著 'The Flapjack Murders'、Kate Winkler Dawson 著 *American Sherlock: Murder, Forensics and the Birth of American CSI* (New York: Putnam, 2020)〔ケイト・ウィンクラー・ドーソン『アメリカのシャーロック・ホームズ——殺人、法科学、アメリカのCSIの誕生』髙山祥子訳、東京創元社、2021 年〕、Charles F. Adams 著 *Murder by the Bay* (Sanger: Word Dancer, 2005) 、および当時の新聞報道、特に *The San Francisco Examiner* および *The San Francisco Post* の掲載記事に基づく。

Kate Winkler Dawson, *American Sherlock: Murder, Forensics and the Birth of American CSI* (New York: Putnam, 2020), 44, 62〔ケイト・ウィンクラー・ドーソン、前掲書〕

John Bruce, 'The Flapjack Murder', in *San Francisco Murders* (New York: Bantam, 1948) edited by Joseph Henry Jackson, 185, 193, 194, 196

Kate Winkler Dawson, *American Sherlock: Murder, Forensics and the Birth of American CSI* (New York: Putnam, 2020), 56, 62, 63〔ケイト・ウィンクラー・ドーソン、前掲書〕

The Los Angeles Evening Express (11 August 1921)

James R. Smith and W. Lane Rogers, *The California Snatch Racket: Kidnappings During the Prohibition and Depression Eras* (Fresno: Linden Publishing, 2010), 189

The San Francisco Examiner (11 August 1921)

悪魔の装置

新聞社によるハイタワー争奪戦については、以下に詳しく書かれている。Eugene Block 著 *Lie Detectors: Their History and Use* (New York: D. McKay Co., 1977) . 著者のユージーン・ブロックは当時、*The San Francisco Examiner* の姉妹紙 *The San Francisco Call-Bulletin* の地方記事編集長だった。

The San Francisco Chronicle (12 August 1921)

Kate Winkler Dawson, *American Sherlock: Murder, Forensics and the Birth of American CSI* (New York: Putnam, 2020), 66〔ケイト・ウィンクラー・ドーソン『アメリカのシャーロック・ホームズ——殺人、法科学、アメリカの CSI の誕生』髙山祥子訳、東京創元社、2021 年〕

Eugene B. Block, *Lie Detectors: Their History and Use* (New York: D. McKay Co., 1977), 133, 134

The San Francisco Call, 110:35 (17 August 1921)

James R. Smith and W. Lane Rogers, *The California Snatch Racket: Kidnappings During the Prohibition and Depression Eras* (Fresno: Linden Publishing, 2010), 238

John A. Larson, *Lying and Its Detection* (Chicago: University of Chicago Press, 1932), 371

パート3

パシフィック・ハイツ

The Petaluma Daily Morning Courier (10 June 1922)
The San Francisco Call, 111:133 (9 June 1922)
The Hanford Sentinel (10 June 1922)
The San Francisco Chronicle (25 June 1922)
The Oakland Tribune (9 June 1922)
The Santa Ana Register (10 June 1922)
The San Francisco Examiner (10 June 1922)
Ken Alder, *The Lie Detectors: The History of an American Obsession* (New York: Free Press, 2007), 93〔ケン・オールダー『嘘発見器よ永遠なれ——「正義の機械」に取り憑かれた人々』早川書房、青木創訳、2008年〕
Letter, John Larson to August Vollmer (20 April 1927), Berkeley Police Department records, Bancroft Library, box 10
John A. Larson, *Lying and Its Detection* (Chicago: University of Chicago Press, 1932), 380
The Oakland Tribune (9 October 1922)

樹液とおがくず

The Sacramento Bee (4 August 1922)
The Santa Rosa Republican (23 May 1922)
The San Francisco Examiner (18 June 1922)

小鬼と悪魔

The Santa Rosa Republican (18 October 1922)
The San Francisco Call, 112:12 (20 July 1922)
The San Francisco Call, 112:77 (4 October 1922)

第三度

John A. Larson, *Lying and Its Detection* (Chicago: University of Chicago Press, 1932), 96
The San Bernardino County Sun (27 October 1922)
The Santa Cruz Evening News (17 July 1922)
The San Francisco Chronicle (15 July 1922)
The San Francisco Call, 112:10 (18 July 1922)

The San Francisco Call, 112:12 (20 July 1922)

荒れた土地
The San Francisco Chronicle (4 August 1922)
The San Francisco Examiner (5 August 1922)
The San Francisco Chronicle (5 August 1922)
The San Francisco Call, 112:25 (4 August 1922)
The Oakland Tribune (4 August 1922)
The Oakland Tribune (3 August 1922)
The San Francisco Chronicle (4 August 1922)

虐殺事件
The San Francisco Examiner (4 August 1922)
The Sacramento Bee (4 August 1922)
The Oakland Tribune (3 August 1922)
The San Francisco Chronicle (4 August 1922)
The San Francisco Call (3 August 1922)
The Sacramento Bee (8 August 1922)
The San Francisco Call, 112:25 (4 August 1922)
The San Francisco Examiner (5 August 1922)
The San Francisco Examiner (9 August 1922)

チキン・ディナー
The Santa Rosa Republican (10 October 1922)
The Oakland Tribune (7 August 1922)
The San Francisco Call, 112:38 (19 August 1922)
The San Francisco Call, 112:34 (15 August 1922)
The Oakland Tribune (25 October 1922)
The San Francisco Call, 112:27 (7 August 1922)
The San Francisco Examiner (15 August 1922)
The San Francisco Chronicle, 112:38 (19 August 1922)

コウノトリの助っ人
The San Francisco Call, 112:69 (25 September 1922)
The San Francisco Call, 112:54 (7 September 1922)
The San Francisco Examiner (2 September 1922)

Stockton Daily Evening Record (25 September 1922)
The San Francisco Call, 106:86 (16 October 1919)
The San Francisco Call, 112:71 (27 September 1922)
The San Francisco Call, 112:72 (28 September 1922)

満ち潮

The San Francisco Call, 112:78 (5 October 1922)
The San Francisco Examiner (4 October 1922)
The San Francisco Call, 112:76 (3 October 1922)
Bakersfield Morning Echo (4 October 1922)
The San Francisco Chronicle (5 October 1922)
The San Francisco Call, 112:77 (4 October 1922)
The San Francisco Examiner (14 October 1922)

トワイライト・ゾーン

フライの裁判へのマーストンの関与については、ジル・ルポールが以下に詳しく語っている。*Yale Law Journal* 124:4 (2015) 1092–1158.

Jill Lepore, 'On Evidence: Proving Frye as a Matter of Law, Science, and History', *Yale Law Journal*, 124:4 (2015)
Court transcript of Frye v United States (D.C. Cir 1923)

弁護側の主張

The San Francisco Call, 112:87 (16 October 1922)
The Sacramento Bee (23 October 1922)
The San Francisco Call, 112:94 (24 October 1922)
The Oakland Tribune (24 October 1922)
The San Francisco Examiner (24 October 1922)
The San Francisco Chronicle (24 October 1922)
The San Francisco Examiner (25 October 1922)
The San Francisco Call, 112:95 (25 October 1922)
The Santa Ana Register (25 October 1922)

真の船乗り

The San Francisco Call, 112:96 (26 October 1922)
The San Francisco Examiner (30 October 1922)

The San Francisco Examiner (1 November 1922)
The Oakland Tribune (1 November 1922)
The San Francisco Call, 112:101 (1 November 1922)
The Oakland Tribune (2 November 1922)
The San Francisco Call, 112:102 (2 November 1922)
The San Francisco Chronicle (4 November 1922)
The San Francisco Examiner (4 November 1922)
The San Francisco Chronicle (5 November 1922)

ため息の橋

The San Francisco Call, 112:108 (9 November 1922)
The San Francisco Call, 112:115 (17 November 1922)
The San Francisco Examiner (14 March 1923)
The San Francisco Examiner (16 March 1923)
The San Francisco Chronicle (17 March 1923)

自白剤

ジョン・ラーソンとオーガスト・ヴォルマーによる裁判後のヘンリー・ウィルキンズへの接触の詳細は、バンクロフト図書館に保管されている書簡から引用した。

The San Francisco Examiner (18 March 1923)
The San Francisco Examiner (19 March 1923)
The Los Angeles Evening Express (23 March 1923)
John A. Larson, *Lying and Its Detection* (Chicago: University of Chicago Press, 1932), 380, 381
Letter John Larson to Henry Wilkens (27 March 1923), Berkeley Police Department records, box 10
'The Making of "Truth Serum"', *Bulletin of the History of Medicine*, 79:3 (Fall 2005), 500–533
Robert E. House, 'The Use of Scopolamine in Criminology', *The American Journal of Police Science*, 2:4 (July–August 1931), 328–336.
The Los Angeles Times (27 June 1923)
The Berkeley Gazette (26 June 1923) quoted by Ken Alder in *The Lie Detectors: The History of an American Obsession* (New York: Free Press, 2007), 36〔ケン・オールダー『嘘発見器よ永遠なれ――「正義の機械」に取り憑かれた人々』早川書房、青木創訳、2008 年〕
John Larson to August Vollmer (20 April 1927), Berkeley Police Department records, Bancroft Library, box 10
John Larson to August Vollmer (27 July 1927), Berkeley Police Department records, Bancroft

Library, box 10
August Vollmer to John Larson (16 October 1928), Berkeley Police Department records, Bancroft Library, box 38
John Larson to August Vollmer (29 October 1928), Berkeley Police Department records, Bancroft Library, box 10

火事と毒

'The Day That Berkeley Burned', *California* magazine (spring 2019)
Charles Keeler to Dean Charles F. Rieber (9 September 1924), Charles Keeler Papers, Bancroft Library, box 3
Eloise Keeler, *The Lie Detector Man: The Career and Cases of Leonarde Keeler* (Boston: Telshare Publishing, 1983), 14, 15, 24, 116
Willard M. Oliver, *August Vollmer: The Father of American Policing* (Durham: Carolina Academic Press, 2017), 383
Leonarde Keeler to Charles Keeler (28 March 1923), Charles Keeler Papers, Bancroft Library, box 7
Cub Tracks magazine (April 1926), 106
Leonarde Keeler to Charles Keeler (12 March 1924), Charles Keeler Papers, Bancroft Library, box 7
Leonarde Keeler to John Larson (29 April 1924), John Larson Papers, Bancroft Library, box 1, folder 9
John Larson to Leonarde Keeler (5 May 1924), John Larson Papers, Bancroft Library, box 1, folder 9
Charles Sloan to John Larson (26 June 1924), John Larson Papers, Bancroft Library, box 1, folder 16
The Los Angeles Times (22 July 1924) quoted by Ken Alder in *The Lie Detectors: The History of an American Obsession* (New York: Free Press, 2007), 162〔ケン・オールダー『嘘発見器よ永遠なれ——「正義の機械」に取り憑かれた人々』早川書房、青木創訳、2008 年〕
John Larson to Don Kooken (18 April 1933), John Larson Papers, Bancroft Library, box 1, folder 10
John A. Larson, *Lying and Its Detection* (Chicago: University of Chicago Press, 1932), 389
Willard M. Oliver, *August Vollmer: The Father of American Policing* (Durham: Carolina Academic Press, 2017), 393
Biographical sketch, Agnes de Mille Papers, New York Public Library
Ken Alder, *The Lie Detectors: The History of an American Obsession* (New York: Free Press, 2007), 82〔ケン・オールダー、前掲書〕

Kay Applegate to her parents, quoted by Ken Alder in *The Lie Detectors: The History of an American Obsession* (New York: Free Press, 2007), 83〔ケン・オールダー、前掲書〕
Leonarde Keeler to Charles Keeler (5 March 1933), quoted by Ken Alder in *The Lie Detectors: The History of an American Obsession* (New York: Free Press, 2007)〔ケン・オールダー、前掲書〕
Leonarde Keeler to John Larson, John Larson Papers, Bancroft Library, folder 9
John Larson to Leonarde Keeler (6 June 1925), John Larson Papers, Bancroft Library, box 1, folder 9
August Vollmer to Leonarde Keeler (18 May 1925), Charles Keeler Papers, Bancroft Library, box 11
Leonarde Keeler to August Vollmer (25 May 1925), Berkeley Police Department records, Bancroft Library, box 10
John Larson to Leonarde Keeler (23 March 1925), John Larson Papers, Bancroft Library, box 1, folder 9
Leonarde Keeler to John Larson (1 April 1927), John Larson Papers, Bancroft Library, box 1

パート4

おとりバト

ラパポート事件はシカゴの新聞各紙で報道された。警察の捜査とその結果の詳細は、*Official Detective Stories* 誌（1945 年 1 月号）、*Crime Detective* 誌（1938 年 10 月号）、および *Front Page Detective* 誌（1937 年 8 月号）に基づく。マックス・デントの生い立ちについては系譜的記録を参照した。

John Martin, 'He Passed Up Jail for the Chair', *Official Detective Stories* magazine (January 1945)
Charles J. Masters, *Governor Henry Horner, Chicago Politics and the Great Depression* (Carbondale: Southern Illinois University Press, 2007), 98
Irving Cutler, *The Jews of Chicago: From Shtetl to Suburb* (Champaign: University of Illinois Press, 1996), 225
A. J. Liebling, 'Second City', *The New Yorker* (12 January 1952)

囚人 32147 番

ラパポートの囚人ファイルをレヴェンワース刑務所から入手した。そこには経歴情報が詳細に記載されていた。著者はそれを新聞報道および系譜的記録と照合した。

Telegram from correspondence kept in Rappaport's Leavenworth Prison files

Letter, H.I. Davis to Warden Tom White, 30 January 1931, Leavenworth Prison files
Letter, Rose Rappaport to Warden Tom White, 27 November 1930, Leavenworth Prison files
Letter, Rose Rappaport to Warden Tom White, 7 May 1930, Leavenworth Prison files
Letter, Warden Tom White to Rose Rappaport, 29 November 1930, Leavenworth Prison files
The Chicago Tribune (9 October 1935)
John Martin, 'He Passed Up Jail for the Chair', *Official Detective Stories* magazine (January 1945)
The Chicago Tribune (2 March 1937)
'Stoolie!', *Front Page Detective* magazine (August 1937)

ダイヤモンドの原石

夢のシーンは、Alfred E. Parker 著 *The Berkeley Police Story* (Springfield: Charles C Thomas Publishing, 1972) による。

Alfred E. Parker, *The Berkeley Police Story* (Springfield: Charles C Thomas Publishing, 1972), 19
Ken Alder, *The Lie Detectors: The History of an American Obsession* (New York: Free Press, 2007), 90〔ケン・オールダー『嘘発見器よ永遠なれ——「正義の機械」に取り憑かれた人々』早川書房、青木創訳、2008 年〕
John Larson to August Vollmer (1 August 1924), Berkeley Police Department records, Bancroft Library, folder 10
John Larson to August Vollmer (1 April 1926), Berkeley Police Department records, Bancroft Library, folder 10
John Larson to August Vollmer (14 June 1926), John Larson Papers, Bancroft Library, folders 10, 18
August Vollmer to John Larson (7 June 1926), John Larson Papers, Bancroft Library, box 1, folder 18
August Vollmer to John Larson (19 June 1926), John Larson Papers, Bancroft Library, box 1, folder 18
Leonarde Keeler, 'A Method for Detecting Deception', *American Journal of Police Science* 1:1 (January/February 1930), 38–52

ペンキを塗ったスズメ

科学捜査研究所の背景については、Eloise Keeler 著 *The Lie Detector Man: The Career and Cases of Leonarde Keeler* (Boston: Telshare Publishing, 1983)、およびカリフォルニア大学バークレー校バンクロフト図書館に所蔵されている各種文書による。

Leonarde Keeler to Charles Keeler (13 July 1929), Charles Keeler Papers, Bancroft Library, box 7

Eloise Keeler, *The Lie Detector Man: The Career and Cases of Leonarde Keeler* (Boston: Telshare Publishing, 1983), 24, 25, 43, 45, 60

John A. Larson, *Lying and Its Detection* (Chicago: University of Chicago Press, 1932), 383

National Commission on Law Observance and Enforcement (Wickersham Commission), 151

John Larson Papers, Bancroft Library, carton 1, folder 7

Letter, John Larson to Leonarde Keeler (10 April 1932), John Larson Papers, Bancroft Library, box 1, folder 9

Susanna Calkins, 'The Real Canary Murder Case of 1929', *Criminal Element* website (2 May 2019) https://www.criminalelement.com/the-real-canary-murdercase-of-1929/

Willard M. Oliver, *August Vollmer: The Father of American Policing* (Durham: Carolina Academic Press, 2017), 438

August Vollmer and Alfred E. Parker, *Crime, Crooks and Cops* (New York: Funk & Wagnalls, 1937), 104

The Chicago Tribune (2 November 1929)

August Vollmer to Leonarde Keeler (26 August 1930), Charles Keeler Papers, Bancroft Library, box 11

Leonarde Keeler to August Vollmer (17 April 1930), Berkeley Police Department records, Bancroft Library, box 10

Michael Pettit, *The Science of Deception: Psychology and Commerce in America* (Chicago: University of Chicago Press, 2013)

新聞記者

The Chicago Tribune (12 June 1997) https://www.chicagotribune.com/news/ct-xpm-1997-06-12-9706120389-story.html

The Chicago Tribune (2 October 2011) https://www.chicagotribune.com/news/ct-per-flash-jakelingle-1002-20111002-story.html

My Al Capone Museum website http://www.myalcaponemuseum.com/id34.htm

Eloise Keeler, *The Lie Detector Man: The Career and Cases of Leonarde Keeler* (Boston: Telshare Publishing, 1983), 42

John A. Larson, *Lying and Its Detection* (Chicago: University of Chicago Press, 1932), 376

Ken Alder, *The Lie Detectors: The History of an American Obsession* (New York: Free Press, 2007), 121〔ケン・オールダー『嘘発見器よ永遠なれ——「正義の機械」に取り憑かれた人々』早川書房、青木創訳、2008 年〕

John Larson to Robert Borkenstein (18 June 1952), Beulah Graham Papers, courtesy of Ken Alder

John Larson to John A. Greening (28 February 1935), John Larson Papers, Bancroft Library, box 1, folder 3

John Larson to August Vollmer (5 January 1930), August Vollmer Papers, Bancroft Library, box 18

悪意

著者はラパポート事件の裁判資料を入手し、そこには裁判官が陪審員に与えた指示のほか、裁判中に提起されたさまざまな申し立てや宣誓供述書の詳細が記載されていた。

'Stoolie!', *Front Page Detective* magazine (August 1937)
裁判記録
The Courier-Post (21 November 1935)

フランケンシュタインの怪物

このセクションはバンクロフト図書館に保管されている書簡にもとづいているが、時間に沿った流れを知るには、ケン・オールダー著 *The Lie Detectors: The History of an American Obsession* (New York: Free Press, 2007)〔『嘘発見器よ永遠なれ――「正義の機械」に取り憑かれた人々』早川書房、青木創訳、2008 年〕が特に役立った。

Leonarde Keeler to August Vollmer (17 December 1929), Charles Keeler Papers, Bancroft Library, box 7

Ken Alder, *The Lie Detectors: The History of an American Obsession* (New York: Free Press, 2007)〔ケン・オールダー『嘘発見器よ永遠なれ――「正義の機械」に取り憑かれた人々』早川書房、青木創訳、2008 年〕

John Larson Papers, Bancroft Library, carton 1, folder 9 (undated)

John Larson to Leonarde Keeler (21 December 1931), John Larson Papers, Bancroft Library, carton 1, folder 9

John Larson to August Vollmer (28 April 1931), John Larson Papers, Bancroft Library, box 1, folder 18

John Larson to Don Kooken (18 April 1933), John Larson Papers, Bancroft Library, box 1, folder 10

John Larson to August Vollmer (9 October 1931), John Larson Papers, Bancroft Library, folder 18

John A. Larson, *Lying and Its Detection* (Chicago: University of Chicago Press, 1932), 413

Leonarde Keeler to August Vollmer (26 May 1931), Berkeley Police Department records, Bancroft Library, box 10

John Larson to August Vollmer (28 April 1931), Berkeley Police Department records, Bancroft Library, box 10

John Larson Papers, Bancroft Library, carton 1, folder 3

Letter, John Larson to Thomas Johnson (13 August 1961), John Larson Papers, Bancroft Library, box 2, folder 13

John Larson Papers, Bancroft Library, carton 1, folder 7

John Larson to August Vollmer (19 August 1932), John Larson Papers, Bancroft Library, box 1, folder 18

August Vollmer to John Larson (16 June 1931), John Larson Papers, Bancroft Library, box 1, folder 18

Leonarde Keeler to August Vollmer (19 September 1932), August Vollmer Papers, Bancroft Library, box 17

August Vollmer to Leonarde Keeler (4 October 1932), August Vollmer Papers, Bancroft Library, box 42

John Larson to Leonarde Keeler (27 October 1932), Leonarde Keeler Papers, Bancroft Library, carton 1, folder 17

Leonarde Keeler to August Vollmer (19 March 1934), August Vollmer Papers, Bancroft Library, box 17

Leonarde Keeler to George Haney (1 March 1934), Leonarde Keeler Papers, Bancroft Library, carton 1, folder 12

Leonarde Keeler to August Vollmer (19 March 1934), August Vollmer Papers, Bancroft Library, box 17

August Vollmer to George Haney (12 July 1933), August Vollmer Papers, Bancroft Library, box 42

August Vollmer to Leonarde Keeler (4 April 1934), August Vollmer Papers, Bancroft Library, box 43

August Vollmer to Charlie Wilson (1 March 1934), August Vollmer Papers, Bancroft Library, box 43

E・ノーマス・ウェルス

Eloise Keeler, *The Lie Detector Man: The Career and Cases of Leonarde Keeler* (Boston: Telshare Publishing, 1983), 43, 88, 89, 102

Ken Alder, *The Lie Detectors: The History of an American Obsession* (New York: Free Press, 2007)〔ケン・オールダー『嘘発見器よ永遠なれ――「正義の機械」に取り憑かれた人々』早川書房、青木創訳、2008 年〕

Leonarde Keeler to Charles Keeler (14 February 1936), Charles Keeler Papers, Bancroft Library, box 7

Leonarde Keeler to Charles Keeler, quoted by Ken Alder in *The Lie Detectors: The History of an American Obsession* (New York: Free Press, 2007)〔ケン・オールダー、前掲書〕

早すぎる終焉

死刑執行とクック郡の拘置所については、*True Detective* 誌（1946 年 9 月号）掲載の 'The Death Watch' および Ed Baumann 著 *May God Have Mercy on Your Soul: The Story of the Rope and the Thunderbolt* (Los Angeles: Bonus Books Inc., 1993) による。

Irving Cutler, *The Jews of Chicago: From Shtetl to Suburb* (Champaign: University of Illinois Press, 1996), 129

Leonarde Keeler to August Vollmer (25 March 1936), August Vollmer Papers, Bancroft Library, box 17

August Vollmer to Charlie Wilson (1 March 1934), August Vollmer Papers, Bancroft Library, box 43

August Vollmer to Leonarde Keeler (8 April 1946), August Vollmer Papers, Bancroft Library, box 44

The Chicago Eagle (20 May 1937)

The Chicago Tribune (23 February 1936)

The Belvedere Daily Republican (17 June 1936)

〔コルチコフスキの死刑執行については〕たとえば、以下。*The Oshkosh Northwestern* (20 October 1936)

Ed Baumann, *May God Have Mercy on Your Soul: The Story of the Rope and the Thunderbolt* (Los Angeles: Bonus Books Inc., 1993), 328

ラストマイル

Ed Baumann, *May God Have Mercy on Your Soul: The Story of the Rope and the Thunderbolt* (Los Angeles: Bonus Books Inc., 1993), 343

Charles J. Masters, *Governor Henry Horner, Chicago Politics and the Great Depression* (Champaign: Southern Illinois University Press, 2007), 206

裁判記録

The Chicago Tribune (23 October 1936)

Austin American Statesman (24 October 1936)

Leader-Telegram (24 October 1936)

Charles J. Masters, *Governor Henry Horner, Chicago Politics and the Great Depression* (Champaign: Southern Illinois University Press, 2007), 109

The Associated Press (2 December 1936)

The Chicago Tribune (2 December 1936)

The Decatur Daily Review (4 December 1936)

The Pharos-Tribune (Logansport, Indiana) (14 March 1938)

The Belvedere Daily Republican (15 February 1937)
The Chicago Tribune (19 February 1937)
The Times (Hammond, Indiana) (19 February 1937)
The Pittsburgh Press (26 February 1937)
The Chicago Tribune (25 February 1937)
The Times (Munster, Indiana) (26 February 1937)
Ed Baumann, *May God Have Mercy on Your Soul: The Story of the Rope and the Thunderbolt* (Los Angeles: Bonus Books Inc., 1993), 332

救いの手

The Chicago Tribune (1 March 1937)
The Kansas City Star (3 March 1937)
Thomas B. Littlewood, *Horner of Illinois* (Evanston: Northwestern University Press, 1969)
United Press (1 March 1937)
'Stoolie!', *Front Page Detective* magazine (August 1937)
裁判記録

裁判官と陪審員

The Kansas City Star (3 March 1937)
Biographical sketch of Leonarde Keeler, Agnes de Mille Papers, New York Public Library
Leonarde Keeler to August Vollmer (26 February 1937), August Vollmer Papers, Bancroft Library, box 17
The Associated Press (1 March 1937)
The Star Tribune (6 June 1937)
The New York Times (2 March 1937)
Leonarde Keeler, 'A Method for Detecting Deception', *American Journal of Police Science* 1:1 (January/February 1930), 38–52
United Press (2 March 1937)
The San Francisco Examiner (3 March 1937)
Literary Digest (13 March 1937)
United Press (2 March 1937)
Ed Baumann, *May God Have Mercy on Your Soul: The Story of the Rope and the Thunderbolt* (Los Angeles: Bonus Books Inc., 1993)
Leonarde Keeler, 'Problems in the Use of the "Lie Detector"', reprinted in *Polygraph* 23:2 (1994), 174–180
The Chicago Tribune (2 March 1937)

Eloise Keeler, *The Lie Detector Man: The Career and Cases of Leonarde Keeler* (Boston: Telshare Publishing, 1983), 116
Associated Press (2 March 1937)
'The Death Watch', *True Detective* magazine (September 1946)
The Chicago Tribune (2 March 1947)
Indianapolis News (2 March 1937)

エピローグ

著者によるインタビュー
'Aldrich Ames Speaks Out on Polygraph Testing', FAS Project on Government Secrecy (30 November 2000) https://sgp.fas.org/news/secrecy/2000/11/113000.html
The Press Democrat (4 March 1937)
Biographical sketch of Leonarde Keeler, Agnes de Mille Papers, New York Public Library
Eloise Keeler, *The Lie Detector Man: The Career and Cases of Leonarde Keeler* (Boston: Telshare Publishing, 1983), 117
John Larson Papers, Bancroft Library, carton 1, folder 4 Biographical sketch of Leonarde Keeler, Agnes de Mille Papers, New York Public Library
Letter, August Vollmer to Viola Stevens (21 April 1950), Leonarde Keeler Papers, Bancroft Library, carton 2, folder 10
Willard M. Oliver, *August Vollmer: The Father of American Policing* (Durham: Carolina Academic Press, 2017), 540, 541, 542
Letter, John Larson to J.A. Greening (10 December 1938), John Larson Papers, Bancroft Library, box 2, folder 4
John Larson to August Vollmer (2 June 1951), John Larson Papers, Bancroft Library, box 1, folder 18
John Larson Papers, Bancroft Library, box 1, folder 2
Ken Alder, *The Lie Detectors: The History of an American Obsession* (New York: Free Press, 2007)〔ケン・オールダー『嘘発見器よ永遠なれ――「正義の機械」に取り憑かれた人々』早川書房、青木創訳、2008 年〕
John Larson Papers, Bancroft Library, carton 1, folder 8
'Use of Polygraphs as Lie Detectors by the Federal Government', House Report No. 198 (22 March 1965), Tenth Report by the Committee on Government Operations

結び

このセクションは、*Guardian* 紙の「ロング・リード」〔長文記事〕用の取材記事から一部引用したものである。2019 年 9 月に発表されたその記事は、以下で読むことがで

きる。https://www.theguardian.com/technology/2019/sep/05/the-race-to-create-a-perfect-lie-detector-andthe-dangers-of-succeeding

著者への電子メール
著者によるインタビュー
著者に提供されたテストの動画
Guardian 紙のために著者が行なったインタビュー

図版クレジット

53 頁：Bettmann / Getty Images

137 頁：Bettmann / Getty Images

152 頁：Bettmann / Getty Images

239 頁：Courtesy of the California History Room, California State Library, Sacramento, California

285 頁：National Archives at Kansas City, Record Group 129, Leavenworth Inmate Case Files, 1895- 1952

原書に掲載されている図版のうち、著作権の都合上、本訳書では割愛したものがある。

著　者

アミット・カトワラ（Amit Katwala）

WIRED シニア・エディター。ロンドンを拠点に活動。著書に *The Athletic Brain: How Neuroscience is Revolutionising Sport and Can Help You Perform Better* (Simon & Schuster, 2016) などがある。

訳　者

五十嵐加奈子（いがらし・かなこ）

翻訳家。東京外国語大学卒業。主な訳書に、ローラ・カミング『消えたベラスケス』、エドワード・ウィルソン＝リー『コロンブスの図書館』（以上、柏書房）、デボラ・ブラム『毒薬の手帖』、リー・メラー『ビハインド・ザ・ホラー』、ニール・ブラッドベリー『毒殺の化学』（以上、青土社）がある。

TREMORS IN THE BLOOD

by Amit Katwala

Published by arrangement with Conville & Walsh Limited, London
through Tuttle-Mori Agency, Inc., Tokyo

嘘《うそ》発見《はっけん》器《き》の発明者《はつめいしゃ》たち
真実《しんじつ》に取《と》り憑《つ》かれた人々《ひとびと》の物語《ものがたり》

2025 年 4 月 15 日　第 1 刷印刷
2025 年 4 月 30 日　第 1 刷発行

著者――アミット・カトワラ
訳者――五十嵐加奈子
発行者――清水一人
発行所――青土社
東京都千代田区神田神保町 1-29　市瀬ビル　〒 101-0051
（電話）03-3291-9831［編集］、03-3294-7829［営業］
（振替）00190-7-192955
印刷・製本――双文社印刷
組版――フレックスアート

装幀――大倉真一郎
ISBN978-4-7917-7705-1　Printed in Japan